本书是山东省教育厅 2023 年本科教学改革研究重点项目"数字化转型背景下山东省高校外语专业课程思政建设研究与实践"（Z2023240）的研究成果。

数字化转型背景下高校外语教育课程思政体系建设研究

林丽◎著

新华出版社

图书在版编目（CIP）数据

数字化转型背景下高校外语教育课程思政体系建设研究/ 林丽著.
-- 北京：新华出版社，2024.6
ISBN 978-7-5166-7423-9

Ⅰ. G641

中国国家版本馆CIP数据核字第2024RD0459号

数字化转型背景下高校外语教育课程思政体系建设研究

著者：林　丽

出版发行：新华出版社有限责任公司
　　　　　（北京市石景山区京原路8号　　邮编：100040）
印刷：炫彩（天津）印刷有限责任公司

成品尺寸：170mm×240mm，1/16　　印张：18　　字数：267千字
版次：2024年6月第1版　　　　　　印次：2024年6月第1次印刷
书号：ISBN 978-7-5166-7423-9　　　定价：78.00元

微店　　　视频号小店　　　抖店　　　京东旗舰店

微信公众号　　喜马拉雅　　　小红书　　淘宝旗舰店　　扫码添加专属客服

前　言

随着信息技术的迅猛发展和全球化进程的加速推进，数字化转型已成为当今社会发展的必然趋势。在这一时代背景下，高校外语教育作为培养国际化人才的重要阵地，正面临着前所未有的挑战与机遇。为了更好地适应和引领这一时代变革，高校外语教育课程思政体系建设研究显得尤为重要而迫切。

本书旨在深入探讨数字化转型背景下高校外语教育课程思政体系建设的理念、路径与实践。通过对教育数字化转型的背景与特点进行剖析，我们认识到，数字化转型不仅改变了传统教育模式，更对教育理念、教育内容、教育方式等产生了深远影响。在这一背景下，高校外语教育课程思政体系建设需要紧跟时代步伐，创新教育理念和方法，培养具有国际视野、跨文化交际能力和高度社会责任感的外语人才。本书共七章，全面而深入地探讨了数字化转型背景下高校外语教育课程思政体系建设的各个方面。

第一章从宏观角度概述了教育数字化转型与高校外语教育的紧密关系。数字化转型不仅改变了传统教育模式，更在教育理念、内容和方法上带来了深远影响。高校外语教育，作为培养国际化人才的重要一环，正面临着前所未有的挑战与机遇。数字化转型推动了教育资源的优化配置，提升了教学效果，同时也要求外语教育不断更新观念，适应新的教学环境。

第二章聚焦于高校外语教育课程思政体系建设的研究背景、必要性和现状。课程思政是新时代高校立德树人的重要途径，对于培养具有高度社会责任感和国际视野的外语人才具有重要意义。然而，当前高校外语教育在课程思政建设方面仍存在诸多不足，如理念陈旧、内容单一、方法刻板等。因此，加强课程思政体系建设，将思政元素有机融入外语教学中，已成为高校外语教育的迫切需求。

第三章深入探讨了数字化转型与高校外语课程思政体系建设的内在联系。数字化转型为高校外语课程思政体系建设提供了新的契机和手段。通过数字化技术，可以更加便捷地获取和整合思政资源，创新外语教学模式和方法，提高教学效果和质量。同时，数字化转型也要求高校外语教育不断更新观念，加强学科交叉与实践的深度融合，推动外语教育与思政教育的有机结合。

第四章提出了数字化转型背景下高校外语专业课程思政体系建设的设计方案。该方案包括框架设计和数字资源赋能两个方面。在框架设计上，需要构建完善的课程思政体系框架，明确课程目标、内容、方法和评价等方面；在数字资源赋能上，需要充分利用数字化手段和资源，为外语教学提供更加丰富、多样的思政元素和教学手段。

第五章详细探讨了数字化课程思政工作体系、内容体系和教学体系的建设路径。工作体系建设需要明确课程思政的领导体制和工作机制，确保各项工作的顺利开展；内容体系建设需要深入挖掘和整合外语教材中的思政元素，将其有机地融入外语教学中；教学体系建设则需要创新外语教学模式和方法，推动外语教学与思政教育的深度融合。

第六章从教学资源、学生学习、教学管理和教学评价四个方面深入阐述了课程思政体系的数字化建设路径。在教学资源方面，需要开发优质的数字化教学资源，满足外语教学的多样化需求；在学生学习方面，需要利用数字化手段提高学生的学习效果和参与度；在教学管理方面，需要加强数字化教学管理，确保外语教学的顺利进行；在教学评价方面，则需要建立完善的数字化教学评价体系，对课程思政体系建设的效果进行科学、客观的评价。

在结语部分，本书强调了高校外语教育课程思政体系建设的系统性、融合性和可操作性。系统性要求我们将价值引领与人才培养贯穿于全过程，确保课程思政体系建设的连贯性和一致性；融合性则鼓励我们加强学科交叉与实践的深度融合，推动外语教育与思政教育的有机结合；可操作性则要求我们提供具体可行的实施方案与资源，确保高校外语教育课程思政体系建设的可操作性和实效性。只有坚持这三个原则，才能推动高校外语教育课程思政体系建设的不断创新和发展。

　　总之，本书旨在为高校外语教育课程思政体系建设提供理论支撑和实践指导，推动高校外语教育在数字化转型背景下实现创新发展。希望通过本书的出版，能够引起更多学者和教育工作者对高校外语教育课程思政体系建设的关注与思考，共同推动高校外语教育事业的繁荣发展。

　　在未来的研究中，我们将继续关注数字化转型背景下高校外语教育课程思政体系建设的新动态、新问题和新挑战，不断深化和拓展相关研究领域，为高校外语教育事业的发展贡献更多智慧和力量。同时，我们也期待与广大读者和同仁共同探讨、交流和研究相关问题，共同推动高校外语教育课程思政体系建设的理论与实践创新。

目　录

第一章　教育数字化转型与高校外语教育

第一节　教育数字化转型的背景与特点

一、教育数字化转型的背景介绍

随着全球化与信息化时代的快速来临，教育领域正面临着前所未有的变革压力。传统教育模式，尽管在历史长河中发挥了重要作用，但因其固有的局限性，如教学方法单一、资源分配不均、无法满足个性化需求等，已难以适应现代社会对教育的多元化、高质量要求。在这一背景下，数字化转型作为一种创新性的解决方案，在教育领域逐渐兴起并展现出巨大的潜力。

（一）全球化与信息化时代的来临

随着全球化进程的加速和信息化技术的飞速发展，教育领域正面临着前所未有的变革机遇。全球化不仅促进了不同文化之间的交流与融合，还为教育资源的全球共享提供了可能。而信息化技术，特别是互联网、大数据、人工智能等新兴技术的应用，更是为教育领域带来了革命性的变革。

在全球化与信息化时代，教育的边界被极大地拓展。学生们不再受地域限制，可以随时随地通过互联网获取全球范围内的优质教育资源。这种变化不仅打破了传统教育模式下的资源壁垒，还为个性化学习提供了广阔的空间。学生们可以根据自己的兴趣和需求，在全球范围内选择适合自己的学习资源和课程，从而实现真正意义上的自主学习。

同时，全球化与信息化时代还促进了教育观念的更新。传统教育模式往往以教师为中心，忽视了学生的主体地位和个性化需求。而在新的时代背景下，教育更加注重学生的全面发展和终身学习能力的培养。教育不再仅仅是传授知识，更重要的是培养学生的创新精神、批判性思维、合作与沟通能力等综合素养，以适应快速变化的社会环境。

（二）传统教育模式的局限性

尽管传统教育模式在历史长河中发挥了重要作用，但在全球化与信息化时代的背景下，其局限性愈发凸显。传统教育模式往往采用"一刀切"的教学方式，缺乏对学生个体差异的关注。每个学生都有自己独特的学习风格、兴趣爱好和发展潜力，但传统教育模式往往忽视了这些差异，导致部分学生无法得到适合自己的教育资源和关注。传统教育模式在资源分配上存在明显的不均衡现象。优质教育资源相对匮乏且分布不均，导致部分地区、学校和学生无法享受到高质量的教育服务。这种不均衡不仅制约了教育质量的整体提升，还加剧了教育不公平现象的发生。此外，传统教育模式还面临着教学方法单一、教学内容陈旧等问题。在信息化技术飞速发展的今天，学生们对知识的获取方式和学习体验提出了更高的要求。然而，部分学校和教师仍然沿用传统的教学方法和手段，无法满足学生们多样化的学习需求。这不仅影响了学生的学习积极性和效果，还阻碍了教育创新的步伐。

（三）数字化转型在教育领域的兴起

为了突破传统教育模式的局限，数字化转型在教育领域逐渐兴起并展现出巨大的潜力。数字化转型通过应用数字化技术，可以实现教学资源的优化配置和高效利用，满足学生的个性化学习需求，提升教育质量和效率。数字化转型通过构建数字化教育资源库和在线学习平台，实现了教学资源的共享和高效利用。学生们可以随时随地通过互联网访问这些资源，进行自主学习和探究。这不仅打破了时间和空间的限制，还为学生们提供了更加丰富多样的学习选择。数字化转型通过应用大数据和人工智能技术，实现了对学生学习情况的精准分析和个性化指导。通过对学生的学习数据进行分析和挖掘，教师可以更加全面地了解学生的学习情况、学习风格和学习需求，从而为学生提供更加精准的学习建议和反馈。这种个性化指导不仅有助于激发学生的学习兴趣和主动性，还可以帮助学生更加高效地掌握知识和技能。此外，数字化转型还有助于促进教育公平。通过构建数字化教育资源库和在线学习平台,可以让更多人享受到优质教育资源。无论是城市还是农村、发达地区还是欠发达地区的学生,都可以通过互联网获取到同样的学习资源和机会。这不仅有助于缩小教育差距,还可以为更多学生提供公平的教育机会。

二、数字化转型的特点

(一)数据驱动的教学决策

在数字化转型的背景下,教育领域迎来了以数据为核心的教学决策新时代。传统的教学决策往往依赖于教师的经验和直觉,而数字化转型则通过收集和分析学生的学习数据、行为数据等,为教学决策提供了更加科学、准确的依据。

学生的学习数据可以反映出他们的知识掌握情况、学习进度和学习难点等。通过对这些数据的分析,教师可以更加准确地了解每个学生的学习状况,从而制定更具针对性的教学计划和教学策略。例如,对于掌握较差的学生,教师可以提供额外的辅导和练习;对于学习进度较快的学生,教师可以给予更高层次的学习挑战。

学生的行为数据也可以为教学决策提供支持。例如,通过分析学生在课堂上的互动情况、参与度等,教师可以判断学生对教学内容的兴趣和投入程度,进而调整教学方法和手段,以激发学生的学习兴趣和积极性。

数据驱动的教学决策不仅可以提高教学效果,还可以提升学生的学习体验。当教师根据学生的学习数据和行为数据调整教学策略时,教学内容更加贴近学生的实际需求,学生的学习过程也将变得更加高效和有趣。

(二)个性化学习路径的设计

数字化转型强调尊重学生的个体差异,为他们提供个性化的学习路径和学习资源。在传统教育模式下,学生往往被要求按照统一的教学进度和学习标准进行学习,忽视了他们的个性化需求。而在数字化转型的背景下,教育更加注重学生的个性化发展。

通过数字化技术,教师可以根据学生的兴趣爱好、学习能力、学习风格等因素，为他们定制个性化的学习路径。例如，对于喜欢视觉学习的学生，教师可以提供丰富的图片和视频资源；对于喜欢动手实践的学生，教师可以设计实验和操作性强的学习任务。这种个性化的学习方式有助于激发学生的学习兴趣和学习动力，提高他们的学习效果。

同时，数字化技术还可以为学生提供个性化的学习资源推荐。通过分析学生的学习历史和学习偏好，数字化平台可以为学生推荐适合他们的学习资源和学习任务。这种推荐不仅可以帮助学生更加高效地找到适合自己的学习资源，还可以培养他们的自主学习能力和信息筛选能力。

（三）混合式与在线学习模式的融合

数字化转型推动了混合式学习和在线学习模式在教育领域的应用和发展。混合式学习是指将面对面的课堂教学和在线学习两种模式相结合，充分发挥各自的优势，实现教学效果的最大化。而在线学习则完全依赖于数字化平台和网络技术，为学生提供更加灵活和便捷的学习方式。

混合式学习模式可以让学生在课堂上接受教师的面对面指导，同时也可以在课后通过在线平台进行自主学习和巩固。这种学习模式既保留了传统课堂教学的互动性和即时性优势，又利用了在线学习的灵活性和资源丰富性特点。通过混合式学习，学生可以更加全面地掌握知识和技能，提高学习效果和学习体验。

在线学习模式则为学生提供了更加自主和灵活的学习方式。学生可以根据自己的时间和地点安排学习计划，随时随地进行在线学习。同时，在线学习平台还提供了丰富的学习资源和互动工具，帮助学生更加高效地学习和交流。这种学习模式特别适合需要灵活安排时间和地点的学生群体，如在职人员、远程学习者等。

（四）教育资源的共享与开放

数字化转型促进了教育资源的共享与开放。在传统教育模式下，教育资源往往被局限于学校或地区内部，无法实现跨地域、跨学校的共享和利用。而在数字化转型的背景下，通过数字化平台和网络技术，优质的教育资源可以被整合和共享到全球范围内。

这种教育资源的共享与开放有助于打破地域和学校之间的壁垒，让更多人受益于优质的教育资源。无论是城市还是农村、发达地区还是欠发达地区的学生都可以通过数字化平台获取到同样的学习资源和机会。这不仅有助于缩小教育差距、促进教育公平的实现；还可以为学生提供更加广阔的学习视野和多元化的学习体验。

同时，开放的教育资源还有助于促进教育创新和发展。当教育资源被共享和开放时，更多的人可以参与到教育资源的开发和利用中来。这不仅可以促进教育资源的不断更新和完善；还可以激发教育创新的活力，推动教育领域的变革和发展。

（五）持续的技术创新与教育应用

数字化转型是一个持续创新的过程，随着技术的不断发展和进步，新的教育应用和教育模式将不断涌现。这些创新将进一步推动教育的变革和发展；为培养未来社会所需的人才提供有力支持。

技术创新将不断推动教育应用的升级和迭代。例如人工智能、虚拟现实、增强现实等新兴技术的应用将为教育领域带来更多的创新机遇。这些技术可以为学生提供更加沉浸式的学习体验、更加智能化的学习辅导等；从而提升学习效果和学习体验。

教育模式也将随着技术的创新而不断演变。例如基于大数据和人工智能技术的个性化学习模式、基于社交网络的协作式学习模式等都将逐渐成为教育领域的主流。这些新的教育模式将更加关注学生的主体地位和个性化需求；促进他们的全面发展和终身学习能力的培养。

第二节　教育数字化转型对高校外语教育的挑战

随着教育数字化转型的深入推进，高校外语教育面临着前所未有的挑战。这些挑战主要体现在教学理念与方法的更新、教育资源的重新配置以及学习环境与评价的变革等方面。以下将对这些挑战进行详细分析。

一、教学理念与方法的更新

（一）从以教师为中心到以学生为中心的转变

传统的高校外语教学长久以来遵循着以教师为中心的教学模式，教师在课堂上扮演着知识传授者的角色，学生则被动接受知识。然而，随着教育数字化转型的推进，这种传统的教学模式已经难以适应现代教育的需求，尤其是在满足学生个性化需求和培养自主学习能力方面显得捉襟见肘。因此，高校外语教学迫切需要从以教师为中心转变为以学生为中心的教学模式。

在这一转变中，学生的主体地位和作用应得到充分的重视。教学不再仅仅是教师单向传授知识的过程，而是教师引导学生主动探索、发现知识的过程。教师应该激发学生的学习兴趣和主动性，帮助他们建立自主学习的意识和习惯。通过设计丰富多样的教学活动，教师可以引导学生积极参与，让他们在实践中学习、在探索中成长。

为了实现这一转变，教师需要转变角色，从知识的传授者转变为学生学习的引导者和促进者。教师应该关注学生的学习需求和学习进程，及时调整教学策略，以满足学生的个性化需求。同时，教师还需要不断学习和掌握新的教学理念和方法，以适应教育数字化转型的要求。

此外，教学方法的创新也是实现这一转变的关键。传统的教学方法往往注重知识的灌输和机械记忆，而忽视了对学生思维能力和创新能力的培养。因此，教师需要采用更加灵活多样的教学方式，如项目式学习、协作式学习等，以激发学生的学习兴趣和主动性，培养他们的自主学习能力和创新能力。这些新的教学方法不仅可以帮助学生更好地掌握知识，还可以培养他们的批判性思维、协作精神和创新能力，为他们未来的学习和工作打下坚实的基础。

（二）传统外语教学与现代技术的结合

随着教育数字化转型的推进，现代技术手段在高校外语教学中的应用越来越广泛。人工智能、大数据、虚拟现实等技术的引入，为外语教学提供了更加丰富的教学资源和更加多样的教学手段。然而，如何将传统外语教学与现代技术有效结合，发挥各自的优势，提升教学效果和质量，是高校外语教学面临的重要挑战。

教师需要不断学习和掌握新的技术手段，将其灵活应用于外语教学中。例如，利用人工智能技术辅助口语训练和作文批改；利用大数据技术分析学生的学习行为和成绩；利用虚拟现实技术创设逼真的语言交际环境等。这些技术手段的应用不仅可以提高学生的学习兴趣和参与度，还可以帮助教师更加全面地了解学生的学习情况，从而进行更加有针对性的教学。

学校需要加强技术支持和培训。为教师提供必要的技术支持和培训资源，帮助他们熟练掌握和应用新的技术手段。同时，学校还需要建立完善的技术服务体系，及时解决教师在使用过程中遇到的问题和困难。

此外，传统外语教学与现代技术的结合还需要注重教学内容和教学方法的创新。教师需要根据教学目标和学生的实际需求，选择合适的教学内容和教学方法，将现代技术手段与传统外语教学内容有机结合，形成更加完善的教学体系。同时，教师还需要关注学生的学习反馈和评价，及时调整教学策略和手段，以达到最佳的教学效果。

（三）跨文化交际能力的新要求

在全球化和信息化的背景下，跨文化交际能力已经成为高校外语教育的重要目标之一。培养学生的跨文化交际能力不仅可以帮助他们更好地适应全球化的社会环境和工作需求；还可以促进不同文化之间的交流和理解，推动世界的和平与发展。

然而，传统的外语教学往往注重语言知识的传授和语言技能的训练，而忽视了跨文化交际能力的培养。因此，在教育数字化转型的背景下，高校外语教学需要加强对跨文化交际能力的培养。这不仅要求学生掌握扎实的语言基础知识和语言技能；还要求他们具备跨文化意识和跨文化交际能力，能够在不同的文化背景下进行有效的沟通和交流。

为了实现这一目标，教师需要注重培养学生的跨文化意识和跨文化交际能力。在外语教学中，教师可以通过引入跨文化案例、模拟真实交际场景等方式让学生了解不同文化之间的差异和共性，培养他们的跨文化敏感性和跨文化适应性。同时，教师还可以通过组织国际交流活动、邀请外籍教师授课等方式为学生提供更多的国际交流机会和平台，让他们在实践中锻炼自己的跨文化交际能力。

此外，学校也需要加强与国际的交流和合作。通过与国外高校建立合作关系、开展师生互访项目等方式为学生提供更多的国际视野和交流机会。这些国际交流活动不仅可以帮助学生更好地了解世界各国的文化和社会，还可以促进他们与世界各地的同龄人建立友谊和合作关系，为未来的国际交流与合作打下坚实的基础。

二、教育资源的重新配置

（一）数字化教学平台的建设与维护

随着信息技术的迅猛发展，数字化教学平台[①]已成为高校外语教育不可或缺的一部分。它为师生提供了便捷、高效的教学与学习环境，实现了教学资源的共享和优化配置。然而，数字化教学平台的建设与维护是一项长期而复杂的任务，需要学校投入大量的人力、物力和财力。

在数字化教学平台的建设方面，学校应首先明确平台的功能定位和服务对象，根据外语教学的特点和需求进行个性化设计。平台应支持在线课程学习、作业提交与批改、师生互动交流、学习进度跟踪与评估等基本功能，同时还应具备多媒体资源展示、在线测试与练习、学习数据分析与挖掘等高级功能。此外，平台还应具备良好的兼容性和扩展性，能够支持多种终端设备和操作系统，方便师生随时随地进行学习。

在数字化教学平台的维护方面，学校应建立专业的技术支持团队，负责平台的日常运行维护和技术支持工作。团队应定期对平台进行巡检和性能测试，及时发现并解决潜在的安全隐患和技术问题。同时，学校还应加强对师生的技术支持和培训，提高他们的信息素养和数字化教学能力。此外，学校还应建立完善的平台更新和升级机制，及时引入新的技术和功能，保持平台的先进性和竞争力。

然而，数字化教学平台的建设与维护面临着诸多挑战。首先，资金和技

---

① 数字化教学平台是基于互联网和数字技术构建的教学环境，提供丰富的教学资源、互动工具和管理功能，支持在线课程设计、学习管理、教学评估等全流程教学活动，旨在促进教育信息化、智能化，提升教学质量和效率。

术支持是制约平台发展的关键因素。学校需要投入大量的资金用于购买硬件设备、开发软件系统和购买数字资源等。同时，学校还需要具备一支高素质的技术支持团队，能够提供专业的技术支持和服务。其次，数字化教学平台的不断更新和升级也给高校外语教育带来了新的挑战。师生需要不断适应新的平台功能和操作方式，这增加了他们的学习负担和心理压力。因此，学校需要加强对师生的培训和引导，帮助他们更好地适应和利用数字化教学平台。

为了应对这些挑战，学校可以采取以下措施：一是加强资金和技术支持。学校应加大对数字化教学平台建设的投入力度，设立专项资金用于平台的建设和维护。同时，学校还应积极引进先进的技术和设备，提高平台的技术水平和服务质量。二是加强师生培训和支持。学校应定期组织师生参加数字化教学平台的培训和学习活动，提高他们的信息素养和数字化教学能力。同时，学校还应建立在线帮助文档和常见问题解答库等支持资源，方便师生随时获取帮助和支持。三是加强与外部机构的合作和交流。学校可以积极寻求与政府、企业和社会组织等外部机构的合作和交流机会，共同推动数字化教学平台的建设和发展。通过合作和交流，学校可以共享和整合优质的外语数字资源，提高平台的教学质量和效果。

（二）高质量外语数字资源的获取与整合

在数字化转型的背景下，高校外语教育对高质量的外语数字资源的需求日益迫切。这些资源包括在线课程、电子教材、多媒体资源等，它们能够为师生提供丰富多样的学习材料和教学辅助工具。然而，如何获取和整合这些高质量的外语数字资源成为高校外语教育面临的重要挑战。

为了获取高质量的外语数字资源，学校需要采取多种途径和方法。首先，学校可以自主开发和建设数字资源。学校可以组织专业的教师团队和技术支持团队，根据外语教学的需求和特点进行课程设计和资源开发。这种方式可以确保资源的针对性和适用性，但需要投入大量的人力和物力。其次，学校可以通过购买和引进外部资源来丰富自身的数字资源库。学校可以与知名的教育出版社、在线课程平台等机构进行合作和交流，购买和引进优质的外语数字资源。这种方式可以快速获取大量的高质量资源，但需要投入一定的资金成本。此外，学校还可以积极利用开源资源和免费资源。互联网上有大量的开源课程和免费资源可供学校利用和整合。学校可以组织师生进行筛选和整理，将这些资源纳入自身的数字资源库中。

在整合外语数字资源时，学校需要注意以下几点：一是要确保资源的质量和准确性。学校应对获取的资源进行严格的筛选和审核，确保它们符合外语教学的标准和要求。二是要注重资源的多样性和互补性。学校应尽可能整合多种类型的资源，如文本、音频、视频等，以满足师生的不同需求和学习风格。三是要建立完善的资源管理和更新机制。学校应设立专门的资源管理团队，负责资源的分类、存储、更新和维护工作。同时，学校还应定期对资源进行更新和升级，保持它们的时效性和先进性。

然而，高质量外语数字资源的获取与整合面临着一些困难和挑战。首先，资源的质量参差不齐，需要大量的筛选和审核工作。其次，资源的获取和整合需要投入大量的人力和物力成本，给学校带来了一定的经济压力。此外，资源的更新和维护也是一个长期而复杂的任务，需要学校建立完善的管理机制和团队支持。

为了克服这些困难和挑战，学校可以采取以下措施：一是加强资源筛选和审核工作。学校可以组织专业的教师团队对获取的资源进行严格的筛选和审核，确保它们的质量和准确性。二是加强资金和资源投入。学校应加大对数字资源建设的投入力度，设立专项资金用于资源的购买、开发和整合工作。同时，学校还应积极寻求外部机构的合作和支持，共同推动数字资源建设的发展。三是建立完善的资源管理和更新机制。学校应设立专门的资源管理团队负责资源的分类、存储、更新和维护工作。团队应定期对资源进行巡检和性能测试，及时发现并解决潜在的安全隐患和技术问题。同时还应建立完善的用户反馈机制，及时收集和处理师生对资源的意见和建议，不断改进和优化资源的质量和服务。

（三）教师数字化教学能力的培训与提升

在数字化转型的背景下，教师的数字化教学能力已成为衡量其专业素养和教学能力的重要指标之一。对于高校外语教师而言，具备数字化教学能力不仅能够提高教学效果和质量；还能够更好地适应现代教育的需求和挑战，推动外语教育的创新与发展。因此，加强教师数字化教学能力的培训与提升是高校外语教育的重要任务之一。

　　为了提升教师的数字化教学能力，学校需要采取多种措施和方法。学校可以组织定期的数字化教学培训活动。这些培训活动可以包括专题讲座、实践操作、经验分享等形式，旨在帮助教师掌握数字化教学的基本理念、方法和技能。培训内容可以涵盖数字化教学平台的使用、数字资源的获取与整合、在线课程设计与开发等方面。通过培训，教师可以了解数字化教学的最新动态和发展趋势，提高自身的数字化教学素养和能力。

　　学校可以建立教师互助学习平台或社群。这些平台或社群可以为教师提供一个交流、分享和学习的空间，促进他们之间的合作与互助。教师可以通过平台或社群分享自己的数字化教学经验、心得和案例，也可以向其他教师请教和讨论数字化教学中遇到的问题和困惑。这种互助学习的方式可以让教师在实践中不断成长和进步。

　　此外，学校还可以鼓励教师积极参与数字化教学实践和研究。教师可以结合自己的课程特点和教学需求，尝试将数字化教学手段和方法应用于实际教学中。同时，学校也可以设立相关的研究项目或课题，鼓励教师进行深入的研究和探索。通过实践和研究，教师可以不断积累经验、提升技能并推动数字化教学的创新与发展。

　　然而，在教师数字化教学能力的培训与提升过程中也面临着一些挑战和困难。首先，教师的信息素养和技术水平参差不齐，需要进行个性化的培训和指导。其次，部分教师对数字化教学存在抵触心理或缺乏信心，需要加强心理引导和支持。此外，培训和提升工作需要持续投入大量的人力、物力和财力成本，给学校带来了一定的经济压力。

　　为了克服这些挑战和困难，学校可以采取以下措施：一是加强个性化培训和指导。学校可以根据教师的不同需求和水平制定个性化的培训计划，提供针对性的培训和指导服务。同时学校还可以建立教师成长档案，跟踪记录教师的成长历程和进步情况，为他们提供持续的支持和帮助。二是加强心理引导和支持。学校可以组织心理辅导活动或讲座，帮助教师缓解心理压力、增强信心并激发他们参与数字化教学的积极性和主动性。同时学校还可以建立激励机制，通过奖励、表彰等方式激发教师参与数字化教学实践和研究的热情和动力。三是加强资金和资源投入。学校应加大对教师数字化教学能力培训的投入力度，设立专项资金用于培训活动的组织、实施和评估工作。同时学校还应积极寻求外部机构的合作和支持，共同推动教师数字化教学能力的提升和发展。通过这些措施的实施，学校可以建立起一支具备高素质数字化教学能力的外语教师队伍，为推动高校外语教育的创新与发展提供有力的人才保障。

三、学习环境与评价的变革

（一）线上与线下融合的学习环境构建

在教育数字化转型的大背景下，线上与线下融合的学习环境已成为高校外语教育发展的必然选择。这种融合模式旨在打破传统课堂的时空限制，为学生提供更为灵活、多元的学习体验，同时发挥线上和线下教学的各自优势，实现教学效果的最优化。

1.加强数字化教学设施建设

构建线上与线下融合的学习环境，首先需要加强数字化教学设施的建设。学校应投入必要的资金和技术支持，完善校园网络、多媒体教室、语音实验室等基础设施，为学生提供良好的数字化学习环境。此外，学校还应积极引进先进的在线教学平台和学习管理系统，方便师生进行线上教学、学习、交流和评价。

2.探索线上线下融合教学模式

在数字化教学设施的支持下，教师应积极探索和实践线上线下融合的教学模式。例如，可以采用混合式教学的方式，将部分课程内容转移到线上进行，通过在线视频、网络讲座、互动讨论等形式，引导学生进行自主学习和探究。同时，线下课堂则可以更加聚焦于重点难点内容的讲解、实践技能的训练以及师生之间的深度互动。此外，翻转课堂、慕课（MOOCs）等创新教学模式也可以为线上线下融合提供有益借鉴。

3.优化线上线下融合教学策略

为了实现线上线下的无缝衔接和优势互补，教师还需要优化融合教学的策略。首先，应明确线上线下的教学目标和内容分工，避免重复和冲突。其次，应注重线上线下教学的互动与反馈，鼓励学生积极参与线上讨论、提交作业、进行自测等活动，同时及时给予指导和评价。最后，应关注学生的学习体验和需求，不断调整和优化融合教学的方式和方法，以提高教学效果和满意度。

然而，线上与线下融合的学习环境构建也面临着一些挑战。例如，如何保证线上教学的质量和效果、如何调动学生的线上学习积极性和参与度、如何平衡线上线下教学的时间和精力分配等。为了应对这些挑战，学校需要加强对教师的培训和支持，提高他们的数字化教学能力和融合教学意识；同时还需要加强对学生的引导和教育，提高他们的自主学习能力和数字素养。

（二）过程性评价与终结性评价的平衡

在教育数字化转型的背景下，过程性评价已经成为高校外语教育评价的重要组成部分。与传统终结性评价相比，过程性评价更加注重对学生在学习过程中的表现、进步和反馈的评价，有助于及时发现和解决问题，调整教学策略，提高教学效果。然而，如何平衡过程性评价和终结性评价的关系，发挥各自的优势和作用，是高校外语教育评价面临的重要挑战。

1.建立科学的评价体系和标准

为了平衡过程性评价和终结性评价的关系，首先需要建立科学的评价体系和标准。这个体系应该包括多个评价维度和指标，如知识技能掌握情况、学习态度与习惯、合作与交流能力、创新与实践能力等。同时，还应根据课程特点和学生需求制定具体的评价标准，明确每个维度和指标的内涵和要求。这样既可以全面反映学生的学习情况和发展状况，又可以为教师提供明确的评价依据和指导。

2.注重过程性评价的实施与反馈

在建立科学的评价体系和标准的基础上，教师应注重过程性评价的实施与反馈。可以通过课堂观察、作业批改、小组讨论、在线测试等方式收集学生的学习数据和信息，及时了解他们的学习进度和困难。同时，还应定期与学生进行面对面的交流和反馈，指出他们在学习过程中的优点和不足，提出具体的改进建议和方法。这样可以帮助学生及时发现问题并加以解决，提高他们的学习效果和自信心。

3.合理安排终结性评价的方式和时间

虽然过程性评价在高校外语教育中具有重要地位和作用，但终结性评价仍然是不可或缺的一部分。它可以对学生在一个学期或一门课程结束时的学习成果进行全面、客观的评价，为学分认定、奖学金评定等提供依据。因此，在平衡过程性评价和终结性评价的关系时，教师应合理安排终结性评价的方式和时间。可以采用闭卷考试、开卷考试、口试、论文等多种形式进行终结性评价；同时还应根据课程进度和学生实际情况选择合适的时间进行考试或提交作品等成果。

然而，在实际操作中，平衡过程性评价与终结性评价并非易事。为了更好地实施这一策略，教师需要不断提高自身的评价素养和能力；学校也需要加强对评价工作的监督和管理力度，确保评价的公正性和客观性。

（三）学生学习数据与隐私的保护

在教育数字化转型的背景下，学生的学习数据已经成为高校外语教育评价的重要依据之一。这些数据包括学生的个人信息、学习行为记录、成绩报告等敏感信息，一旦泄露或被滥用，将对学生的隐私和安全造成严重威胁。因此，保护学生的学习数据和隐私安全是高校外语教育面临的重要挑战。

1.建立完善的数据保护机制

为了保护学生的学习数据和隐私安全，首先需要建立完善的数据保护机制。学校应制定严格的数据管理制度和操作规程，明确数据采集、存储、处理、共享和销毁等各个环节的要求和标准。同时，还应加强对数据管理人员的培训和教育力度，提高他们的数据安全意识和操作技能水平。此外，学校还应定期对数据管理系统进行安全检查和漏洞扫描等工作，及时发现并修复潜在的安全隐患。

2.制定隐私保护政策并加强宣传

除了建立完善的数据保护机制外，学校还应制定隐私保护政策并加强宣传教育工作。隐私保护政策应明确告知学生哪些信息将被收集、如何使用这些信息以及学生的权利和义务等内容；同时还应通过校园网站、公告栏等多种渠道进行广泛宣传和教育力度，提高学生的数据安全和隐私保护意识。此外，在处理学生个人信息时，学校还应遵循合法、正当、必要原则，并征得学生或家长同意后方可进行相关信息采集和处理工作。

3.加强与第三方合作方的监管力度

在教育数字化转型过程中，学校往往需要与第三方合作方共同开展在线教育服务或提供技术支持等工作。为了保护学生学习数据和隐私不被泄露或滥用，在与第三方合作时，学校应加强对合作方的资质审核和监管力度；同时还应签订严格的保密协议和数据共享协议等法律文件，明确双方责任和义务；并定期对合作方进行安全评估和审查工作，确保其符合相关法规标准要求。

第三节　数字化转型背景下高校外语教育的变革趋势

随着数字化转型的深入推进，高校外语教育正面临着前所未有的变革。这场变革不仅涉及教学方法和手段的更新，更关乎教育理念和教育模式的重塑。以下将详细探讨数字化转型背景下高校外语教育的变革趋势。

一、个性化与智能化教学的发展

（一）人工智能在外语教学中的应用

随着科技的飞速发展，人工智能（AI）已逐渐渗透到教育领域的各个方面，高校外语教学亦不例外。AI技术为外语教学带来了革命性的变革，不仅提升了教学质量，还为学生提供了更加个性化、高效的学习体验。

1.模拟真实语言环境

人工智能技术中的自然语言处理（NLP）[①]和机器学习（ML）[②]等关键技

---

① 　自然语言处理（NLP）是人工智能的一个子领域，旨在让计算机理解和运用人类语言。NLP通过语法分析、语义理解等手段，将人类语言转换为机器可理解的形式，实现人机交互。它广泛应用于搜索引擎、聊天机器人、翻译软件等领域。

② 　机器学习（ML）是人工智能的一个分支，它利用算法使计算机系统能够从数据中自动学习并改进，而无需进行明确的编程。通过识别数据中的模式，机器学习可以做出预测和决策，广泛应用于推荐系统、图像识别、语音识别等领域。

术，使得AI能够模拟人类的语言行为，为学生提供接近真实语境的语言学习环境。例如，通过智能对话机器人，学生可以进行实时的口语练习，得到即时的语音反馈和纠正，从而有效提高口语表达能力。

2.个性化学习建议与反馈

AI系统能够根据学生的学习数据，如练习频率、错误率、学习时长等，进行深度分析，为学生提供个性化的学习建议和反馈。这种个性化的学习路径设计，能够帮助学生更快地找到适合自己的学习方法，提高学习效率。

3.辅助教师进行教学管理

AI技术还可以辅助教师进行课程设计和教学管理。通过智能分析学生的学习数据和需求，AI系统能够为教师提供针对性的教学建议和资源推荐，帮助教师更好地组织教学内容和安排教学进度。此外，AI系统还可以自动批改作业、统计分数等繁重工作，减轻教师的工作负担。

然而，尽管人工智能在外语教学中展现出了巨大的潜力，但其应用仍面临一些挑战。如如何确保AI系统的准确性和可靠性、如何平衡技术与人文教育的关系等，都是需要进一步探讨的问题。

（二）学习者数据分析与个性化学习路径的实现

在数字化转型的背景下，学习者的数据成为高校外语教学的重要依据。通过对学生的学习数据进行分析和挖掘，教师可以更加全面地了解学生的学习情况，从而为学生制定更加个性化的学习路径。

1.学习数据的收集与整理

要实现个性化学习路径，首先需要收集并整理学生的学习数据。这些数据包括学生的学习成绩、学习时长、互动频率、错误类型等。通过对这些数据的分析，教师可以了解学生的学习习惯、学习风格和学习难点，为后续的个性化教学提供数据支持。

2.深度分析与挖掘

在收集到足够的学习数据后，教师需要利用先进的数据分析技术和算法对这些数据进行深度分析和挖掘。例如，通过聚类分析可以将学生分成不同的学习群体，针对不同群体的特点制定相应的教学策略；通过关联规则挖掘可以发现学生学习过程中的潜在规律和联系，为教学提供新的思路和方法。

3.个性化学习路径的制定与实施

基于对学习数据的深度分析和挖掘，教师可以为学生制定个性化的学习路径。这些路径可以根据学生的学习习惯、兴趣和需求进行灵活调整，确保每个学生都能获得最适合自己的学习资源和方法。同时，教师还需要在实施过程中不断收集学生的反馈意见，对个性化学习路径进行持续优化和改进。

然而，个性化学习路径的实现也面临着一些挑战，如如何确保数据分析的准确性和有效性、如何平衡个性化与标准化的关系等，都是需要进一步研究的问题。此外，还需要关注学生的隐私保护和数据安全问题，确保学生的学习数据不被滥用或泄露。

（三）智能教学系统与外语教师的协同工作

在数字化转型的背景下，智能教学系统已成为高校外语教学的重要工具之一。然而，要充分发挥智能教学系统的优势，实现高效的外语教学，需要智能教学系统与外语教师之间的紧密协同工作。

1.智能教学系统的优势与局限性

智能教学系统具有诸多优势，如能够自动化管理学生数据、提供个性化学习资源、实时跟踪学生学习进度等。然而，它也存在一定的局限性，如无法完全替代教师的角色、缺乏对学生情感和社会交往的支持等。因此，在外语教学过程中，教师需要明确智能教学系统的优势和局限性，合理利用其辅助功能。

2.外语教师在协同工作中的角色与作用

在外语教学过程中，教师仍然发挥着不可或缺的引导作用。他们不仅需要掌握专业知识，还需要具备教育技术能力，能够熟练运用智能教学系统进行教学管理、课程设计和学生评价等工作。同时，教师还需要关注学生的个体差异和学习需求，提供人性化的教学服务和个性化的学习指导。通过与智能教学系统的协同工作，教师可以更加高效地组织教学活动，提高教学质量。

3.智能教学系统与外语教师协同工作的实践策略

要实现智能教学系统与外语教师的有效协同工作，需要采取一系列实践策略。首先，学校应加强对教师的培训和支持力度，提高他们的教育技术能力；其次，教师应积极参与智能教学系统的设计和开发过程，确保其功能和内容符合实际教学需求；最后，在实际教学过程中，教师应与智能教学系统保持密切互动，及时调整教学策略和方法以满足学生的学习需求。

二、混合式学习模式的深化

（一）线上线下融合的课程设计

在数字化转型的背景下，高校外语教育迎来了混合式学习模式的新时代。该模式将线上学习与线下学习紧密结合，为课程设计带来了全新的挑战与机遇。

1.明确线上线下教学目标与内容

混合式学习模式下的课程设计，首先要明确线上线下的教学目标和内容。线上学习应侧重于基础知识的掌握和自主学习能力的培养，而线下学习则更注重实践应用、深度讨论和问题解决。教师需根据课程大纲和学生需求，合理分配线上线下的教学内容，确保两者相互补充，形成有机整体。

2.设计互动性与参与性强的线上活动

线上学习容易使学生感到孤立和缺乏动力。因此，教师在设计线上活动时，应注重互动性和参与性。例如，可以利用在线讨论区、小组协作工具等，引导学生进行交流与合作，激发学习兴趣。同时，定期发布在线测验、问卷调查等，以便及时了解学生的学习进度和反馈。

3.打造线下课堂的实践与应用环节

线下课堂是混合式学习模式中不可或缺的一部分。教师应充分利用面对面交流的机会，设计实践与应用环节，如角色扮演、模拟对话、文化体验等。这些活动不仅有助于巩固线上所学知识，还能培养学生的语言运用能力和跨文化交际能力。

4.确保线上线下的顺畅衔接

为避免线上线下学习的脱节，教师需要精心设计衔接环节。例如，可以在线上学习结束后布置相关作业或讨论话题，为线下课堂做好准备；同时，在线下课堂结束后，也可以引导学生回顾线上内容，巩固所学知识。

（二）学生自主学习与协作学习的结合

混合式学习模式强调学生的主体地位，倡导自主学习与协作学习的结合。这种结合不仅可以提高学生的学习效果，还能培养他们的终身学习能力和团队协作精神。

1.培养学生的自主学习能力

在混合式学习模式下，学生需要具备一定的自主学习能力。教师可以通过设置明确的学习目标、提供丰富的学习资源和制定合理的学习计划等方式，引导学生逐步养成自主学习的习惯。同时，教师还可以利用在线平台的数据分析功能，实时了解学生的学习进度和难点，为他们提供个性化的指导和帮助。

2.开展多样化的协作学习活动

协作学习是混合式学习模式中的重要组成部分。教师可以通过在线协作工具、小组讨论、项目合作等方式，组织学生开展多样化的协作学习活动。这些活动不仅可以帮助学生相互学习、共同进步，还能培养他们的沟通协作能力和创新思维。

3.平衡自主学习与协作学习的关系

在混合式学习模式中，自主学习与协作学习并非孤立存在，而是相互补充、相互促进的关系。教师需要根据学生的实际情况和课程需求，平衡两者的比例和关系。例如，在基础知识掌握阶段，可以适当增加自主学习的比重；而在实践应用阶段，则可以更多地采用协作学习的方式。

（三）实体课堂与虚拟课堂的互补

混合式学习模式将实体课堂与虚拟课堂相结合，形成了相互补充、相互促进的教学模式。这种结合不仅可以提高教学效果，还能满足学生的多样化需求。

1.发挥实体课堂的优势

实体课堂具有直观性、互动性和真实性等优势。在混合式学习模式下，教师应充分利用这些优势，为学生提供真实、直观的外语学习环境。例如，可以利用多媒体设备、实物展示等方式，增强学生对外语知识的感知和理解；

同时，通过面对面的交流和互动，及时解决学生的学习问题和困惑。

2.利用虚拟课堂的便捷与灵活

虚拟课堂具有时空无限、资源丰富和个性化学习等优势。在混合式学习模式下，教师应善于利用这些优势，为学生提供便捷、灵活的学习方式和资源。例如，可以利用在线平台发布课程视频、学习资料等，供学生随时随地进行学习；同时，通过在线测试和反馈系统，及时了解学生的学习情况和进度。

3.实现实体课堂与虚拟课堂的有机融合

要将实体课堂与虚拟课堂有机融合在混合式学习模式中，教师需要精心设计教学环节和流程。例如，可以在实体课堂中引入虚拟课堂的学习成果和资源进行展示和讨论；同时，在虚拟课堂中也可以设置与实体课堂相关的互动环节和任务。这样不仅可以使两者相互补充、相互促进，还能提高学生的学习兴趣和参与度。

三、全球视野与跨文化能力的培养

（一）国际化外语课程与教材的开发

随着全球化的浪潮不断推进，高校外语教育正面临着前所未有的机遇与挑战。为了培养学生的全球视野和跨文化能力，国际化外语课程与教材的开发显得尤为重要。

1.课程内容的国际化设计

在国际化外语课程的设计上，高校应打破传统的地域限制，将世界各地的文化、历史、社会等内容有机地融入课程中。这样的设计不仅可以帮助学生了解不同国家和地区的文化背景，还能激发他们对多元文化的兴趣和尊重。课程内容可以包括世界各地的文学作品、历史事件、社会现象等，通过对比分析，让学生深刻体会到文化的多样性和共通性。

2.教材编写的跨文化视角

教材是学生学习外语的主要工具之一，因此，在编写国际化外语教材时，应注重从跨文化的视角出发。教材应包含来自不同文化背景的原始材料，如真实的对话、新闻报道、文化短文等，让学生在学习语言的同时，也能接触到原汁原味的文化信息。此外，教材还应设计丰富的跨文化交际活动，让学生在实践中提升跨文化交际能力。

3.教学方法的创新与应用

为了有效地实施国际化外语课程，教学方法的创新与应用也是关键一环。教师应充分利用现代信息技术，如多媒体、网络教学等，为学生创造一个真实的跨文化交流环境。通过角色扮演、模拟对话、小组讨论等互动式教学方法，激发学生的学习兴趣和主动性，培养他们的全球视野和跨文化能力。

（二）跨文化交际能力在课程设置中的地位提升

随着全球化的不断深入，跨文化交际能力已经成为高校外语教育的重要目标之一。为了提升学生的跨文化交际能力，高校在课程设置上需要进行相应的调整和优化。

1.设置专门的跨文化交际课程

高校可以针对外语专业的学生开设专门的跨文化交际课程，如跨文化交际导论、跨文化交际实践等。这些课程应系统地介绍跨文化交际的基本理论、方法和技巧，并结合实际案例进行分析和讨论。通过专门的学习和实践，学生可以更加全面地了解跨文化交际的内涵和要求，提升自己的跨文化交际能力。

2.将跨文化交际内容融入其他课程中

除了专门的跨文化交际课程外，高校还可以将跨文化交际内容融入其他外语课程中，如精读、泛读、听力、口语等。在这些课程中，教师可以结合教材内容和教学目标，有意识地引入相关的跨文化交际元素，如文化背景介绍、交际策略讲解等。通过潜移默化的方式，让学生在学习外语的同时，也能逐渐提升自己的跨文化交际能力。

3.开展跨文化交际实践活动

实践是检验真理的唯一标准，也是提升学生跨文化交际能力的重要途径。高校可以通过组织各种形式的跨文化交际实践活动，如模拟联合国、国际文化节、外语角等，为学生提供一个真实的跨文化交际平台。在这些活动中，学生可以与来自不同文化背景的人进行面对面的交流和合作，亲身体验跨文化交际的魅力和挑战。通过不断的实践和反思，学生可以更加熟练地掌握跨文化交际的技巧和方法。

（三）学生国际交流项目的拓展

为了培养学生的全球视野和跨文化能力，高校外语教育还需要积极拓展学生的国际交流项目。这些项目不仅可以为学生提供宝贵的海外学习机会，还能让他们在实践中深刻体验和理解不同文化。

1.海外游学项目的推广与实施

海外游学是一种短期的海外学习项目，通常包括参观访问、文化体验、语言学习等活动。高校可以与国外的教育机构或文化组织合作，共同推广和实施海外游学项目。通过参与这些项目，学生可以亲身体验不同国家和地区的文化和生活方式，拓宽自己的国际视野和跨文化交际能力。同时，海外游学项目还可以增强学生的自主学习和独立生活能力，为他们的未来发展打下坚实的基础。

2.交换生项目的深化与拓展

交换生项目是一种长期的国际交流项目，通常要求学生在国外高校进行为期一学期或一年的学习。高校可以积极与国外高校建立交换生合作关系，为学生提供更多的国际交流机会和平台。通过参与交换生项目，学生可以更加深入地了解目标国家的语言和文化，提高自己的外语水平和跨文化交际能力。同时，交换生项目还可以促进学生的个人成长和职业发展，为他们未来的国际交流与合作打下坚实的基础。

3.国际合作项目的参与和实施

除了海外游学和交换生项目外，高校还可以积极参与和实施国际合作项目，如国际科研合作、国际文化交流等。这些项目不仅可以为学生提供更多的国际交流机会和平台，还能让他们在实践中锻炼自己的团队合作和跨文化交际能力。通过参与国际合作项目，学生可以与国际一流的学者和专家进行面对面的交流和合作，提升自己的学术水平和国际竞争力。同时，国际合作项目还可以促进高校之间的友好关系和国际声誉的提升。

四、教育公平与资源均衡化的推进

（一）数字化资源向偏远地区的延伸

在数字化转型的时代背景下，高校外语教育的变革不仅体现在教学方法和内容的更新上，更体现在教育资源的重新分配和均衡化上。特别是对于偏远地区的高校来说，数字化资源的延伸成了实现教育公平和资源均衡化的关键一环。

1.远程教育平台的建立与完善

为了让偏远地区的高校和学生能够享受到优质的外语教育资源，建立远程教育平台显得尤为重要。这些平台可以利用现代信息技术，如云计算、大数据、人工智能等，将优质的教育资源和服务进行整合和优化，然后通过互联网传输到偏远地区。通过远程教育平台，偏远地区的学生可以实时参与到城市高校的在线课程中，与优秀的教师和同学进行互动和交流，从而缩小与城市学生在教育资源上的差距。

2.数字化资源的共享与传播

除了建立远程教育平台外，还可以通过共享和传播数字化资源的方式，让偏远地区的高校和学生受益。例如，可以建立外语教育资源库，将各类优质的外语教学视频、课件、教案等资源进行整理和分类，然后免费提供给偏远地区的高校使用。此外，还可以通过校际合作和交流的方式，鼓励城市高校与偏远地区高校进行资源共享和互利合作，共同推动外语教育的发展。

3.提升偏远地区高校的数字化教育能力

要让数字化资源真正在偏远地区发挥作用，还需要提升当地高校的数字化教育能力。这包括加强偏远地区高校的信息基础设施建设，提高教师和学生的信息素养和数字化技能，以及推动当地高校与城市高校在数字化教育领域的深度合作等。通过这些措施，可以确保偏远地区的高校和学生能够充分利用数字化资源，提升外语教育的质量和水平。

（二）优质外语教育资源的共享机制

在推进教育公平和资源均衡化的过程中，建立优质外语教育资源的共享机制显得尤为重要。这不仅可以避免资源的浪费和重复建设，还可以让更多的高校和学生享受到优质的外语教育资源和服务。

1.外语教育资源库的建立与维护

为了实现优质外语教育资源的共享和利用，首先需要建立外语教育资源库。这个资源库可以包括各类优质的外语教学视频、音频、课件、教案、习题等资源，涵盖不同的语种和层次。为了确保资源库的质量和可持续性，需要建立专门的团队负责资源的收集、整理、审核和更新工作。同时，还需要制定完善的资源使用和管理制度，确保资源的合理利用和保护。

2.校际合作与交流的深化与拓展

除了建立外语教育资源库外，还可以通过校际合作和交流的方式实现优质外语教育资源的共享。例如，可以开展校际的课程互选、学分互认、教师互聘等合作项目，让学生可以跨校选修优质的外语课程，享受到更多的学习机会和资源。同时，还可以通过定期举办外语教育研讨会、教学观摩活动等方式，促进不同高校之间的教学交流和经验分享。

3.政策支持与激励机制的构建

为了让优质外语教育资源的共享机制得以顺利实施和持续发展，还需要构建政策支持与激励机制。政府和教育主管部门可以出台相关政策，鼓励和支持高校之间的资源共享和合作交流。同时，还可以设立专项资金或奖励计划，对在资源共享和合作交流中做出突出贡献的高校和个人进行表彰和奖励。通过这些措施，可以激发高校和教师的积极性和创造力，推动优质外语教育资源的共享和利用。

（三）教育公平在数字化转型中的体现与保障

数字化转型为高校外语教育带来了前所未有的机遇和挑战。在这个过程中，如何体现和保障教育公平成了一个重要的议题。

1.制定公平合理的教育政策

政府和教育主管部门需要制定公平合理的教育政策，确保每个学生都能够享受到公平、优质的外语教育。这些政策可以包括教育投入政策、招生政策、就业政策等，旨在缩小不同地区、不同群体之间的教育差距。例如，可以加大对偏远地区和弱势群体的教育投入力度，提高他们的外语教育水平和机会；同时，还可以完善招生和就业政策，确保每个学生都能够在公平的竞争环境中获得发展机会。

2.加大对弱势群体的扶持力度

在数字化转型的过程中，需要特别关注弱势群体的教育问题。这些群体可能由于经济条件、地理位置、文化背景等原因而面临外语教育的困难和挑战。因此，政府和教育主管部门需要加大对这些群体的扶持力度，如提供奖学金、助学金等经济支持；建立特殊教育体系或项目以满足他们的特殊需求；开展针对性的培训和辅导活动等。通过这些措施，可以帮助弱势群体克服外语教育中的困难和障碍，实现教育公平和机会均等。

3.建立完善的教育评价体系

建立完善的教育评价体系是保障教育公平的重要手段之一。这个体系需要全面、客观、科学地评价学生的外语水平和综合素质，为每个学生提供公平的评价机会和标准。同时，还需要加强对评价结果的反馈和运用，及时发现问题和不足并进行改进和优化。通过完善的教育评价体系，可以确保每个学生都能够在公平的评价环境中获得认可和发展机会。此外，还需要加强对数字化转型过程中可能出现的新问题的研究和应对，以确保教育公平的持续推进和完善。

第二章　高校外语教育课程思政体系建设研究

第一节　高校课程思政的背景与发展

一、高校课程思政的背景介绍

（一）国家教育政策导向

随着中国特色社会主义进入新时代，我国高等教育也迎来了新的历史机遇与挑战。为了培养适应新时代需求的社会主义建设者和接班人，国家教育政策明确提出要加强高校思想政治工作，将思政教育贯穿于教育教学全过程。这一政策导向为高校课程思政的提出与发展奠定了坚实的基础。

在国家教育政策的指引下，高等教育不再仅仅局限于知识的传授和技能的训练，而是更加注重学生的全面发展，特别是思想道德素质的培养。课程思政作为一种新的教育理念和实践方式，正是在这样的背景下应运而生。它强调将思政教育融入各门课程中去，使学生在学习专业知识的同时，接受思政教育的熏陶和洗礼，从而实现知识与价值、能力与素质的有机统一。

具体来说，国家教育政策导向对高校课程思政的影响主要体现在以下几个方面：

国家教育政策为高校课程思政提供了明确的指导思想和行动纲领。例如，《关于加强和改进新形势下高校思想政治工作的意见》①等文件明确指出，要

---

① 《关于加强和改进新形势下高校思想政治工作的意见》是中共中央、国务院为加强高校思想政治工作、培养中国特色社会主义事业合格建设者和可靠接班人而制定的重要文件，明确了新形势下高校思想政治工作的指导思想、基本原则和主要任务。

将思政教育贯穿于教育教学全过程，实现全员育人、全程育人、全方位育人。这些政策文件为高校课程思政的开展提供了有力的政策支持和保障。

国家教育政策推动了高校课程思政的实践与创新。在政策的引导下，越来越多的高校开始探索将思政教育融入各门课程中去的方法和途径。他们通过挖掘课程中的思政元素、创新课程思政的实践形式和内容等方式，使思政教育更加贴近学生实际、更加生动有趣，从而提高了思政教育的实效性和吸引力。

国家教育政策为高校课程思政的发展提供了广阔的空间和机遇。随着高等教育的不断发展和改革，高校课程思政也面临着新的机遇和挑战。国家教育政策的不断完善和创新为高校课程思政的发展提供了更多的可能性和选择空间，使高校教育者可以更加灵活地开展课程思政工作，更好地满足学生的需求和期望。

（二）社会主义核心价值观的融入需求

社会主义核心价值观是当代中国精神的集中体现，也是高校思政教育的核心内容。为了使学生更好地理解和践行社会主义核心价值观，需要将其融入高校各门课程中去，特别是外语等具有国际化特色的课程。通过课程思政的方式，使学生在学习专业知识的同时，潜移默化地接受社会主义核心价值观的熏陶和洗礼。

社会主义核心价值观的融入需求对高校课程思政的影响主要体现在以下几个方面：

社会主义核心价值观为高校课程思政提供了丰富的内容和素材。社会主义核心价值观包括富强、民主、文明、和谐、自由、平等、公正、法治、爱国、敬业、诚信、友善等十二个方面，涵盖了国家、社会、个人三个层面的价值追求和目标。这些价值观不仅具有深刻的理论内涵和实践意义，而且与高校各门课程的内容密切相关。通过将社会主义核心价值观融入课程中去，可以使学生更加深入地理解和领悟这些价值观的内涵和意义，从而更好地践行社会主义核心价值观。

社会主义核心价值观的融入需求推动了高校课程思政的创新与发展。传统的思政教育往往过于注重理论传授和灌输式教育，难以激发学生的学习兴趣和积极性。而社会主义核心价值观的融入需求要求高校教育者以更加生动、有趣、形象的方式呈现思政内容，创新课程思政的实践形式和方法。例如，可以通过案例分析、角色扮演、小组讨论等方式，使学生在参与和互动中接受社会主义核心价值观的熏陶和洗礼。

社会主义核心价值观的融入需求提升了高校课程思政的实效性和针对性。社会主义核心价值观是当代中国社会的共同价值追求和目标，也是高校学生应该具备的基本素质和能力。通过将社会主义核心价值观融入课程中去，可以使学生更加深刻地认识到自己的责任和使命，更加自觉地践行社会主义核心价值观。这不仅可以提高高校思政教育的实效性和针对性，还可以为培养德智体美劳全面发展的社会主义建设者和接班人奠定坚实的基础。

（三）全球化背景下的文化自信与传承

在全球化日益深入的今天，文化交流与碰撞成为常态。面对西方文化的冲击和挑战，如何保持和传承中华文化的自信与自觉成为高校教育的重要任务。课程思政作为一种有效的教育方式，有助于引导学生正确认识中华文化的独特魅力和历史价值，增强文化自信心和自豪感。

全球化背景下的文化自信与传承对高校课程思政的影响主要体现在以下几个方面：

全球化背景为高校课程思政提供了更加广阔的国际视野和交流平台。随着全球化的不断深入和发展，不同文化之间的交流与碰撞日益频繁。这为高校教育者提供了更加广阔的国际视野和交流平台，可以更加深入地了解和借鉴其他国家和地区的思政教育经验和做法。通过将这些经验和做法与中国的实际情况相结合，可以创新出更加适合中国学生的课程思政模式和方法。

文化自信与传承的需求推动了高校课程思政对中华优秀传统文化的挖掘与传承。中华优秀传统文化是中华民族的精神命脉和文化根基，也是高校课程思政的重要资源。通过将中华优秀传统文化融入课程中去，可以使学生更加深入地了解和领悟中华文化的独特魅力和历史价值，从而增强文化自信心和自豪感。这不仅可以提高学生的综合素质和能力水平，还可以为传承和弘扬中华优秀传统文化奠定坚实的基础。

全球化背景下的文化自信与传承要求高校课程思政注重培养学生的跨文

化交际能力。在全球化时代，跨文化交际能力已经成为高校学生必备的基本素质和能力之一。通过课程思政的方式培养学生的跨文化交际能力，不仅可以提高学生的外语水平和国际视野，还可以使学生更加自信地面对不同文化之间的交流与碰撞。这对于培养具有国际视野和跨文化交际能力的高素质人才具有重要的意义。

二、高校课程思政的发展历程

（一）课程思政的提出与初期探索

课程思政的概念并非一蹴而就，而是经历了长时间的教育实践与思考后逐渐形成的。二十世纪末二十一世纪初，随着我国高等教育的快速发展和国际交流的日益频繁，传统的思政教育模式开始面临挑战。一些有识之士敏锐地意识到，单纯的思政课程已经难以满足新时代的需求，必须将思政教育融入业课程中去，才能更好地培养学生的综合素质和能力。

在这一背景下，课程思政的理念开始被提出并逐步进入人们的视野。初期的探索主要集中在如何将思政教育内容与专业知识相结合，使学生在学习专业知识的同时，能够潜移默化地接受思政教育的熏陶。这一时期的探索虽然取得了一定的成效，但由于缺乏系统的理论指导和实践经验，总体上还处于摸索和尝试的阶段。

为了推动课程思政的发展，一些高校开始尝试在部分课程中融入思政元素，如在外语课程中加入中国文化、历史、价值观等内容，以期在培养学生语言能力的同时，提高他们的文化素养和思想道德水平。这些尝试为后来的课程思政实践提供了宝贵的经验和启示。

（二）高校课程思政的逐步深化与实践

随着高校思政教育的不断深入和发展，课程思政的理念和实践也逐渐得到了认可和推广。越来越多的高校开始将思政教育融入各门课程中去，形成了具有各自特色的课程思政模式。

这一时期，课程思政的实践形式和内容得到了不断的丰富和创新。一方面，高校教育者开始深入挖掘各门课程中的思政元素，将其与专业知识有机结合起来，形成了多样化的课程思政实践形式。另一方面，一些高校还通过开设专门的课程思政示范课、举办课程思政教学比赛等方式，推动课程思政的实践与创新。

此外，为了提升教师的思政教育能力，许多高校还加强了对教师的培训和教育。他们通过组织专题培训、邀请专家讲座、开展教学研讨等方式，帮助教师提高思政教育的理论水平和实践能力，为课程思政的深入开展提供了有力的师资保障。

（三）当前高校课程思政的新要求与挑战

新时代赋予高校思政教育新的使命和要求。当前，高校课程思政面临着如何更好地融入社会主义核心价值观、如何提升教师的思政教育能力、如何创新课程思政的实践形式和内容等新的挑战和要求。

如何将社会主义核心价值观更好地融入课程思政实践中是当前面临的重要问题。社会主义核心价值观是当代中国精神的集中体现，也是高校思政教育的核心内容。然而，将社会主义核心价值观融入课程思政实践并不是一件简单的事情，需要高校教育者深入挖掘各门课程中的思政元素，将其与社会主义核心价值观有机结合起来，形成具有针对性的课程思政实践方案。

提升教师的思政教育能力也是当前高校课程思政面临的重要挑战。教师是课程思政实践的主体，他们的思政教育能力直接影响到课程思政的效果和质量。因此，高校需要加强对教师的培训和教育，提高他们的思政教育理论水平和实践能力，为课程思政的深入开展提供有力的师资保障。

创新课程思政的实践形式和内容也是当前高校课程思政的重要任务。随着时代的发展和学生需求的变化，传统的课程思政实践形式和内容已经难以满足新时代的需求。因此，高校需要不断创新课程思政的实践形式和内容，探索出更加适合学生需求和时代特点的课程思政模式。例如，可以通过利用信息技术手段、开展实践教学、引入社会热点问题等方式，使课程思政更加生动、有趣、有效。

三、高校课程思政的重要作用与意义

（一）培养德智体美劳全面发展的社会主义建设者和接班人

高校，作为知识的殿堂和人才的培养基地，在习近平新时代中国特色社会主义事业中扮演着举足轻重的角色。其根本任务，就是培养德智体美劳全面发展的社会主义建设者和接班人。这不仅要求高校传授给学生扎实的专业知识，更要求高校注重学生的思想道德教育，确保学生在知识、能力、素质等各方面都得到全面提升。

课程思政作为一种创新的教育模式，强调在专业课程中融入思政教育内容，实现专业知识传授与价值引领的有机结合。这种教育模式的推广和实施，有助于将思政教育贯穿于教育教学全过程，使学生在学习专业知识的同时，不断提升自己的思想道德素质和综合素质。这对于培养适应新时代需求的社会主义建设者和接班人具有重要的意义。

具体而言，课程思政可以通过以下几个方面来促进学生的全面发展：

1.德育方面

课程思政注重培养学生的道德品质和社会责任感。通过挖掘专业课程中的德育元素，引导学生树立正确的世界观、人生观和价值观，培养学生的爱国情怀和奉献精神。

2.智育方面

课程思政不仅关注学生的专业知识学习，还注重培养学生的创新思维和批判性思维。通过引入相关领域的最新研究成果和前沿动态，激发学生的学习兴趣和探究欲望，培养学生的学术素养和科研能力。

3.体育方面

虽然课程思政主要关注思想道德教育，但它也强调学生的身心健康。通过倡导健康的生活方式和锻炼习惯，课程思政可以帮助学生建立正确的体育观念，提高学生的身体素质和心理健康水平。

4.美育方面

课程思政注重培养学生的审美情趣和人文素养。通过欣赏和分析优秀的文化作品，引导学生感受美的魅力，提高学生的艺术修养和审美能力。

5.劳动教育方面

课程思政强调劳动的价值和意义，鼓励学生积极参与社会实践和志愿服务等活动。通过亲身体验和感受劳动的艰辛与喜悦，培养学生的劳动精神和实践能力。

（二）增强国家意识、文化自信与社会责任感

在全球化的背景下，各种文化思潮和价值观念相互激荡，给大学生的思想带来了极大的冲击。因此，增强大学生的国家意识、文化自信和社会责任感显得尤为重要。课程思政作为一种有效的教育手段，在这方面发挥着不可替代的作用。

课程思政有助于引导学生正确认识国家的历史、文化和现实状况。通过深入挖掘专业课程中的思政资源，将国家的发展历程、辉煌成就和面临的挑战融入课堂教学之中，可以使学生更加全面、深入地了解国家的历史和现状。这种了解不仅可以增强学生的国家认同感和民族自豪感，还可以激发学生的爱国热情和报国之志。

课程思政是传承和弘扬中华文化的重要途径。中华文化博大精深、源远流长，是中华民族生生不息、薪火相传的精神纽带。通过课程思政的方式，可以将中华文化的精髓和要义融入课堂教学之中，使学生在学习专业知识的同时受到中华文化的熏陶和感染。这种熏陶和感染不仅可以增强学生的文化自信心和自觉性，还可以提高学生的文化素养和审美能力。

课程思政有助于培养学生的社会责任感和使命感。作为新时代的大学生，他们肩负着实现中华民族伟大复兴的历史使命和社会责任。通过课程思政的方式，可以引导学生关注社会现实和国家发展，积极投身于社会主义现代化建设中去。这种参与不仅可以使学生更加深入地了解社会现实和国家需求，还可以培养学生的奉献精神和创新能力。

（三）促进学科教学与思政教育的有机融合

在传统的教育模式中，学科教学往往与思政教育相互独立、各自为政。这种教育模式不仅不利于学生的全面发展，还容易导致学科教学与思政教育之间的脱节和矛盾。而课程思政作为一种新的教育方式，强调将思政教育与

学科教学有机地结合起来，形成相互促进、相得益彰的良好局面。

课程思政有助于打破学科教学与思政教育之间的壁垒和隔阂。在传统的教育模式中，学科教学主要关注知识的传授和技能的训练，而思政教育则主要关注学生的思想道德教育和政治素质培养。两者之间缺乏有效的沟通和融合，导致教育效果不佳。而课程思政强调在专业课程中融入思政教育内容，实现专业知识传授与价值引领的有机结合。这种融合不仅可以使学生在学习专业知识的同时接受思政教育的熏陶和洗礼，还可以使教师在传授专业知识的同时提升自己的思政教育能力和水平。

课程思政有助于提升学科教学的质量和水平。在传统的教育模式中，学科教学往往过于注重知识的传授和技能的训练，而忽视了学生的思想道德教育和综合素质培养。这种教育模式容易导致学生的片面发展和应试倾向。而课程思政强调在专业课程中融入思政教育内容，关注学生的全面发展。这种关注不仅可以激发学生的学习兴趣和探究欲望，还可以培养学生的创新思维和批判性思维。这对于提高学科教学的质量和水平具有重要的意义。

课程思政有助于推动高校教育的改革和创新。随着时代的发展和社会的进步，高校教育面临着新的挑战和要求。传统的教育模式已经难以满足新时代的需求，需要进行改革和创新。而课程思政作为一种新的教育方式，为高校教育的改革和创新提供了新的思路和方向。通过推广和实施课程思政，可以推动高校教育向更加全面、深入、创新的方向发展。

第二节　课程思政在高校外语教育中的必要性

一、外语教育的特殊地位与作用

（一）外语作为国际交流与文化传播的重要工具

1.国际交流的语言桥梁

外语在国际交流中扮演着桥梁的角色，是连接不同国家和文化的纽带。

在国际政治舞台上，外语是各国政府进行外交活动、参与国际会议和谈判的必备工具。通过外语，各国能够相互理解、协调立场，共同应对全球性挑战。在经济领域，外语促进了国际贸易和投资的发展。企业利用外语进行商务谈判、签订合同，推动商品和服务的跨国流动。在科技领域，外语是获取国际前沿科技信息和参与国际合作的重要媒介。科研人员通过外语阅读文献、参加国际会议，与国际同行交流研究成果，推动科技进步和创新。

多语种能力在全球化时代尤为重要。随着全球化的深入发展，各国之间的联系日益紧密，多语种能力成为个人和国家竞争力的重要组成部分。掌握多种外语可以更好地适应国际环境，拓宽国际视野，增强跨文化交流能力，为个人职业发展和国家国际合作提供更多机遇。

2.文化传播的媒介

外语不仅是国际交流的桥梁，也是文化传播的媒介。语言和文化紧密相连，语言是文化的载体，文化是语言的内涵。通过外语学习，人们可以了解不同国家和民族的历史、文化、风俗习惯和价值观念，增进对不同文化的理解和尊重。

外语在跨文化对话中发挥着重要作用。跨文化对话是不同文化背景的人们之间进行的交流和对话，旨在消除误解、增进理解、建立友谊。外语作为跨文化对话的工具，可以帮助人们克服语言障碍，进行深入的交流和沟通。通过外语，不同文化之间可以相互借鉴、相互融合，推动世界文化的多样性和繁荣。

外语学习与文化理解相互促进。在外语学习过程中，学习者不仅掌握语言知识，还通过接触外语国家的文化、历史、社会等背景知识，加深对所学语言的理解和运用。同时，外语学习也促进了学习者对本国文化的反思和认识，增强了民族自豪感和文化自信心。

3.外语教育与国家软实力

外语水平与国家国际形象密切相关。一个国家的外语水平反映了其国民的素质和国际竞争力。在国际交往中，国民的外语水平直接影响到国家形象和声誉。一个国民外语水平较高的国家更容易赢得国际社会的尊重和认可，提升其在国际舞台上的地位和影响力。

外语教育在提升国家软实力中发挥着重要作用。软实力是指一个国家通过吸引而非强制手段来达到目标的能力。外语教育是提升国家软实力的重要途径之一。通过加强外语教育，可以提高国民的外语水平和跨文化交流能力，增强国家的文化吸引力和国际影响力。同时，外语教育也有助于培养具有国际视野和全球竞争力的人才，为国家参与国际合作和竞争提供有力支持。

（二）外语教育在培养学生跨文化交际能力中的关键作用

1.跨文化交际能力的内涵

跨文化交际能力[①]是指在跨文化背景下进行有效沟通的能力。它包括语言能力、文化意识和交际策略三个方面。语言能力是指掌握外语知识和运用外语进行听、说、读、写、译等技能的能力；文化意识是指对不同文化背景、价值观念和行为规范的理解和尊重；交际策略是指在不同文化背景下采取适当的交际方式和技巧以达到有效沟通的目的。

跨文化交际能力对个人发展具有重要意义。在全球化时代，具备跨文化交际能力的人才更能够适应国际环境，拓宽国际视野，增强跨文化交流能力，为个人职业发展提供更多机遇。同时，跨文化交际能力也是现代社会对人才的基本要求之一，是个人综合素质的重要组成部分。

2.外语教育对跨文化交际能力的培养

外语课程是培养学生跨文化交际能力的重要途径之一。在外语课程中，学生不仅学习外语知识，还通过接触外语国家的文化、历史、社会等背景知识，了解不同文化背景下人们的价值观念、思维方式和行为习惯。同时，外语课程还注重培养学生的听、说、读、写、译等技能，提高学生的语言运用能力和跨文化交流能力。

外语实践活动也是培养学生跨文化交际能力的重要手段之一。通过参与外语角、国际文化周、模拟联合国等外语实践活动，学生可以亲身感受不同文化之间的差异和相似之处，增强对不同文化的理解和尊重。同时，外语实践活动还为学生提供了运用外语进行实际交流的机会，帮助学生掌握跨文化交际的技巧和策略。

---

① 跨文化交际能力这一概念源于跨文化交际研究领域，指的是在不同文化背景下，个体或群体进行有效沟通、理解并适应异文化环境的能力。

3.跨文化交际能力与社会适应

在多元化社会中，具备跨文化交际能力的人才更能够适应社会发展的需要。随着全球化的深入发展和国际交流的日益频繁，不同文化之间的交流和融合成为社会发展的必然趋势。具备跨文化交际能力的人才能够更好地适应这种趋势，融入多元化社会，为社会发展做出贡献。

同时，跨文化交际能力对个人职业发展也具有推动作用。在现代职场中，具备跨文化交际能力的人才更能够胜任国际化岗位，与国际同事和客户进行有效沟通，提升个人职业竞争力。因此，外语教育在培养学生跨文化交际能力方面具有重要作用，为学生未来职业发展奠定坚实基础。

二、课程思政与外语教育的内在联系

（一）外语课程蕴含的丰富思政元素与价值观

1.外语教材中的思政资源

外语教材不仅是语言知识的载体，更是文化的传播者。在文学作品中，往往蕴含着深刻的思想价值，如正义、善良、勇敢等，这些普世价值观与思政教育中的核心价值观不谋而合。此外，语言材料中的社会文化信息也是思政教育的宝贵资源。通过学习不同国家的文化，学生可以更加全面地认识世界，形成开放包容的心态，这与思政教育中的国际视野教育相辅相成。

2.外语教学中的价值观引导

在外语教学中，教学内容的选择和价值导向至关重要。教师应该有意识地选择那些能够传递正面价值观的教学内容，使学生在学习语言的同时，潜移默化地受到正确价值观的熏陶。同时，教师在教学过程中的角色也不仅仅是知识的传授者，更应该是价值观的引导者。教师应该通过自己的言行举止，向学生传递正确的价值观，成为学生学习和模仿的榜样。

3.外语学习与国家认同

外语学习不仅仅是为了掌握一门语言技能，更是为了增强国家意识。通过学习外语，学生可以更加深入地了解不同国家的文化和社会制度，从而更加深刻地认识到自己国家的独特性和优越性。这种国家意识的增强，有助于培养学生的爱国情怀和民族自豪感。同时，外语能力也与国家利益密切相关。

在全球化时代，掌握外语的人才在国际交流中发挥着重要作用，他们是国家对外开放和国际合作的重要桥梁和纽带。

（二）外语教育在提升学生综合素质中的思政功能

1.外语教育与全面发展

外语教育不仅仅是语言教育，更是全面教育的重要组成部分。通过学习外语，学生可以锻炼自己的认知能力，提高记忆力、注意力、思维能力等。同时，外语实践也是提升学生综合素质的重要途径。通过参与外语角、国际交流等活动，学生可以锻炼自己的口语表达能力、人际交往能力、组织协调能力等，实现全面发展。

2.外语课程与思政教育的融合

外语课程与思政教育的融合是提升学生综合素质的重要途径。在外语教学中，教师应该注重德育渗透，将思政教育的内容融入外语教学中，使学生在学习语言的同时，接受思政教育的熏陶。同时，外语课程与思政课程也应该实现协同育人。两门课程应该相互配合，共同培养学生的综合素质，实现育人目标。

3.外语教育在国际化人才培养中的作用

随着全球化的深入发展，国际化人才的需求越来越大。外语教育在国际化人才培养中发挥着重要作用。通过学习外语，学生可以拓宽国际视野，了解不同国家的文化和社会制度，为未来的国际交流和合作打下坚实基础。同时，外语教育也是培养学生跨文化能力的重要途径。通过学习外语，学生可以掌握与不同文化背景的人进行交流的能力，这对于未来在国际舞台上发挥作用至关重要。在国际化人才培养体系中，外语教育应该占据重要地位，成为人才培养的必备环节。

三、必要性分析

（一）落实立德树人根本任务的重要途径

1.立德树人的内涵与要求

立德树人，作为教育的根本任务，强调德育为先、全面发展的教育理念。

在高等教育中，这不仅要求传授知识、培养技能，更要求注重学生的思想道德建设，引导学生形成正确的世界观、人生观和价值观。立德树人的目标是培养德智体美劳全面发展的社会主义建设者和接班人，为国家的繁荣富强、民族的伟大复兴提供有力的人才支撑。

2.外语教育在立德树人中的作用

外语教育作为高等教育的重要组成部分，同样承担着立德树人的重要使命。外语课程不仅具有传授语言知识的功能，更蕴含着丰富的德育资源。通过外语学习，学生可以接触到不同国家的文化、历史和价值观，从而拓宽国际视野，增强跨文化交流能力。同时，外语教师在教学过程中也可以通过言传身教、引导示范等方式，潜移默化地影响学生的思想道德观念，发挥立德树人的重要作用。

3.外语教育与德育的融合实践

在实践中，外语教育与德育的融合已成为一种趋势。许多高校在外语课程中融入德育元素，如通过讲解外国文学作品中的道德主题、引导学生讨论国际热点问题等方式，培养学生的思想道德素养。同时，一些外语教师也积极探索德育与外语教学相结合的方法，如采用情景模拟、角色扮演等教学手段，让学生在模拟的真实场景中体验不同文化的道德规范，从而加深对德育内容的理解和认同。这些融合实践不仅丰富了外语教育的内容和方法，也提高了立德树人的效果和质量。

（二）应对全球化挑战与培养国际视野的需要

1.全球化时代的挑战与机遇

随着全球化时代的深入发展，国际竞争与合作日益激烈。在这一背景下，高等教育面临着前所未有的挑战和机遇。一方面，全球化要求高等教育培养出具有国际视野、通晓国际规则、能够参与国际事务的复合型人才；另一方面，全球化也为高等教育提供了更加广阔的国际市场、更加丰富的教育资源和发展机遇。

2.外语教育在培养国际视野中的作用

外语教育作为培养国际视野的重要途径之一，在全球化时代具有更加重要的地位和作用。通过外语学习，学生可以掌握一门或多门外语技能，为未来的国际交流和合作打下坚实基础。同时，外语教育还可以帮助学生了解不同国家的文化、历史和社会制度，增强跨文化交流能力和全球意识。这些能力和素质的培养对于学生未来的职业发展和国家对外开放都具有重要意义。

3.外语教育与国际教育的接轨

为了更好地应对全球化挑战和培养国际视野，外语教育需要与国际教育接轨。一方面，高校可以引入国际教育标准和先进的外语教学理念、方法和技术，提高外语教育的质量和水平；另一方面，高校也可以积极参与国际交流和合作项目，为学生提供更多的国际实践机会和平台。通过这些举措，外语教育可以更好地服务于国家对外开放和国际化发展战略的需要。

（三）强化学生国家认同与文化自信的重要举措

1.国家认同与文化自信的内涵

国家认同是指个体对自己所属国家的认同感和归属感，是对国家历史文化、政治制度、价值观念等方面的认同和接受。文化自信则是指个体对自己所属民族文化的自信心和自豪感，是对民族文化传承与发展的信心和坚定信念。在高等教育中，强化学生的国家认同与文化自信是立德树人的重要内容之一。

2.外语教育在强化国家认同与文化自信中的作用

外语教育在强化学生国家认同与文化自信方面具有独特的作用。通过外语学习，学生可以更加深入地了解不同国家的文化和社会制度，从而更加深刻地认识到自己国家的独特性和优越性。这种对比和认识的过程有助于增强学生的国家认同感和民族自豪感。同时，外语教育还可以帮助学生更好地传承和弘扬民族文化，提高文化自信。在外语教学中融入中华文化元素、介绍中华优秀传统文化等方式都可以有效地实现这一目标。

3.外语教育中的文化自觉与文化担当

在外语教育中强化学生的国家认同与文化自信还需要培养学生的文化自觉意识和文化担当精神。文化自觉是指个体对自己所属民族文化的清醒认识和深刻理解；文化担当则是指个体在传承和发展民族文化方面所承担的责任和使命。在外语教育中，教师应该注重引导学生关注民族文化传承与发展的重要性，培养学生的文化自觉意识和文化担当精神；同时，学校也应该创造更多的机会和平台让学生参与到民族文化传承与创新的实践中去，让学生在实践中体验到民族文化的魅力和价值所在。

第三节　高校外语教育课程思政体系建设现状

一、体系建设取得的成效

高校外语教育课程思政体系建设在近年来取得了显著的成效，主要体现在以下几个方面：

（一）课程思政理念在外语教育中的逐步树立

随着教育改革的不断深入，高校外语教育逐渐从单纯的语言技能培养转向综合素质教育。在这一转变中，课程思政理念起到了重要的指导作用。越来越多的高校外语教师开始认识到，外语教学不仅仅是传授语言知识，更是培养学生国际视野、跨文化交流能力和批判性思维[①]的重要途径。因此，在课程设计和教学实践中，他们开始有意识地融入思政元素，将语言学习与思政教育有机结合起来。

具体来说，课程思政理念在外语教育中的树立体现在以下几个方面：

1.课程目标的转变

从单纯的语言技能培养转向综合素质教育，注重培养学生的国际视野、跨文化交流能力和批判性思维。这一转变使得外语课程更加符合时代发展和社会需求，有助于培养具有国际竞争力的高素质人才。

2.教学内容的更新

在保留传统语言知识教学的基础上，增加与思政教育相关的内容，如国家认同、文化自信、社会责任等。这些内容不仅有助于提升学生的思政素养，

---

① 批判性思维是一种理性思维方式，旨在对问题进行深入分析、评估和判断。它要求不盲目接受信息，而是对其进行独立思考、质疑和求证，以得出更为客观、准确的结论。批判性思维是提升个人素养和推动社会进步的重要能力。

还能增强学生对不同文化的理解和尊重，促进跨文化交流。

3.教学方法的创新

采用多样化的教学方法和手段，如小组讨论、角色扮演、案例分析等，激发学生的学习兴趣和主动性。这些方法不仅有助于提高学生的语言运用能力，还能培养学生的团队协作、沟通表达和批判性思维等综合素质。

（二）外语课程中思政元素的挖掘与融入实践

在课程思政理念的指导下，高校外语教师开始深入挖掘外语课程中的思政元素，并通过多样化的教学手段将这些元素融入课堂教学中。这一实践不仅丰富了外语教育的内容和方法，也提高了立德树人的效果和质量。

具体来说，外语课程中思政元素的挖掘与融入实践体现在以下几个方面：

1.文学作品的思政解读

通过分析外国文学作品中的主题思想、人物形象等，引导学生思考不同文化背景下的价值观念和社会现象。例如，通过解读经典文学作品中的正义与邪恶、爱与恨等主题，培养学生的道德判断力和社会责任感。

2.国际热点问题的讨论

结合当前国际热点问题，如全球化、地缘政治等，引导学生进行讨论和分析。这些讨论不仅有助于培养学生的国际视野和跨文化交流能力，还能增强学生的国家认同感和民族自豪感。

3.角色扮演与模拟实践

通过模拟真实场景的角色扮演等活动，让学生在实践中体验不同文化的道德规范和行为准则。例如，在商务外语课程中，学生可以模拟商务谈判场景，学习不同文化背景下的商务礼仪和沟通技巧。

（三）外语教师思政素养的提升与教学方法创新

为了更好地将思政元素融入外语教育中，高校外语教师也在不断提升自身的思政素养和教学方法创新能力。他们通过参加培训、研讨等方式，学习思政教育理论和方法，提高自身的政治觉悟和思想认识；同时，他们也积极探索创新的教学方法，以激发学生的学习兴趣和主动性。

具体来说，外语教师思政素养的提升与教学方法创新体现在以下几个方面：

1.教师培训与交流

高校定期组织外语教师参加思政教育相关的培训和交流活动，提高教师的思政素养和教学能力。这些培训和交流活动不仅有助于教师了解最新的思政教育理论和方法，还能促进教师之间的经验交流和共享。

2.教学方法的创新实践

外语教师积极探索创新的教学方法，如混合式教学、翻转课堂等，以激发学生的学习兴趣和主动性。这些方法注重学生的主体地位和作用，强调学生的参与和互动，有助于提高教学效果和质量。

3.教学资源的开发与利用

外语教师充分利用现代信息技术手段，开发相关的教学资源和工具，如网络课程、在线学习平台等。这些资源和工具不仅为学生提供了更加便捷和多样化的学习资源和学习体验，还为教师提供了更加丰富和灵活的教学手段和方法。

二、存在的问题与挑战

尽管高校外语教育课程思政体系建设取得了显著的成效，但仍存在一些问题和挑战需要解决：

（一）课程思政与外语教育融合深度不够

课程思政与外语教育的融合深度不足，是当前面临的主要问题之一。这主要体现在以下几个方面：

1.融合理念的缺失

一些高校和教师尚未充分认识到课程思政与外语教育融合的必要性，仍然将两者视为独立的教学领域。这种理念上的缺失导致在实际教学中，思政元素往往只是被简单地提及，而没有真正融入外语教学内容中。

2.融合方法的单一

目前，一些教师在尝试将思政元素融入外语教学时，采用的方法往往过于单一和机械。他们可能只是简单地在课堂上讲述一些思政概念或观点，而没有将其与外语教学内容、教学方法和教学评价等方面有机结合起来。这种融合方法的单一性不仅影响了思政教育的效果，也削弱了外语教学的趣味性和实用性。

3.学科属性的差异

外语教育与思政教育在学科属性、教学目标和教学方法等方面存在差异，如何实现两者的深度融合是一个具有挑战性的问题。一些教师可能缺乏跨学科的知识和能力，难以在外语教学中有效地融入思政元素。

为了解决这一问题，高校需要加强对教师的培训和指导，提高他们的跨学科素养和教学能力。同时，高校还应鼓励教师积极探索和创新融合方法，将思政教育与外语教学更加紧密地结合起来。

（二）外语课程思政资源开发与利用不足

外语课程中蕴含着丰富的思政资源，但目前这些资源的开发与利用存在不足。具体来说：

1.资源挖掘不够深入

一些教师可能对外语课程中的思政资源缺乏深入的了解和挖掘能力，导致这些资源没有得到充分的利用。例如，一些文学作品中的思想价值、语言材料中的社会文化信息等都可以作为思政教育的素材，但如果没有被深入挖掘和整理，就难以发挥其应有的作用。

2.资源建设投入不足

一些高校可能对外语课程思政资源的建设投入不足，缺乏相应的资金支持和政策引导。这导致教师在开发和利用思政资源时面临困难，无法充分利用现有的教学资源和手段。

为了改善这一状况，高校需要加大对外语课程思政资源建设的投入和支持力度。同时，教师也应积极提升自身素养和能力，深入挖掘和利用外语课程中的思政资源，为思政教育与外语教学的深度融合提供有力支撑。

（三）外语教师思政教育能力参差不齐

外语教师的思政教育能力参差不齐是当前面临的另一个重要问题。这主要表现在以下几个方面：

1.理论知识的缺乏

一些外语教师可能缺乏系统的思政教育理论知识，对思政教育的理念、目标和方法等了解不够深入。这导致他们在尝试将思政元素融入外语教学时感到力不从心，无法达到预期的教学效果。

2.实践经验的不足

除了理论知识外，实践经验也是影响外语教师思政教育能力的重要因素。一些教师可能缺乏实际的思政教育经验，对如何在外语教学中有效地融入思政元素缺乏清晰的认识和思路。这限制了他们在教学实践中的发挥和创新。

3.教学方法的单一

部分教师在思政教育方法上过于单一和机械，缺乏灵活性和创新性。他们可能只是简单地采用灌输和说教的方式来进行思政教育，而忽视了外语教学本身的特点和规律。这种单一的教学方法不仅影响了思政教育的效果，也降低了外语教学的质量和趣味性。

针对这些问题，高校需要加强对外语教师的培训和指导力度。通过组织定期的培训活动、邀请专家讲座或开展实践教学研讨等方式，提高教师的思政教育理论知识和实践能力。同时，高校还应鼓励教师积极探索和创新思政教育方法，将思政教育与外语教学更加紧密地结合起来。此外，建立科学的评价机制和激励机制也是提升教师思政教育能力的重要途径。通过对外语教师的思政教育能力进行定期评估和奖励，激发他们的工作热情和积极性，推动思政教育与外语教学的深度融合和发展。

三、改进方向与措施建议

针对上述问题和挑战，可以从以下几个方面进行改进和提升：

（一）深化外语课程思政理念，完善顶层设计

为了深化外语课程思政理念，我们需要从以下几个方面入手：

1.明确融合目标与路径

随着全球化的深入发展和国际交流的日益频繁，外语教育在高等教育体系中的地位愈发凸显。然而，单纯的语言技能培养已不能满足当前社会对人

才的需求。因此，将外语教育与思政教育相融合，培养具有国际视野、跨文化交流能力和高度社会责任感的高素质人才，已成为高校外语教育的重要使命。

在这一背景下，明确外语教育与思政教育的融合目标至关重要。高校应充分认识到，外语教育不仅仅是语言技能的培养，更是文化理解、思维方式和价值观念的塑造。因此，外语课程思政建设的首要任务是将思政教育的核心理念融入外语教学中，使学生在学习语言的同时，也能深刻理解并践行社会主义核心价值观。

实现这一目标的路径是多元化的。首先，高校可以在外语课程中设置专门的思政模块，通过讲解中华优秀传统文化、当代中国社会发展成就等内容，增强学生的民族自豪感和文化自信。其次，可以在外语教学中穿插国际时事、国际关系等内容，引导学生从全球视角思考问题，培养他们的国际视野和跨文化交流能力。此外，还可以通过组织国际交流活动、模拟联合国会议等形式多样的实践教学活动，让学生在实践中提升外语应用能力和思政素养。

2.完善顶层设计

为确保外语教育与思政教育的深度融合和有效实施，高校应完善顶层设计，制定具体的实施方案和政策措施。这包括制定相关的教学大纲、课程标准和教学指南等文件，明确外语课程中思政元素的融入要求和方法。

教学大纲是高校外语课程思政建设的纲领性文件。在制定教学大纲时，应明确课程目标、教学内容、教学方法和评价方式等要素，确保外语教学与思政教育的有机融合。同时，还应根据不同专业和学生的特点制定差异化的教学大纲以满足不同需求。

课程标准是对具体课程内容的详细规定。在制定课程标准时，应深入挖掘外语课程中的思政资源并将其与语言技能培养相结合。例如，在讲解外国文学作品时，可以引导学生关注作品中的道德观念、人生哲理等思政元素；在介绍外国历史文化时，可以穿插相关国家的政治制度、价值观念等内容。

教学指南则是为教师提供的教学参考。在教学指南中，可以提供具体的教学案例、教学方法和教学手段等建议以帮助教师更好地将思政元素融入外语教学中。此外，还可以建立外语课程思政资源库或共享平台为教师提供丰富的教学资源和素材。

除了制定相关文件外，高校还应建立相应的教学管理机制和评价体系以确保外语课程思政建设的有效实施和持续改进。这包括设立专门的管理机构负责外语课程思政建设的规划、实施和监督工作；建立定期的教学检查、学生评教、同行评议等评估机制以及时了解教学情况并做出相应调整；同时还应将教师的思政教育工作成果纳入职称评定、绩效考核等体系中以提高教师的认可度和获得感。

3.加强监督与评估

监督和评估是确保外语课程思政建设有效实施的重要环节。高校应加强对该项工作的监督和评估力度，并建立相应的奖惩机制以激励教师和学生积极参与外语课程思政建设并取得优异成绩。

高校可以定期组织专家对外语课程思政建设进行评估和反馈。这些专家可以来自校内的教学督导组、学术委员会等机构，也可以邀请校外的专家学者参与评估工作。评估的内容可以包括教学大纲的执行情况、课程标准的落实情况、教学方法的创新性以及教学效果的满意度等方面。通过评估可以及时发现外语课程思政建设中存在的问题和不足，并提出改进意见和建议。

高校还应建立学生评教制度以了解学生对外语课程思政建设的满意度和反馈意见。学生评教可以通过问卷调查、座谈会等形式进行，并应确保评教结果的客观性和公正性。对于评教结果中反映出来的问题和不足，高校应及时进行整改和提升，以满足学生的需求和期望。

此外，高校还可以建立奖惩机制以激励教师和学生积极参与外语课程思政建设，并取得优异成绩。对于在外语课程思政建设中表现优秀的教师可以给予表彰和奖励，如颁发荣誉证书、提供晋升机会等；对于表现突出的学生也可以给予相应的奖励，如颁发奖学金、提供实习机会等。同时，对于在外语课程思政建设中存在严重问题或不足的教师和学生也应进行相应的惩罚和处理，以确保外语课程思政建设的严肃性和有效性。

（二）加强外语课程思政资源建设，丰富教学内容

为了加强外语课程思政资源建设，我们需要从以下几个方面入手：

1.加大投入与支持力度

随着外语课程思政建设的深入推进，高校应进一步加大对该项工作的投入和支持力度，为教师提供必要的经费和资源保障，以确保外语教育与思政教育的有机融合和有效实施。

高校应设立外语课程思政建设专项资金，用于支持教师编写具有思政特色的外语教材，开发相关的教学案例和多媒体课件等。这些教材和教学资源应结合外语教学的特点和思政教育的要求，深入挖掘外语课程中的思政元素，并将其与语言技能培养相结合，使学生在学习语言的同时也能接受思政教育的熏陶。

高校应建立外语课程思政资源库或共享平台，为教师提供丰富的教学资源和素材。这些资源可以包括优秀的外语教材、教学案例、多媒体课件、影视资料等，也可以包括与外语教学相关的思政理论、政策法规、时事热点等内容。通过资源共享，教师可以更加便捷地获取所需的教学资源和素材，提高外语课程思政建设的效率和质量。

此外，高校还应加强对教师的培训和支持力度，可以定期组织外语教师参加思政教育相关的培训和学习活动，提高他们的思政素养和教学能力；同时，还可以邀请思政教育专家为外语教师进行专题讲座或提供一对一的教学指导，帮助教师更好地将思政元素融入外语教学中。

2.深入挖掘与利用思政资源

在外语课程思政建设中，教师应深入挖掘和利用外语课程中的思政资源，将其与外语教学内容有机结合起来，以实现外语教育与思政教育的相互促进和共同提升。

教师可以通过分析外国文学作品中的主题思想、人物形象等挖掘其中的思政元素。外国文学作品往往蕴含着丰富的人文精神和价值观念，教师可以通过引导学生阅读和分析这些作品，帮助他们理解不同文化背景下的思想观念和道德准则，从而培养他们的跨文化交流能力和批判性思维。

教师可以结合国际热点问题和时事政治等内容设计相关的教学案例和讨论话题。这些案例和话题可以涉及国际关系、经济发展、文化交流等方面，旨在引导学生从全球视角思考问题，关注国际社会的动态和发展趋势，培养他们的国际视野和责任感。

此外，教师还可以利用多媒体技术手段展示不同文化背景下的价值观念和社会现象等。通过图片、视频、音频等多媒体素材的展示，教师可以更加生动形象地呈现不同文化之间的差异和共同点，帮助学生更加深入地了解不同文化背景下的思想观念和行为方式。

3.创新教学内容与手段

在丰富教学内容的同时，教师还应创新教学手段和方法以激发学生的学习兴趣和主动性。传统的外语教学模式往往注重语言知识的灌输和技能的训练而忽视了对学生思辨能力和创新精神的培养。因此，在外语课程思政建设中，教师应积极探索新型的教学模式和教学方法以提高教学效果和质量。

教师可以采用混合式教学、翻转课堂等新型教学模式。这些教学模式强调学生的主体地位和教师的主导作用相结合，旨在通过自主学习、合作探究等方式激发学生的学习兴趣和主动性，从而提高他们的学习效率和学习能力。在混合式教学模式中教师可以结合线上和线下的教学资源为学生提供更加便捷和多样化的学习资源和学习体验；在翻转课堂教学模式中教师可以通过课前发布学习任务、课中组织讨论和展示、课后进行总结和反馈等方式引导学生进行主动学习和思考。

教师可以采用小组讨论、角色扮演等多样化的教学方法。这些教学方法可以为学生提供更加真实、生动的语言交际场景帮助他们在实际应用中掌握语言知识和技能；同时还可以通过讨论和交流培养学生的团队协作能力和沟通能力，以提高他们的综合素质和社会适应能力。

此外，教师还可以利用现代信息技术手段，如网络课程、在线学习平台等为学生提供更加便捷和多样化的学习资源和学习体验。这些技术手段可以打破时间和空间的限制，使学生可以随时随地进行学习；同时还可以为学生提供更加丰富、多样的学习资源，如在线课程、教学视频、互动练习等，以满足不同学生的学习需求和兴趣爱好。

（三）提升外语教师思政教育能力，创新教学方法与手段

为了提升外语教师的思政教育能力并创新教学方法与手段，我们需要从以下几个方面入手：

1.加强思政教育培训

随着外语课程思政建设的不断推进，提升外语教师的思政教育能力已成为当务之急。为此，高校应定期组织外语教师参加思政教育培训活动，以帮助他们更好地掌握思政教育理论知识和实践技能，提高将思政元素融入外语教学的能力。

在培训内容方面，高校可以设计涵盖思政教育理论、实践教学方法、案例分析等多个方面的课程体系。通过思政教育理论讲座，教师可以深入了解思政教育的核心理念、基本原则和实施路径，为后续的教学实践提供理论支撑。实践教学案例分析则可以让教师直观地了解如何将思政元素与外语教学相结合，提高教学的针对性和实效性。此外，教育教学方法研讨环节可以为教师提供一个交流互动的平台，让他们分享彼此的教学经验和心得，共同探讨外语课程思政建设的难点和热点问题。

在培训形式方面，高校可以邀请思政教育领域的专家学者进行授课或指导。这些专家学者具有深厚的理论功底和丰富的实践经验，可以为教师提供更具前瞻性和指导性的培训内容。同时，高校还可以组织教师赴其他高校或思政教育基地进行参观学习，以拓宽教师的视野和思路，借鉴其他高校的成功经验。

通过加强思政教育培训，外语教师可以更加明确思政教育的目标和要求，掌握将思政元素融入外语教学的方法和技巧。这不仅有助于提升外语教师的思政教育能力，还可以为外语课程思政建设提供有力的人才保障。

2.鼓励教学方法创新

创新是推动外语课程思政建设不断发展的重要动力。为了激发外语教师的创新活力，高校应鼓励教师积极探索创新的教学方法与手段，以适应时代发展和学生需求的变化。

一方面，高校可以引导教师尝试采用新型的教学模式，如混合式教学、翻转课堂①等。这些教学模式强调学生的主体地位和教师的主导作用，通过线

---

① 翻转课堂是一种新型教学模式，通过重新调整课堂内外的时间安排，将学习的决定权从教师转移给学生。学生在课前自主学习，课堂上与教师互动交流，完成知识内化，从而实现教学效果的提升。

上线下相结合、课内课外相贯通的方式，打破传统课堂的时空限制，为学生提供更加便捷、个性化的学习体验。在外语教学中应用这些教学模式，不仅可以提高学生的学习兴趣和主动性，还可以培养学生的自主学习能力和跨文化交际能力。

另一方面，高校还应鼓励教师利用现代信息技术手段进行教学创新。随着科技的不断发展，网络课程、在线学习平台等数字化教学资源日益丰富，为外语教学提供了更加广阔的空间和可能。教师可以利用这些技术手段制作多媒体课件、开发在线课程、组织网络讨论等，以更加生动、形象的方式呈现教学内容，增强学生的学习兴趣和体验感。同时，这些技术手段还可以帮助教师及时了解学生的学习情况和反馈意见，为教学调整和优化提供依据。

此外，为了促进教学方法与手段的创新应用，高校还应为教师提供良好的创新环境和支持条件。可以设立外语教学改革专项资金，用于支持教师进行教学改革和实验；建立教学创新成果奖励机制，对在教学创新方面取得突出成绩的教师进行表彰和奖励；还可以定期组织教学观摩和研讨活动，为教师提供交流学习的平台和机会。

3.建立评估与反馈机制

为了确保外语教师的思政教育能力得到有效提升和创新教学方法与手段得到广泛应用，高校应建立完善的评估与反馈机制。这一机制旨在对外语教师的思政教育能力和教学方法与手段进行定期评估，以便及时发现问题、总结经验并促进持续改进。

在评估方面，高校可以制定具体的评价指标和考核体系。这些指标和体系应涵盖教师的思政教育理论知识掌握情况、实践教学能力、教学方法与手段的创新应用等方面。评估可以通过多种方式进行，如教师自评、学生评教、同行评议等，以确保评估结果的客观性和公正性。同时，高校还应将评估结果与教师的职称评定、绩效考核等挂钩，以提高教师对思政教育和教学方法创新的重视程度。

在反馈方面，高校应建立及时、有效的反馈机制。一方面，可以将评估结果及时反馈给教师本人，让他们了解自己的优点和不足，明确改进方向；另一方面，高校还应定期组织教学研讨会、经验交流会等活动，为教师提供一个相互学习、共同提高的平台。通过这些活动，教师可以分享彼此的教学经验和心得，探讨外语课程思政建设的难点和热点问题，共同推动外语教育与思政教育的深度融合和创新发展。

（四）强化评价与激励机制，促进课程思政在外语教育中的全面落实与发展

为了确保课程思政在外语教育中的全面落实与发展，并激发教师参与外语课程思政建设的积极性和创造性，高校需要从评价与激励机制入手，进行一系列的改革和创新。以下将从设置专门评价指标、定期开展评估工作、建立激励机制三个方面详细阐述。

1.设置专门评价指标

高校应根据外语课程思政建设的目标和要求，设置专门的评价指标和考核体系。这些指标和体系不仅要涵盖思政元素的融入程度、教学效果的提升情况、学生满意度等方面，还应根据不同专业和课程的特点制定差异化的评价指标，以确保评价的针对性和有效性。

思政元素的融入程度是评价外语课程思政建设成效的重要指标之一。高校应明确要求教师在外语教学中深入挖掘和利用思政资源，将其与外语教学内容有机结合起来。评价时，可以关注教师在教案设计、课堂教学、课后作业等环节中是否有效融入思政元素，以及这些元素是否与外语教学内容紧密相关、相互促进。

教学效果的提升情况是评价外语课程思政建设成效的重要方面。高校可以通过对比实施思政教育前后的教学效果变化，如学生的外语水平提升、跨文化交际能力增强、思政素养提高等方面的情况，来评估外语课程思政建设的实际效果。

此外，学生满意度也是评价外语课程思政建设质量的重要参考。高校可以通过问卷调查、座谈会等方式收集学生对外语课程思政建设的意见和建议，了解学生的满意度和需求，以便及时调整和优化教学内容和方法。

在设置评价指标时，高校还应注重指标的量化和可操作性，以便更加客观、公正地评价外语课程思政建设的成效。同时，还应根据不同专业和课程的特点制定差异化的评价指标，以体现不同课程在思政建设方面的特殊性和

差异性。

2.定期开展评估工作

为了确保外语课程思政建设的持续推进和不断完善，高校应定期对外语课程思政建设的实施效果进行评估和反馈。评估工作可以通过组织专家评审、同行评议以及学生评教等方式进行，以收集多方面的意见和建议。

专家评审可以邀请思政教育领域的专家学者或具有丰富教学经验的教师对外语课程思政建设进行全面、深入的评估。他们可以从理论高度和实践层面对外语课程思政建设的目标定位、内容设计、实施路径等方面进行审视和评价，提出宝贵的意见和建议。

同行评议则可以组织教师之间开展相互听课、评课等活动，以促进经验交流和共享。通过观摩其他教师的课堂教学和实践成果，教师可以发现自己在思政建设方面的不足和需要改进的地方，同时也可以借鉴其他教师的成功经验和做法。

学生评教是评估外语课程思政建设效果的重要途径之一。高校可以通过问卷调查、在线评价等方式收集学生对外语课程思政建设的反馈意见，了解学生的满意度和需求。这些反馈意见可以为教师调整教学内容和方法提供参考依据，也可以为高校改进外语课程思政建设提供有力支持。

在评估工作中，高校还应建立问题整改和持续改进机制。对于评估中发现的问题和不足，高校应及时进行整改和提升；对于成功的经验和做法，则应进行总结和推广。通过持续改进和优化，高校可以推动外语课程思政建设不断取得新的突破和成果。

3.建立激励机制

为了激发教师参与外语课程思政建设的积极性和创造性，高校应建立相应的激励机制。这些激励机制可以包括物质奖励和精神激励两个方面，以提高教师的认可度和获得感。

在物质奖励方面，高校可以设立奖励基金或优秀课程评选等方式对在外语课程思政建设中表现优秀的教师进行表彰和奖励。这些奖励不仅可以提高教师的经济收入和社会地位，还可以增强他们的职业荣誉感和归属感。同时，高校还可以将教师的思政教育工作成果纳入职称评定、绩效考核等体系中，与教师的职业发展紧密相连，从而激发他们参与外语课程思政建设的积极性和主动性。

在精神激励方面，高校应注重营造尊重教师、鼓励创新的良好氛围。高校可以定期组织教师参加思政教育相关的培训和学习活动，提高他们的思政素养和教学能力；同时邀请思政教育领域的专家学者为教师进行专题讲座或提供一对一的教学指导；还可以为教师提供展示自己教学成果和才华的平台和机会。这些举措可以让教师感受到自己在外语课程思政建设中的重要性和价值所在，从而更加积极地投入这项工作中去。

第三章　数字化转型与高校外语课程思政体系建设

第一节　高校外语课程思政体系的内涵

一、工作体系

在高校外语课程思政体系的建设中，工作体系是确保思政教育与外语教学紧密结合、有效实施的重要保障。它涵盖了组织架构、职责划分和工作流程三个核心方面，共同构成了外语课程思政建设的工作框架。

（一）组织架构：外语课程思政体系建设的基石

在高校外语课程思政体系的建设中，组织架构是确保思政教育与外语教学紧密结合的首要环节。一个明确、高效的组织架构不仅能够提升思政教育的实施效率，还能够确保外语教学与思政教育的深度融合。

1.设立专门的思政教育工作组或委员会

为了确保思政元素在外语课程中的有效融入，高校应当成立专门的思政教育工作组或委员会。这一机构的成员应涵盖外语教学部门、思政教育部门以及相关职能部门的代表，以确保在规划、实施和监督外语课程思政体系建设时能够全面考虑各方面因素。

2.明确思政教育与外语教学的结合点

思政教育工作组或委员会的核心任务之一是明确思政教育与外语教学的结合点。这要求工作组深入研究外语课程的教材、教学内容和教学方法，找出可以与思政教育相结合的部分，从而确保思政元素能够自然地融入外语教学中。

3.强化跨部门协作与沟通

在外语课程思政体系建设的过程中，各部门之间的协作与沟通至关重要。思政教育工作组或委员会应定期召开会议，就外语教学与思政教育的融合情况、存在的问题以及改进措施等进行深入讨论和交流，以确保思政体系建设的顺利推进。

（二）职责划分：确保思政体系高效运作的关键

在外语课程思政体系建设中，明确的职责划分是确保体系高效运作的关键。各级教学管理人员、外语教师及思政教育专员都应明确自己的职责，共同为思政体系的建设贡献力量。

1.教学管理人员的职责

教学管理人员在外语课程思政体系建设中扮演着重要角色。他们负责制定外语课程思政体系建设的总体规划和实施方案，协调各方资源，确保思政教育与外语教学的有机融合。此外，他们还需要对外语课程思政体系建设的实施效果进行监督和评估，以便及时发现问题并进行改进。

2.外语教师的职责

外语教师是实施思政教育的主体。他们应深入挖掘外语课程中的思政元素，将其自然融入课堂教学。为了实现这一目标，外语教师需要不断提升自己的思政素养和教育教学能力，积极参加相关培训和研讨会，学习新的教育理念和教学方法。同时，他们还应关注学生的思政素养提升，通过课堂教学、课外辅导等方式帮助学生树立正确的世界观、人生观和价值观。

3.思政教育专员的职责

思政教育专员是外语课程思政体系建设中的专业支持力量。他们负责提供思政教育的专业指导和支持，协助外语教师开展思政教育工作。具体来说，他们需要对外语教师进行思政教育方面的培训和指导，帮助他们更好地将思政元素融入课堂教学；同时，他们还需要与外语教师共同研究和开发新的思政教育资源和方法，以推动外语课程思政体系建设的不断创新和发展。

（三）工作流程：保障思政体系有序运行的基石

在外语课程思政体系建设中，一个清晰、规范的工作流程是保障体系有序运行的基石。从课程设计、教学实施到效果评估，每一个环节都需要精心设计和严格执行。

1.课程设计阶段

在课程设计阶段，高校应明确思政教育与外语教学的结合点，将思政元素融入课程大纲、教学内容和教学方法中。这要求课程设计者对外语课程和思政教育有深入的理解，能够找到两者之间的内在联系和契合点。同时，课程设计者还需要充分考虑学生的实际情况和需求，确保思政元素能够以学生喜闻乐见的方式呈现出来。

2.教学实施阶段

在教学实施阶段，外语教师应根据课程设计，采用多样化的教学手段和形式，将思政教育内容自然融入课堂教学。例如，可以通过主题讨论、角色扮演、情景模拟①等方式激发学生的学习兴趣和参与度；同时，还可以利用现代教育技术手段，如多媒体、网络等丰富教学资源，提升教学效果。此外，外语教师还应注重与学生的互动和交流，及时了解他们的思想动态和学习需求，以便及时调整教学策略和方法。

3.效果评估阶段

在效果评估阶段，高校应建立科学、全面的评价体系，对外语课程思政体系建设的实施效果进行客观、公正的评价。这包括对教师的教学质量、学生的学习成果以及思政元素的融入程度等方面进行评价。通过收集和分析各方面的反馈信息和数据，高校可以及时发现外语课程思政体系建设中存在的问题和不足，以便及时进行改进和优化。同时，高校还应将评价结果作为今后外语课程思政体系建设的重要依据和参考，推动体系建设的不断完善和发展。

二、内容体系

内容体系是高校外语课程思政体系建设的核心部分，它涵盖了思政教育

---

① 情景模拟是一种教学方法或评估工具，通过创建逼真的场景或情境，让参与者在其中扮演特定角色，以模拟真实环境中的决策、行动或互动过程。它有助于提升参与者的实践能力、应变能力和问题解决能力。

元素的挖掘、内容的整合与创新以及教材与教学资源的建设等方面。这些元素共同构成了外语课程思政体系的内容框架，为实施思政教育提供了有力的支撑。

（一）思政教育元素挖掘：外语课程的思政宝藏

外语课程，作为高校教育体系的重要组成部分，不仅承载着语言知识和技能的传授任务，更蕴含着丰富的思政教育元素。这些元素，如国家认同、文化自信、国际视野等，是外语教学与思政教育的交汇点，也是外语课程思政体系建设的宝贵资源。

1.国家认同与外语课程的内在联系

在外语教学中，通过介绍不同国家的文化、历史和社会制度，可以引导学生更加全面、客观地认识世界，从而增强他们的国家认同感和民族自豪感。例如，通过对比中外社会制度和发展道路的差异，可以使学生更加深刻地理解中国特色社会主义制度的优越性和独特性，进而坚定他们的道路自信、理论自信、制度自信和文化自信。

2.文化自信在外语教学中的体现

文化自信是一个国家、一个民族发展中更基本、更深沉、更持久的力量。在外语教学中，文化自信的体现尤为重要。通过引入中国文化元素，如经典文学作品、传统节日习俗等，不仅可以激发学生的学习兴趣，还可以帮助他们更好地理解和传播中华文化，从而增强他们的文化自信。同时，通过对比中外文化的差异和共同点，可以引导学生以更加开放、包容的心态看待不同文化，促进中外文化的交流与互鉴。

3.国际视野的培养与外语教学的融合

外语课程是培养学生国际视野的重要途径之一。通过外语教学，学生可以接触到不同国家的语言和文化，了解不同国家的思维方式和社会习俗，从而拓宽他们的国际视野和跨文化交际能力。同时，通过引入国际热点问题和全球性问题的讨论，可以引导学生从更加广阔的视角思考人类社会的发展和未来，培养他们的全球意识和责任感。

（二）内容整合与创新：外语课程思政体系建设的核心

将思政教育内容有机融入外语教学是外语课程思政体系建设的核心任务。

为了实现这一目标，高校需要对思政教育内容和外语教学内容进行整合与创新，构建符合外语教学规律和思政教育要求的新型教学内容体系。

1.主题式整合与创新

主题式整合是将思政教育内容与外语教学内容以某一主题为核心进行整合的方式。例如，可以围绕"国家发展"这一主题，将介绍中国发展道路、社会制度、文化传承等内容的思政教育模块与相关的外语教学内容进行整合，形成既符合外语教学要求又体现思政教育理念的新型主题单元。通过主题式整合，可以使学生在学习外语知识的同时，深入理解思政教育内容，实现知识与价值的双重提升。

2.模块式整合与创新

模块式整合是将思政教育内容以独立模块的形式嵌入到外语教学中的方式。这些模块可以根据外语教学的实际需要和思政教育的目标要求进行设计，既可以单独使用，也可以与外语教学的其他内容相互配合。例如，可以设计包含国家认同、文化自信、国际视野等思政教育元素的独立模块，将其嵌入到外语教学的不同阶段和环节中，实现思政教育与外语教学的有机融合。

3.教学方法与手段的创新

除了对教学内容进行整合与创新外，还需要对教学方法和手段进行创新。可以采用案例教学、情景模拟、角色扮演等多样化的教学方法，将思政教育内容以更加生动、形象的方式呈现出来，激发学生的学习兴趣和参与度。同时，还可以利用现代信息技术手段，如多媒体、网络等丰富教学资源，为学生提供更加便捷、高效的学习平台和环境。通过教学方法与手段的创新，可以使思政教育与外语教学更加紧密地结合在一起，提高思政教育的实效性和吸引力。

（三）教材与教学资源建设：外语课程思政体系建设的支撑

教材与教学资源是外语课程思政体系建设的重要支撑。为了配合思政教育的实施和外语教学的需要，高校应积极开发融合思政元素的外语教材和教学资源，为教师教学提供有力支撑。

1.教材建设

教材是外语教学的基础和依据，也是思政教育的重要载体。为了配合外语课程思政体系建设的需要，高校应组织专家编写融合思政元素的外语教材。这些教材应既体现外语教学的专业性和系统性，又融入思政教育的理念和内容。例如，可以在教材中设置专门的思政教育模块或单元，介绍相关的思政理论知识和实践案例；也可以在课文选材上注重选取具有思政教育意义的文章或话题，引导学生进行深入思考和讨论。通过编写融合思政元素的外语教材，可以为教师教学提供有力的支撑和指导。

2.教学资源建设

除了教材外，教学资源也是外语课程思政体系建设的重要组成部分。高校应积极引进和开发优质的教学资源，为教师教学提供更加丰富、多样的选择。例如，可以建立外语课程思政教育资源库，收集、整理和归类与思政教育相关的课外阅读材料、视频资源、教学案例等；也可以开发在线学习平台或移动应用程序，为学生提供更加便捷、高效的学习途径和方式。通过引进和开发优质的教学资源，不仅可以丰富教师的教学手段和内容选择，还可以提高学生的学习兴趣和效果。

三、教学体系

教学体系是高校外语课程思政体系建设的实施环节，它涵盖了教学方法改革、教学模式创新和教学评价体系构建等方面。这些环节相互关联、相互作用，共同构成了外语课程思政体系的教学框架。

（一）教学方法改革：激活外语课程思政教学新动力

随着教育理念的不断更新和技术的进步，传统的教学方法已经难以完全满足外语课程思政体系建设的需要。因此，教学方法的改革成为提升外语课程思政教学效果的关键环节。

1.案例教学法的应用

案例教学法是一种以实际案例为基础，引导学生进行分析、讨论的教学方法。在外语课程思政体系建设中，可以选取与思政教育相关的实际案例，如国际交往中的文化冲突与融合、不同国家的社会制度比较等，通过案例的引入和分析，使学生在学习外语的同时，深入理解思政教育的内容和意义。

2.小组讨论与互动学习

小组讨论和互动学习是激发学生主动性和创造性的有效方法。在外语教学中，可以围绕某一思政主题或话题，组织学生进行小组讨论和互动学习。通过观点的碰撞和思想的交流，不仅可以提高学生的外语表达能力，还可以培养他们的思辨能力和团队协作精神。

3.现代教育技术手段的运用

随着信息技术的发展，多媒体、网络等现代教育技术手段为外语教学提供了更加丰富的教学资源和手段。在外语课程思政体系建设中，应积极运用这些技术手段，如制作思政教育相关的外语教学课件、建设在线学习平台等，为学生提供更加便捷、高效的学习体验。

（二）教学模式创新：探索外语课程思政教学新路径

教学模式的创新是外语课程思政体系建设的重要组成部分。通过创新教学模式，可以打破传统教学的束缚，探索更加符合时代要求和学生需求的教学路径。

1.线上线下相结合的混合教学模式

混合教学模式是近年来兴起的一种新型教学模式，它将线上教学和线下教学相结合，打破了时空限制，为学生提供了更加灵活、便捷的学习方式。在外语课程思政体系建设中，可以探索将思政教育内容融入线上教学平台，如开设思政教育专题模块、提供在线讨论区等；线下教学则注重学生的实践应用和深度讨论，如组织模拟国际会议、文化交流活动等。通过线上线下相结合的方式，可以实现思政教育与外语教学的有机融合。

2.以学生为中心的教学模式

以学生为中心的教学模式强调学生的主体地位和作用，注重激发学生的学习兴趣和积极性。在外语课程思政体系建设中，可以采用以学生为中心的教学模式，如项目式学习①、翻转课堂等。通过让学生自主选择思政主题、自

---

① 项目式学习是一种以学生为中心的教学模式，通过小组合作解决实际问题或完成真实任务，促进学生在实践中掌握知识、技能和思维方式。它强调学生的主动性、探究性和创新性，有助于培养学生的综合素质和自主学习能力。

主设计学习方案等方式，可以培养学生的自主学习能力和创新精神，同时也可以提高思政教育的针对性和实效性。

（三）教学评价体系构建：保障外语课程思政教学新质量

教学评价体系是检验外语课程思政体系建设效果的重要手段。为了确保教学目标的全面实现和教学质量的持续提升，高校应构建科学、全面的教学评价体系。

1.确定评价目标和指标

评价目标应围绕外语课程思政体系建设的总体目标进行设定，如提升学生的外语应用能力，培养学生的国际视野和跨文化交际能力等。评价指标则应具体、可量化，涵盖思政教育效果、外语技能提升等多方面内容。

2.采用多元化的评价方式

为了全面、客观地评价教师的教学效果和学生的学习成果，应采用多元化的评价方式。除了传统的考试和测试外，还可以引入学生自评[①]、互评、教师评价等多种评价方式。同时，还可以利用信息技术手段进行在线评价和数据分析，提高评价的准确性和效率。

3.建立反馈和改进机制

教学评价体系不仅是对教学效果的检验，更是对教学过程的反馈和改进。因此，应建立有效的反馈和改进机制。通过及时收集教师和学生的意见和建议，可以发现教学中存在的问题和不足，以便对教学体系进行持续改进和优化。同时，还可以将评价结果作为教师考核和激励的重要依据，激发教师的教学热情和创新精神。

---

① 学生自评是指学生在学习过程中，对自己的学习态度、方法、效果等方面进行自我评价和反思的过程。它有助于学生认识自己的优势和不足，调整学习策略，提高学习效果，是培养自主学习能力和自我管理能力的重要环节。

第二节　高校外语专业课程思政体系建设的问卷调查与分析

一、调查目的与意义

（一）调查目的：全面审视高校外语专业课程思政体系建设

随着我国高等教育改革的不断深化，思政教育已经从传统的单一课程模式转变为融入各专业课程的综合教育模式。外语专业课程，作为高校教育体系中的重要一环，同样被赋予了思政教育的新使命。然而，在实际操作过程中，外语专业课程与思政教育的融合情况如何？教师们在实践中遇到了哪些困难与挑战？学生们对于这一新的教育模式又有怎样的反馈与期待？

本次问卷调查的首要目的，就是要通过收集一线教师与学生的真实声音，全面审视高校外语专业课程思政体系建设的现状。我们希望通过问卷中的数据，了解教师们对于思政教育的认知深度、态度倾向以及在外语课程中实施思政教育的具体做法和效果。同时，我们也希望从学生的角度，了解他们对于在外语课程中接受思政教育的接受程度、感受以及期待。

通过这样的调查，我们可以更加清晰地看到外语专业课程思政体系建设的全貌，从而为后续的改进和完善提供坚实的数据支撑和决策依据。

（二）调查意义：为外语专业课程思政体系建设提供改进方向

调查的意义不仅仅在于了解现状，更在于通过现状的分析，找到存在的问题和不足，进而提出有针对性的改进建议。对于高校外语专业课程思政体系建设而言，本次调查的意义主要体现在以下几个方面：

通过调查，我们可以揭示出外语专业课程思政体系建设中存在的短板和弱项。这些短板和弱项可能是教师思政教育理念的落后、思政元素与外语课程内容的融合不够自然、学生对于思政教育的抵触情绪等。只有找到了这些问题，我们才能够有针对性地进行改进和优化。

调查可以为我们提供改进外语专业课程思政体系建设的具体建议和对策。这些建议和对策可能包括更新教师的思政教育理念、优化思政元素与外语课程的融合方式、提升学生的思政教育参与度等。这些具体的改进措施，将有助于推动高校外语专业课程思政体系建设的规范化、系统化和科学化。

调查的结果还可以为高校外语专业课程思政体系建设的未来发展提供决策依据。通过对调查数据的深入分析，我们可以预测外语专业课程思政体系建设的发展趋势和可能面临的挑战，从而为高校决策者提供有价值的参考信息。

二、调查内容与方法

（一）调查内容设计：全面覆盖外语专业课程思政体系建设的各个维度

本次调查旨在全面深入了解高校外语专业课程思政体系建设的现状，因此，在问卷设计上，我们力求覆盖外语专业课程思政体系建设的各个维度，确保调查结果的全面性和准确性（调查问卷模板见书后附件1）。

1.教师对思政教育的认知与态度

教师是教育活动的主体，他们的认知与态度对思政教育的实施效果具有决定性的影响。因此，我们设计了一系列问题，旨在了解外语教师对思政教育的重视程度、理解深度以及实施意愿。这些问题包括教师对思政教育目的和意义的认知、对思政教育与外语课程融合的看法，以及在实际教学中实施思政教育的意愿和困难等。

2.思政元素在外语课程中的融入情况

思政元素在外语课程中的融入是外语专业课程思政体系建设的核心环节。为了了解这一环节的实施情况，我们设计了关于外语课程中思政元素的融入方式、融入程度以及融入效果等方面的问题。这些问题将帮助我们了解外语教师是如何将思政元素融入外语教学的，以及这种融入对学生思政素养的提升起到了怎样的作用。

3.学生对思政教育的接受程度

学生是思政教育的直接接受者，他们的反馈是评价思政教育效果的重要依据。因此，我们设计了一系列问题，旨在了解学生对外语课程中思政教育的接受程度、感受以及期待。这些问题包括学生对思政教育的认知、对外语课程中思政教育内容的兴趣和理解程度，以及对思政教育方式的接受度等。

4.思政教育资源与平台建设情况

思政教育资源与平台是外语专业课程思政体系建设的重要支撑。为了了解这些资源和平台的建设情况，我们设计了关于思政教育资源的丰富程度、平台的利用情况以及教师对资源和平台的满意度等方面的问题。这些问题将帮助我们了解高校在思政教育资源与平台建设方面的投入和成效，以及这些资源和平台对外语专业课程思政体系建设的支持作用。

5.外语专业课程思政体系建设的制度保障

制度保障是外语专业课程思政体系建设的重要保障。为了了解这一保障的实施情况，我们设计了关于外语专业课程思政体系建设的制度制定、执行以及监督机制等方面的问题。这些问题将帮助我们了解高校在制度保障方面的做法和成效，以及这些制度对外语专业课程思政体系建设的推动作用。

（三）调查方法的运用：在线调查

为了更加全面、准确地收集数据，我们采用了在线调查[①]的调查方法。这种方法的运用不仅可以扩大调查的覆盖面，提高数据的代表性，还可以根据调查对象的特点和需求，灵活选择调查方式，提高调查的针对性和有效性。

在线调查具有覆盖面广、便于统计和分析的优点。通过在线调查平台，我们可以快速收集大量数据，并利用平台的统计和分析功能，对数据进行整理和分析。此外，在线调查还可以设置多种题型和选项，满足不同类型问题的调查需求。在本次调查中，我们主要利用在线调查平台收集外语教师和学生对思政教育的认知与态度、思政元素在外语课程中的融入情况等方面的数据。

---

① 在线调查是通过互联网平台进行的问卷调查或数据收集活动。参与者在线填写问卷，数据即时收集并分析，高效便捷。在线调查广泛应用于市场研究、社会调查、学术研究等领域，为决策提供数据支持。

三、调查结果与分析

（一）外语教师对思政教育的认知与融入能力有待提升

通过对调查数据的分析，我们发现，当前高校外语专业课程思政体系建设中，一个突出的问题是部分外语教师对思政教育的认知不足。这些教师往往将外语教学与思政教育割裂开来，认为两者是独立甚至是相互干扰的。这种观念上的误区导致他们在实际教学中缺乏将思政元素融入外语课程的意识和能力。

具体来说，一些外语教师在备课时，未能深入挖掘外语课程中的思政元素，也未能将这些元素与课程内容有机结合。这导致思政元素在外语课程中的融入显得生硬和突兀，不仅影响了外语教学的连贯性和系统性，也降低了思政教育的效果。此外，部分外语教师在教学方法和手段上也缺乏创新，未能充分利用现代教学技术和手段来提升思政教育的吸引力和感染力。

这种认知上的不足和融入能力的欠缺，不仅制约了外语专业课程思政体系建设的深入推进，也影响了外语教学的整体质量和效果。因此，提升外语教师对思政教育的认知和融入能力，是当前高校外语专业课程思政体系建设亟待解决的问题之一。

（二）学生对思政教育的接受程度存在差异

在调查过程中，我们还发现，学生对思政教育的接受程度存在较大的差异。一部分学生对思政教育表现出浓厚的兴趣，他们认为，通过思政教育可以了解更多关于中国文化和价值观的内容，有助于提升自己的综合素养和跨文化交际能力。这部分学生在学习过程中能够积极参与课堂讨论，主动思考和探索外语课程中的思政元素，对外语专业课程思政体系建设持积极支持的态度。

然而，另一部分学生则对思政教育表现出较为冷漠甚至抵触的态度。他们认为，思政教育与外语专业课程无关，是一种额外的负担和压力。这部分学生在学习过程中往往忽视思政教育的内容和要求，对外语专业课程思政体系建设持消极甚至反对的态度。

这种接受程度上的差异可能与学生的学习动机、兴趣爱好、文化背景等多种因素有关。但是，无论何种原因，这种差异的存在都对外语专业课程思政体系建设提出了一定的挑战。因此，如何根据学生的实际情况和需求，制定针对性的教学方案和策略，提升学生对思政教育的接受程度，是当前高校外语专业课程思政体系建设需要关注的问题之一。

（三）思政教育资源与平台建设滞后

思政教育资源与平台是外语专业课程思政体系建设的重要支撑和保障。然而，通过调查发现，当前部分高校在思政教育资源与平台建设方面存在滞后的问题。这些高校往往缺乏专门针对外语专业课程的思政教育资源和平台，导致教师在实施思政教育时缺乏有力的支撑和保障。

具体来说，一些高校在思政教育资源的开发上投入不足，未能根据外语专业课程的特点和需求，开发出具有针对性和实效性的思政教育资源。这导致教师在实际教学中往往只能依靠自己的经验和知识来实施思政教育，缺乏科学性和系统性。此外，部分高校在思政教育平台的建设上也存在不足，未能充分利用现代信息技术和网络平台来构建便捷、高效的思政教育平台。这限制了思政教育的传播范围和影响力，也制约了外语专业课程思政体系建设的深入推进。

因此，加强思政教育资源与平台的建设是当前高校外语专业课程思政体系建设的迫切需求之一。高校应该加大投入力度，整合校内外资源，开发出具有针对性和实效性的思政教育资源，并充分利用现代信息技术和网络平台来构建便捷、高效的思政教育平台。这将为外语专业课程思政体系建设的深入推进提供有力的支撑和保障。

（四）外语专业课程思政体系建设的制度保障不足

制度保障是外语专业课程思政体系建设的重要组成部分。然而，通过调查发现，当前部分高校在制度保障方面存在不足和漏洞。这些高校往往缺乏完善的制度体系来规范和引导外语专业课程思政体系的建设工作，导致思政体系建设的推进缺乏有力的制度保障和支持。

具体来说，一些高校在制度建设上缺乏系统性和前瞻性，未能根据外语专业课程思政体系建设的实际需求和发展趋势来制定和完善相关制度。这导致制度与实际工作脱节，无法发挥应有的引导和规范作用。此外，部分高校在制度执行和监督上也存在不足，未能严格按照制度要求来推进外语专业课程思政体系的建设工作，也未能对建设过程进行有效的监督和评估。这导致思政体系建设的推进缺乏规范性和可持续性。

因此，加强制度保障是当前高校外语专业课程思政体系建设的重要任务之一。高校应该根据外语专业课程思政体系建设的实际需求和发展趋势来制定和完善相关制度，确保制度与实际工作紧密结合。同时，高校还应该加强制度执行和监督力度，严格按照制度要求来推进外语专业课程思政体系的建设工作，并对建设过程进行有效的监督和评估。这将为外语专业课程思政体系建设的深入推进提供有力的制度保障和支持。

第三节　数字化转型背景下高校外语专业课程课程思政体系建设的必要性

一、数字化转型的背景与趋势

（一）数字化转型在教育领域的广泛应用和影响

随着信息技术的迅猛发展，数字化转型已经渗透到教育领域的各个方面，带来了广泛而深远的影响。数字化技术的应用不仅改变了传统的教学方式和手段，还推动了教育理念和教育生态的创新与变革。

数字化技术为教育提供了更加丰富、多样的教学资源。通过互联网、多媒体等数字化手段，教师可以获取到海量的教学素材和案例，为学生提供更加生动、直观的学习体验。同时，数字化资源还具有可共享、可重复利用的特点，有助于实现教育资源的均衡分配和高效利用。

数字化技术改变了传统的教学方式和手段。以往的教学模式主要以教师讲授为主，学生被动接受知识。而数字化技术的应用则使得教学方式更加多样化、个性化。例如，通过在线学习平台，学生可以根据自己的需求和兴趣选择学习内容和进度，实现自主学习和个性化学习。同时，数字化技术还支持在线讨论、协作学习等互动式教学方式，有助于激发学生的学习兴趣和积极性。

数字化技术还推动了教育理念和教育生态的创新与变革。数字化转型强调以学生为中心的教学理念，注重培养学生的创新精神和实践能力。同时，数字化技术也促进了教育国际化、开放化的发展趋势，为跨国教育合作和交流提供了更加便捷的途径和平台。

在高校外语专业课程中，数字化转型同样展现出巨大的潜力和影响力。数字化技术的应用为外语专业课程提供了更加丰富、多样的教学资源和学习体验，有助于学生更好地掌握外语知识，提升跨文化交际能力。例如，通过多媒体课件、网络视频等数字化资源，学生可以更加直观地了解外语国家的文化和历史背景；通过在线互动、语音识别①等数字化手段，学生可以更加高效地练习外语口语和听力技能。这些数字化技术的应用不仅提升了外语专业课程的教学效果和质量，还为学生提供了更加广阔的学习空间和机会。

（二）数字化转型为外语专业课程思政体系建设带来的新机遇

数字化转型为高校外语专业课程思政体系建设带来了新的机遇和挑战。借助数字化手段，可以更加高效、精准地实施思政教育，提升思政教育的针对性和实效性。具体来说，数字化转型为外语专业课程思政体系建设带来了以下新机遇：

数字化技术为思政教育提供了更加丰富、多样的教学资源和手段。通过数字化平台，教师可以获取到大量的思政教育资源，如红色经典影片、历史文献资料等，为思政教育提供有力支撑。同时，数字化技术还支持多媒体展示、互动式教学等多样化的教学手段，使思政教育更加生动有趣、易于接受。

数字化转型有助于实现思政教育的个性化和差异化。每个学生都有不同的思想状况和学习需求，传统的思政教育方式往往难以满足学生的个性化需

---

① 语音识别是一种技术，它能将人类的语音转化为文字或指令，使机器能够理解和执行。通过分析和比对声音信号中的特征，语音识别系统可以识别出说话人的词汇、语句甚至情感，从而实现人机交互的智能化。这项技术已广泛应用于智能助手、语音搜索等领域。

求。而数字化技术则可以根据学生的学习情况和反馈进行智能分析，为每个学生提供更加精准、个性化的思政教育方案。这种个性化的教育方式有助于激发学生的学习兴趣和积极性，提升思政教育的效果和质量。

数字化转型为思政教育提供了更加广阔的空间和平台。通过在线学习平台、社交媒体等数字化渠道，学生可以随时随地接受思政教育，打破了传统课堂的时空限制。这种灵活多样的学习方式有助于拓展思政教育的覆盖面和影响力，使更多的学生受益。

（三）数字化转型背景下外语专业课程思政体系建设的挑战

虽然数字化转型为外语专业课程思政体系建设带来了诸多机遇和促进作用，但同时也面临着一些挑战。这些挑战主要来自教师数字素养不足、教学资源整合难度大以及数字化技术与传统教育模式的融合问题等方面。

教师数字素养不足是数字化转型过程中面临的一大挑战。许多教师缺乏必要的数字技术和信息处理能力，难以有效利用数字化资源进行教学，这不仅影响了数字化技术在思政教育中的应用效果，也制约了外语专业课程思政体系建设的深入推进。为了提升教师的数字素养，高校需要加强教师培训力度，定期举办相关培训班和研讨会，帮助教师掌握必要的数字技术和教学方法。

教学资源的整合难度大也是一个突出的问题。由于数字化资源的来源广泛、形式多样，如何有效地整合这些资源并应用到实际教学中去是一个亟待解决的问题。为了解决这一问题，高校可以构建共享平台来整合优质资源，实现资源的集中管理和共享使用。同时，还需要加强教学资源的筛选和审核工作，确保资源的质量和适用性。

数字化技术与传统教育模式的融合问题是外语专业课程思政体系建设面临的挑战之一。传统教育模式注重知识的传授和灌输，而数字化技术则强调学生的自主学习和互动交流。如何将两者有效地结合起来，实现优势互补、相互促进是摆在我们面前的一个重要课题。为了解决这一问题，我们需要积极探索数字化技术与传统教育模式的融合路径和方法，创新教育理念和教学方式，推动外语专业课程思政体系建设的不断发展与完善。

二、数字化转型对外语专业课程思政体系建设的促进作用

数字化转型为高校外语专业课程思政体系建设带来了诸多促进作用，主要体现在以下几个方面：

（一）数字化转型可提高外语专业课程思政体系的教学效率和质量

随着信息技术的迅猛发展和广泛应用，数字化转型已经成为教育领域不可逆转的趋势。在高校外语专业课程思政体系建设中，数字化转型通过优化教学流程、精准分析学情和创新教学评价等方式，显著提高了教学效率和质量。

1.教学流程优化，提升教学效率

数字化转型通过引入智能教学系统、在线学习管理平台等数字化工具，为外语专业课程提供了便捷的课程管理工具，实现了教学流程的自动化和标准化。在传统教学模式下，教师需要花费大量时间和精力进行课程准备、学生管理、作业批改等工作，而数字化平台的应用则极大地减轻了教师的工作负担。

通过智能教学系统，教师可以轻松地上传课程资源、发布作业通知、组织在线测试等，学生也可以随时随地访问这些资源，进行自主学习和提交作业。这种教学模式不仅打破了时间和空间的限制，还使得教学流程更加高效和灵活。同时，数字化平台还可以自动记录学生的学习进度和成绩，为教师提供及时准确的教学反馈，有助于教师更好地掌握学生的学习情况，调整教学策略。

2.精准分析学情，提高教学效果

数字化转型通过收集和分析学生的学习数据，为教师提供了更精准的教学决策支持。在传统教学模式下，教师往往只能依靠经验和直觉来判断学生的学习情况，而数字化技术的应用则使得教师可以更加客观、全面地了解学生的学习进度、掌握情况和存在的问题。

通过在线学习平台收集学生的学习数据，如学习时长、作业完成情况、测试成绩等，教师可以运用数据分析工具对这些数据进行深入挖掘和分析。例如，教师可以通过分析学生的学习时长和作业完成情况来判断学生的学习

态度和努力程度；通过分析测试成绩和错题情况来了解学生的知识掌握情况和薄弱环节。这些分析结果可以为教师提供有针对性的教学建议，帮助教师及时调整教学策略，提高教学效果。

此外，数字化转型还可以为教师提供更加个性化的教学支持。通过分析学生的学习风格和兴趣爱好，教师可以为每个学生制定更加符合其特点的教学计划和资源推荐，从而满足学生的不同需求，提高学生的学习积极性和满意度。

3.教学评价创新，提升教学公正性

数字化转型推动了教学评价的创新，使得教学评价更加多元化和全面化。在传统教学模式下，教学评价往往以考试成绩为主，忽视了学生的学习过程和综合素质。而数字化技术的应用则使得教学评价更加注重学生的全面发展和综合素质的提升。

通过在线学习平台记录学生的学习轨迹、参与讨论的情况、协作学习的成果等，教师可以将这些信息作为评价学生的重要依据。这种评价方式更能真实反映学生的学习情况和综合素质，有助于提高教学评价的准确性和公正性。同时，数字化平台还可以为学生提供自我评价和同伴评价的机会，促进学生的自我反思和互动交流，有助于培养学生的自主学习能力和团队协作精神。

此外，数字化转型还可以为教学评价提供更加客观的数据支持。通过分析学生的学习数据和成绩变化，教师可以更加准确地评价学生的学习成果和进步情况，避免了主观性和片面性的问题。这种基于数据的评价方式更加公正和可信，有助于激发学生的学习动力和提升教学质量。

4.数字化转型的深远影响

数字化转型不仅提高了外语专业课程思政体系的教学效率和质量，还对其产生了深远影响。数字化转型推动了教育资源的共享和优化配置。通过构建共享平台，高校可以将优质的教学资源进行集中管理和共享使用，避免了资源的浪费和重复建设。同时，共享平台还可以促进高校之间的合作和交流，共同推动外语专业课程思政体系的发展和创新。

数字化转型为外语教学提供了更加丰富的教学手段和形式。教师可以利用数字化技术制作生动有趣的多媒体课件、组织在线互动活动、引入虚拟现实技术等，创新教学方式和方法，激发学生的学习兴趣和积极性。这些教学手段和形式的应用不仅可以提高教学效果，还有助于培养学生的创新思维和实践能力。

数字化转型为外语教学提供了更加广阔的发展空间。随着全球化的不断深入和信息技术的不断发展，外语教学已经不再局限于课堂和教材。数字化转型为外语教学提供了更加广阔的资源和学习平台，使得学生可以接触到更多的外语文化和知识，拓展国际视野和跨文化交际能力。同时，数字化转型还为外语教学提供了更加便捷的国际合作和交流机会，有助于推动外语教育的国际化和现代化进程。

（二）数字化转型丰富了外语专业课程思政体系的教学内容和形式

随着信息技术的飞速发展，数字化转型已成为教育领域的重要趋势。在外语专业课程思政体系的建设中，数字化转型不仅带来了教学效率的提升，更丰富了教学内容和形式，为外语教学注入了新的活力。

1.数字化资源拓宽了教学内容

数字化转型为外语教学提供了海量的数字化资源，这些资源包括原版外文书籍、外文电影、外语歌曲、外语国家的历史文化资料等。通过互联网，教师可以轻松获取这些资源，并将其融入课堂教学中。这些数字化资源不仅丰富了教学内容，还帮助学生更直观地了解了外语国家的文化和历史背景，增强了跨文化交际能力。

例如，教师可以利用外文电影片段进行听说教学，让学生在真实的语境中感受外语的魅力；通过外语歌曲的学习，学生可以更深入地了解外语国家的音乐文化和审美情趣；而外语国家的历史文化资料则可以帮助学生更好地理解外语词汇和表达方式背后的文化内涵。这些数字化资源的引入，使得外语教学不再局限于课本和教室，而是延伸到了更广阔的文化领域。

2.数字化技术丰富了教学手段

数字化转型为外语教学提供了多样化的教学手段。教师可以利用多媒体课件、网络视频、在线互动平台等数字化工具，创新教学方式和方法。这些数字化技术的应用，不仅使得教学更加生动有趣，还提高了学生的学习积极性和参与度。

例如，教师可以制作多媒体课件，将抽象的语言知识以图文并茂的形式呈现出来，激发学生的学习兴趣；通过网络视频，教师可以为学生展示外语国家的实景和生活场景，让学生更直观地了解外语的应用场景；在线互动平台则可以为学生提供更多的实践机会，如在线讨论、角色扮演、小组合作等，培养学生的协作精神和创新能力。这些数字化手段的应用，使得外语教学更加灵活多样，满足了不同学生的学习需求。

3.个性化教学提升了教学效果

数字化转型还推动了外语教学的个性化发展。每个学生都有不同的学习需求和兴趣点，而数字化技术则可以根据学生的个体差异进行智能推荐和个性化定制。这种个性化的教学方式有助于满足学生的不同需求，提高教学效果和学生的学习满意度。

例如，在线学习平台可以根据学生的学习进度和兴趣偏好为其推荐合适的学习资源和课程。通过对学生的学习数据进行深度挖掘和分析，智能教学系统还可以为其提供精准的学习反馈和建议，帮助学生更好地掌握外语知识和技能。这种个性化的教学方式不仅提高了教学效果，还培养了学生的学习兴趣和自主学习能力。

（三）数字化转型拓展了外语专业课程思政体系的教学时空

随着信息技术的迅猛发展，数字化转型已经深刻影响到教育领域的各个方面。在外语专业课程思政体系的教学中，数字化转型不仅提升了教学效率和质量，更重要的是，它极大地拓展了教学的时空范围，为外语教学带来了前所未有的机遇和挑战。

1.打破地域限制，实现无处不在的学习

数字化转型通过在线学习平台、远程教学系统等数字化手段，彻底打破了传统教学模式的地域限制。学生不再需要局限于固定的教室或校园内进行学习，而是可以在任何地点、任何时间通过互联网接入学习资源。这种无处不在的学习方式为学生提供了极大的便利性和灵活性。无论是在家中、图书馆、咖啡馆还是公共交通工具上，学生都可以利用碎片化的时间进行外语学习，极大地提高了学习效率和学习体验。

同时，这种打破地域限制的教学方式也为教育资源的均衡分配提供了可能。通过在线学习平台，优质的外语教学资源可以跨越地域界限，让更多地区、更多层次的学生共享。这不仅有助于缩小教育差距，促进教育公平，还为培养具有国际视野和跨文化交际能力的人才创造了有利条件。

2.弹性教学时间，满足个性化学习需求

数字化转型实现了教学时间的弹性安排，满足了学生个性化的学习需求。在传统教学模式下，学生需要按照固定的课程表和时间安排进行学习，这往往与学生的个人时间安排产生冲突。而数字化转型则使得教学时间更加灵活多样，学生可以根据自己的时间安排和学习进度进行自主学习。

通过在线学习平台，教师可以发布课程资源和学习任务，学生可以自由选择学习时间和地点，进行自主学习和在线交流。这种弹性的教学方式不仅有助于缓解学生的学习压力，提高学习效率，还有助于培养学生的自主学习能力和终身学习习惯。同时，教师也可以根据学生的学习进度和反馈进行针对性的教学辅导，实现个性化教学。

3.实时互动与交流，增强教学互动性

数字化转型通过在线互动平台、社交媒体等数字化渠道，为外语教学提供了实时互动与交流的可能性。在传统教学模式下，师生之间的互动往往受到时间和空间的限制，而数字化转型则使得师生之间的互动更加便捷和高效。

通过在线互动平台，教师可以与学生进行实时交流和互动，及时解答学生的疑问和反馈。学生之间也可以进行在线讨论和协作学习，共同解决问题和完成任务。这种实时的互动与交流方式不仅可以增强师生之间的联系和沟通，激发学生的学习兴趣和积极性，还可以培养学生的协作精神和创新能力。同时，教师也可以通过学生的实时反馈了解学生的学习情况和需求，及时调整教学策略和方法。

4.构建全球化学习环境，培养国际视野

数字化转型有助于构建全球化的学习环境，为学生拓展国际视野和跨文化交际能力提供有力支持。通过互联网和数字化技术，学生可以轻松接触到来自不同国家和地区的外语资源和文化信息，了解不同文化背景下的思维方式和价值观念。同时，学生还可以与来自不同国家和地区的人进行在线交流和合作，共同探讨国际议题和跨文化问题。

这种全球化的学习环境有助于培养学生的全球意识和国际竞争力，为他们未来的职业发展奠定坚实基础。通过与国际接轨的外语学习和跨文化交流，学生可以更好地适应全球化时代的发展需求，成为具有国际视野和跨文化交际能力的高素质人才。同时，这种全球化的学习环境也为教师提供了更广阔的教学视野和教学资源，有助于推动外语专业课程思政体系的创新与发展。

三、数字化转型背景下外语专业课程思政体系建设的挑战与对策

虽然数字化转型为外语专业课程思政体系建设带来了诸多机遇和促进作用，但同时也面临着一些挑战。针对这些挑战，我们需要采取相应的对策来加以应对。

（一）数字化转型在外语专业课程思政体系建设中面临的挑战

随着数字化转型的深入推进，高校外语专业课程思政体系建设确实迎来了前所未有的发展机遇，但同时也面临着一系列挑战。这些挑战主要体现在教师数字素养不足和教学资源整合难度大两个方面。

1.教师数字素养不足

在数字化转型的过程中，教师的数字素养成为制约其有效利用数字化资源进行教学的关键因素。许多教师由于缺乏必要的数字技术和信息处理能力，难以将数字化资源与教学内容有效结合，从而影响了教学效果的提升。造成这一问题的原因主要有以下几点：

（1）传统教学理念的影响。

在外语专业课程思政体系建设中，传统教学理念的影响不可忽视。许多教师长期浸润于传统的教学模式中，对数字化教学持观望甚至排斥态度。他们认为，传统的教学方式经过长期的实践检验，更加可靠和有效。对于新的教学方式，他们往往持怀疑态度，担心其教学效果和学生的学习适应性。

这种传统教学理念的影响，在一定程度上阻碍了数字化教学在外语专业课程思政体系中的应用和推广。为了克服这一挑战，高校需要加强对教师的

思想引导，让他们认识到数字化教学的重要性和必要性。同时，可以通过展示数字化教学的成功案例和实践效果，增强教师对数字化教学的信心和兴趣。

此外，高校还可以鼓励教师之间进行交流和讨论，分享数字化教学的经验和心得。通过教师之间的互相学习和借鉴，可以逐渐转变教师的教学理念，推动数字化教学在外语专业课程思政体系中的广泛应用。

（2）技术培训不足。

教师在数字化教学方面的技术培训不足，是制约外语专业课程思政体系数字化转型的另一大挑战。一些高校在教师培训方面的投入不足，导致教师缺乏必要的数字技术知识和技能。即使教师对数字化教学感兴趣，但由于缺乏必要的培训和支持，他们往往无法熟练掌握和应用相关的数字技术和工具。

为了解决这个问题，高校需要加大对教师培训的投入力度。可以定期组织针对外语专业教师的数字化教学培训班和研讨会，邀请专家学者进行授课和指导。培训内容可以涵盖数字技术基础、数字化教学设计、在线教学方法等方面，帮助教师全面提升数字素养和信息技术应用能力。

此外，高校还可以建立在线学习平台和资源库，为教师提供丰富的数字化教学资源和学习机会。通过自主学习和在线交流，教师可以不断提升自己的数字素养和信息技术应用能力，为外语专业课程思政体系的数字化转型提供有力支持。

（3）信息技术更新迅速。

信息技术的更新换代速度非常快，这给外语专业课程思政体系的数字化转型带来了巨大的挑战。教师需要不断学习新的技术和工具才能跟上时代的步伐。然而，由于工作繁忙等原因，许多教师无法及时学习和掌握新的技术，导致他们在数字化教学方面存在滞后现象。

为了应对这一挑战，高校需要建立灵活的教师培训机制。可以定期组织教师参加信息技术更新的培训和学习活动，让他们及时了解和掌握最新的技术和工具。同时，高校还可以鼓励教师利用业余时间进行自主学习和在线学习，提高他们的学习效率和自我更新能力。

此外，高校还可以与信息技术企业建立合作关系，共同推动信息技术的更新和应用。通过校企合作，可以及时了解和掌握最新的技术动态和发展趋势，为外语专业课程思政体系的数字化转型提供有力支持。同时，企业还可以提供实际的技术支持和解决方案，帮助教师更好地应用新的技术和工具进行教学活动。

2.教学资源整合难度大

数字化资源的来源广泛、形式多样，为外语教学提供了丰富的素材和可能性。然而，如何有效地整合这些资源并应用到实际教学中去，却是一个亟待解决的问题。造成教学资源整合难度大的原因主要有以下几点：

（1）资源分散。

在数字化时代，教学资源的丰富性无疑为外语专业课程提供了广阔的选择空间。然而，这些资源并非集中存储，而是如同星辰般散落在网络的各个角落。对于教师而言，想要找到符合自己教学需求的资源，就如同在茫茫星海中寻找特定的星辰，需要耗费大量的时间和精力。

搜索、筛选和整理这些分散的资源，成为教师日常备课工作中不可或缺的一部分。由于资源的分散性，教师往往需要在不同的网站、平台或数据库中反复搜索，才能找到满足自己教学需求的资源。这不仅增加了教师的教学准备时间，也在一定程度上影响了教学资源的有效利用。

此外，资源的分散性还可能导致教师在搜索过程中遗漏重要资源。由于网络信息的海量性，教师很难确保自己能够搜索到所有相关的教学资源。这可能会使得一些优质的教学资源被遗漏，无法被充分利用到外语专业课程中。

为了应对资源分散带来的挑战，高校和教师可以采取一系列措施。首先，高校可以建立校内的教学资源共享平台，将校内教师搜集和整理的教学资源进行集中存储和共享。这样，教师可以在平台上快速找到所需资源，提高教学准备效率。其次，教师可以利用专业的搜索引擎和工具，提高资源搜索的准确性和效率。同时，教师还可以加强与其他教师的交流和合作，共同分享和推荐优质的教学资源。

（2）版权问题。

在数字化教学资源整合过程中，版权问题如同一把悬在教师头上的达摩克利斯之剑，时刻提醒着教师要谨慎处理教学资源的使用问题。数字化资源的易复制性和易传播性使得版权问题变得尤为复杂和敏感。

教师在使用数字化教学资源时，必须尊重原作者的知识产权和合法权益。任何未经授权的使用都可能构成侵权行为，给教师个人和学校带来法律风险。因此，教师在整合教学资源时，需要认真考虑资源的合法性和合规性问题。

为了应对版权问题带来的挑战，教师可以采取以下措施。首先，加强版权意识，尊重他人的知识产权。在使用数字化教学资源时，应注明资源的来源和作者信息，避免侵犯他人的署名权、修改权等合法权益。其次，选择正规渠道获取教学资源。教师应优先选择那些已经获得授权或明确标明可以免费使用的资源，避免使用来源不明或存在版权争议的资源。最后，建立教学资源使用的审查机制。学校可以设立专门的机构或指定专人对教师使用的教学资源进行审查，确保资源的合法性和合规性。

（3）技术标准不统一。

数字化教学资源的技术标准和格式不统一，是教师在整合教学资源过程中面临的又一技术难题。不同的数字化资源可能采用不同的文件格式、编码标准或技术平台，这使得教师在整合这些资源时可能会遇到不兼容或无法识别的问题。

技术标准的不统一性不仅增加了教学资源整合的技术难度，也影响了教学资源的共享和交流。由于不同格式的资源无法直接进行互换和共享，教师需要花费更多的时间和精力进行格式转换或技术处理。这在一定程度上限制了教学资源的有效利用和共享范围。

为了应对技术标准不统一带来的挑战，教师可以采取以下措施。首先，学习掌握常用的数字化处理工具和技术。教师应具备一定的技术处理能力，能够熟练使用各种文件格式转换工具、多媒体编辑软件等，以便对不同格式的资源进行必要的处理和整合。其次，推动建立统一的教学资源技术标准。高校或教育机构可以制定统一的教学资源技术标准，规范教学资源的文件格式、编码标准等，从源头上解决技术标准不统一的问题。最后，加强与技术人员的合作和交流。教师可以与学校的信息技术人员或其他专业人士进行合作，共同研究和解决教学资源整合过程中的技术问题。

（二）应对数字化转型在外语专业课程思政体系建设中挑战的对策

针对数字化转型在外语专业课程思政体系建设中面临的挑战，我们可以采取以下对策来加以应对：

1.提升教师数字素养

在数字化转型的背景下，教师的数字素养直接关系到外语专业课程思政体系建设的成效。因此，提升教师的数字素养成为当务之急。

（1）定期举办培训班。

在数字化时代背景下，高校外语专业教师的教学能力提升显得尤为重要。为了顺应这一趋势，高校应定期举办针对外语专业教师的数字化教学培训班，以帮助他们更好地适应和掌握数字化教学技术。

这些培训班可以邀请校内外专家学者进行授课，内容涵盖数字技术基础、数字化教学设计、在线教学方法等。通过系统的培训，教师们可以全面了解数字化教学的理念、方法和工具，掌握数字化教学的核心技能和方法。同时，培训班还可以设置实践环节，让教师们亲自动手操作数字化教学工具，加深对数字化教学的理解和掌握。

此外，高校还可以根据教师的实际需求，定制个性化的培训方案。例如，针对不同学科的外语专业教师，可以设计具有学科特色的数字化教学培训内容，帮助他们更好地将数字化教学技术应用于实际教学中。

通过定期举办培训班，高校不仅可以提升外语专业教师的数字化教学能力，还可以推动教师之间的交流与合作，形成积极向上的教师群体学习氛围。这对于高校外语专业的教学质量提升和教师队伍建设都具有重要的意义。

（2）开展在线学习。

除了集中培训外，高校还应充分利用现代信息技术手段，建立在线学习平台，为教师提供持续学习的机会。在线学习平台可以打破时间和空间的限制，让教师们随时随地都能进行数字化教学的学习和交流。

在线学习平台可以包含数字化教学案例库、在线课程、教学研讨区等模块。数字化教学案例库可以收集和展示优秀的数字化教学案例，为教师们提供学习和借鉴的范例；在线课程则可以提供系统的数字化教学知识和技能学习，帮助教师们全面提升数字化教学能力；教学研讨区则可以为教师们提供一个交流和讨论的平台，让他们分享自己的教学经验和心得，共同探讨数字化教学的问题和挑战。

通过在线学习平台，教师们可以根据自己的需求和兴趣进行自主学习和交流。他们可以选择自己感兴趣的课程进行学习，也可以在研讨区中发表自己的观点和看法，与其他教师进行深入的交流和讨论。这种灵活多样的学习方式不仅可以激发教师们的学习兴趣和积极性，还可以促进他们之间的合作与共享，形成开放、互动的教师群体学习环境。

（3）引进优秀人才。

高校在招聘新教师时，应优先考虑具有数字化教学经验的候选人。通过引进具有数字化教学经验和专业技能的优秀人才，可以为高校外语专业教师队伍注入新鲜血液，带来新的教学理念和方法。

除了直接招聘具有数字化教学经验的教师外，高校还可以通过校企合作、访问学者等方式引进业界或学术界的优秀人才。这些人才通常具有丰富的数字化教学实践经验和先进的教学理念，可以为高校外语专业的教学改革和创新提供有力的支持和指导。

引进优秀人才不仅可以提升高校外语专业的教学质量和水平，还可以促进教师队伍的整体素质提升。新引进的教师可以与现有教师进行深入的交流和合作，共同探讨数字化教学的问题和挑战，推动高校外语专业的教学改革和创新向更深层次发展。

同时，高校还应为引进的优秀人才提供良好的工作环境和发展空间。通过制定科学合理的激励机制和考核评价体系，激发他们的工作热情和创新精神，为高校外语专业的教学改革和发展贡献更多的智慧和力量。

2.整合优质教学资源

数字化转型使得教学资源呈现出爆炸式增长，如何有效整合这些资源，成为外语专业课程思政体系建设的又一挑战。

（1）构建共享平台。

随着教育信息化的不断深入，高校外语专业课程教学面临着诸多新的挑战和机遇。为了更好地适应这一形势，高校应积极探索数字化教学资源整合与优化的新路径，以推动外语专业课程教学的创新与发展。其中，构建数字化教学资源共享平台，无疑是一个值得关注和尝试的重要方向。

高校应搭建校内或校际的数字化教学资源共享平台，为教师提供一个便捷、高效的资源交流与合作的空间。通过这一平台，教师可以轻松上传、分享自己的教学资源，如课件、教案、试题等，同时也可以浏览、下载其他教师的教学成果，以实现资源的最大化利用。

这一共享平台的建立，不仅可以有效避免教师在教学资源搜集和整理过程中的重复劳动和资源浪费，还可以促进教师之间的交流与合作，共同推动外语专业课程教学的进步。教师在平台上可以相互学习、借鉴，取长补短，从而提升自己的教学水平和能力。

同时，共享平台还可以为学生提供更为丰富、多样的学习资源。学生可以通过平台接触到更多优质的教学资源，开阔视野，提升学习效果。这也符合现代教育以学生为中心的理念，有助于培养学生的自主学习能力和创新精神。

在构建共享平台的过程中，高校应充分考虑平台的易用性、稳定性和安全性。平台应设计简洁明了、操作便捷，方便教师和学生使用。同时，高校还应建立完善的资源审核和管理机制，确保平台上的教学资源质量可靠、合法合规。

（2）利用大数据技术。

在数字化时代，大数据技术为外语专业课程思政体系建设提供了新的契机和可能性。大数据技术可以对外语专业课程教学过程中产生的大量数据进行实时采集、存储和分析，从而帮助教师更准确地了解学生的学习需求和难点，进而有针对性地调整教学策略和资源选择。

具体来说，利用大数据技术，教师可以对学生的学习行为、学习进度、学习效果等进行全面跟踪和分析。这些数据不仅可以反映学生的个体差异和学习特点，还可以揭示学生在学习过程中存在的普遍问题和困难。通过对这些数据的深入挖掘和分析，教师可以更加精准地把握学生的学习需求和难点，为后续的教学设计和资源选择提供科学依据。

此外，大数据技术还可以用于评估教学效果和预测学习趋势。通过对学生的学习成绩、学习反馈等数据进行统计和分析，教师可以及时了解自己的教学效果和存在的问题，以便及时调整教学策略和方法。同时，利用大数据技术的预测功能，教师还可以对学生的未来学习趋势进行预测和判断，从而提前做好教学计划和准备。

在利用大数据技术的过程中，高校应加强对教师的培训和指导。由于大数据技术涉及的专业知识较多，操作难度较大，因此高校需要为教师提供系统的培训和学习机会，帮助他们掌握大数据技术的基本原理和操作方法。同时，高校还应建立专门的技术支持团队，为教师提供及时的技术支持和帮助。

第四章　数字化转型背景下高校外语专业课程思政体系建设设计

第一节　框架设计

一、研究服务面向，解决为谁培养人的问题

（一）对接国家战略与地方需求，明确外语专业人才培养方向

在数字化转型的时代浪潮下，高校外语教育正面临着前所未有的机遇与挑战。为顺应国家发展战略，服务地方经济社会需求，高校外语专业课程思政体系的建设显得尤为关键。这不仅关系到外语专业人才的培养质量，更与国家的未来发展和地方的经济建设息息相关。以下将从三个方面详细阐述如何对接国家战略与地方需求，明确外语专业人才培养方向。

1.响应国家重大战略需求，培养国际化外语人才

随着"一带一路"倡议、自由贸易区建设等国家重大战略的深入实施，我国与世界的交流与合作日益频繁。这对外语专业人才提出了新的更高的要求，不仅需要具备扎实的语言基础，还需要具备广阔的国际视野和较强的跨文化交际能力。

为此，高校应积极响应国家重大战略需求，调整外语专业人才培养方向。首先，加强对学生相关语言技能的培养，包括听、说、读、写、译等各个方面。通过开设精读、泛读、听力、口语等课程，帮助学生打下坚实的语言基础。其次，注重提升学生的跨文化交际能力。通过开设跨文化交际、国际礼仪等课程，引导学生了解不同国家和地区的文化背景和社交习惯，提高他们

的跨文化意识和沟通能力。最后，鼓励学生参与国际交流与合作项目，如海外实习、国际志愿者等，让他们在实践中锻炼自己的语言能力和跨文化交际能力。

2.对接地方经济社会发展需求，培养应用型外语人才

不同地区的经济社会发展水平和产业结构存在差异，对外语专业人才的需求也各不相同。因此，高校在明确外语专业人才培养方向时，还应紧密对接地方经济社会发展需求。

具体来说，高校可以通过与地方政府、企业等机构的合作与交流，了解当地对外语专业人才的具体需求。根据需求调整和优化外语专业课程设置，增加与当地产业发展紧密相关的课程内容和实践环节。同时，还可以邀请行业专家和企业高管进校园举办讲座或开设课程，让学生了解行业发展趋势和就业前景，提高他们的职业素养和就业竞争力。此外，高校还可以积极与当地企业合作建立实习基地或实践教学平台，为学生提供更多实践机会和就业渠道。

3.尊重学生个人发展需求，培养多元化外语人才

每个学生都有自己的兴趣爱好和职业规划，高校在明确外语专业人才培养方向时，还应充分考虑学生的个人发展需求。通过提供多样化的课程选择和发展路径，满足学生的个性化需求，促进他们的全面发展。

为此，高校可以开设丰富多样的选修课程和拓展课程，如文学欣赏、商务沟通、旅游英语等，让学生根据自己的兴趣和职业规划选择适合自己的课程。同时，还可以提供双学位、辅修专业等多元化发展路径，让学生在掌握外语专业技能的同时，拓宽知识面和视野。此外，高校还可以建立导师制或学业指导中心等机制，为学生提供个性化的学业规划和职业发展建议。

（二）深化产教融合，了解用人单位对外语专业人才的具体需求

在全球化和数字化的时代背景下，外语专业人才的培养已成为高等教育体系中不可或缺的一部分。为了确保人才培养目标与社会需求相契合，高校必须加强与企业、行业等用人单位的紧密合作，深入了解他们对外语专业人才的具体需求。通过深化产教融合，实现教育与产业的无缝对接，为国家和地方经济社会发展提供有力的人才支撑。

1.与企业、行业等用人单位共同制定人才培养方案

为了确保外语专业人才的培养质量符合用人单位的实际需求，高校应积极邀请企业、行业等用人单位参与人才培养方案的制定过程。这不仅可以使高校更加准确地把握市场需求和行业动态，还可以使人才培养方案更加具有针对性和实用性。

具体而言，高校可以通过成立专业教学指导委员会①或校企合作委员会②等机构，邀请用人单位的代表参与课程设置、教材编写、实践教学等环节的讨论和决策。在课程设置方面，应根据用人单位的需求和行业标准，优化课程结构，增加与实际应用紧密相关的课程内容。在教材编写方面，可以引入企业案例和实际项目，使学生在学习过程中更加贴近实际工作场景。在实践教学方面，可以与用人单位合作建立实习基地或实践教学平台，为学生提供更多实践机会和就业渠道。

通过与企业、行业等用人单位共同制定人才培养方案，不仅可以使高校更加准确地把握市场需求和行业动态，还可以使人才培养过程更加符合用人单位的实际需求。这将有助于提高学生的就业竞争力和职业发展前景。

2.建立稳定的实习基地和校企合作项目

实习是外语专业人才培养过程中不可或缺的一环。通过实习，学生可以提前接触和了解实际工作环境，提高他们的实践能力和职业素养。因此，高校应加强与用人单位的合作，建立稳定的实习基地和校企合作项目。

具体而言，高校可以与用人单位签订校企合作协议，明确双方的权利和义务。在实习基地建设方面，可以共同投入资源，建立符合实际工作环境要求的实习场所和设施。在实习过程中，可以安排经验丰富的企业员工担任实习导师，为学生提供指导和帮助。同时，高校还可以根据用人单位的需求和行业标准，制定实习计划和实习大纲，确保实习过程与人才培养目标相一致。

---

① 专业教学指导委员会是学校或教育机构设立的专家组织，旨在对特定专业的教学工作提供指导、建议和监督。通过制定教学标准、评估教学质量、推动教学改革等方式，促进专业教学的规范化、科学化和高效化。

② 校企合作委员会是学校与企业共同组建的机构，旨在促进双方在教育、培训、科研等方面的紧密合作。通过资源共享、优势互补，推动产学研深度融合，共同培养符合市场需求的高素质人才，实现校企共赢发展。

　　除了实习基地建设外，高校还可以与用人单位合作开展校企合作项目。通过引入企业真实项目或模拟项目的方式，使学生在参与项目的过程中锻炼自己的语言能力和跨文化交际能力。同时，校企合作项目还可以为学生提供更多就业机会和职业发展前景。

　　3.加强与用人单位的沟通交流

　　为了更好地了解用人单位对外语专业人才的需求变化和发展趋势，高校应加强与用人单位的沟通交流。通过定期走访、座谈会等方式，与用人单位保持密切联系，及时了解他们的需求和反馈。

　　具体而言，高校可以定期组织教师代表和学生代表走访用人单位，参观企业现场和工作岗位，与企业员工进行深入交流。通过走访和交流，可以更加直观地了解用人单位的工作环境、文化氛围以及对外语专业人才的具体要求。同时，还可以就人才培养方案的制定、实习安排等问题进行深入探讨和协商。

　　此外，高校还可以邀请用人单位的代表来校举办讲座或开设课程。通过邀请行业专家和企业高管进校园与学生面对面交流的方式，使学生更加深入地了解行业发展趋势和就业前景。同时，还可以为学生提供更多与行业内部人士建立联系和交流的机会。

（三）提升学生跨文化交际能力与国际视野，适应日益复杂的国际环境

　　随着经济全球化的不断深入，国际间的交流与合作日益频繁，对外语专业人才的需求也呈现出新的特点。除了具备扎实的语言基础外，良好的跨文化交际能力和国际视野已成为外语专业人才必备的素养。为适应这一形势，高校在外语专业人才培养过程中，必须注重提升学生的跨文化交际能力和国际视野，使他们能够更好地适应日益复杂的国际环境。

　　1.加强对学生跨文化交际能力的培养

　　跨文化交际能力是外语专业人才的核心能力之一。它要求学生不仅能够熟练运用外语进行交流，还要能够理解并尊重不同文化背景下的价值观念、思维方式、行为习惯等差异。因此，高校在外语专业人才培养过程中，应注重对学生跨文化交际能力的培养。

（1）设置相关课程。

高校应在外语专业课程体系中设置与跨文化交际相关的课程，如跨文化交际学、文化学、社会学等。通过这些课程的学习，学生可以系统地了解不同文化之间的差异，掌握跨文化交际的基本理论和技巧，提高自己在跨文化环境中的适应能力。

（2）开展实践活动。

除了课堂教学外，高校还应积极开展与跨文化交际相关的实践活动。如组织学生参加国际交流活动、模拟联合国会议、外语角等，让学生在实践中锻炼自己的跨文化交际能力。此外，高校还可以与企业、机构等合作，为学生提供更多参与国际项目的机会，使他们在实践中不断提升自己的跨文化交际能力。

（3）培养文化敏感度。

文化敏感度是跨文化交际能力的重要组成部分。它要求学生能够敏锐地察觉不同文化之间的差异，并能够在交流中尊重并理解这些差异。因此，高校在外语专业人才培养过程中，应注重培养学生的文化敏感度。通过组织文化体验活动、邀请外籍人士举办讲座等方式，让学生更加深入地了解不同文化的内涵和特点，提高他们的文化敏感度和跨文化沟通能力。

2.拓宽学生的国际视野

国际视野是外语专业人才必备的重要素养之一。它要求学生能够了解并关注国际动态，具备全球意识和国际竞争力。因此，高校在外语专业人才培养过程中，应注重拓宽学生的国际视野。

（1）引进国际化师资。

高校应积极引进具有国际化背景和视野的优秀教师，为学生提供更加广阔的学术视野和国际化的教育资源。通过引进外籍教师、邀请海外学者讲学等方式，让学生接触并了解不同国家和地区的教育理念和学术动态，拓宽他们的学术视野和国际视野。

（2）开设国际化课程。

高校应在外语专业课程体系中增加国际化课程的内容，如国际政治、国际经济、国际贸易等。通过这些课程的学习，学生可以更加全面地了解国际社会的动态和发展趋势，提高他们的全球意识和国际竞争力。同时，高校还可以开设双语课程或全英文授课的专业课程，让学生在掌握专业知识的同时提高外语应用能力。

（3）举办国际交流活动。

高校应积极举办各种形式的国际交流活动，如国际文化节、国际论坛、国际学术研讨会等。通过这些活动，学生可以更加直观地了解不同国家和地区的文化、历史和社会现状，拓宽他们的国际视野和交流平台。同时，高校还可以与国外高校建立合作关系，开展学生交流项目，为学生提供更多出国学习和交流的机会。

3.关注学生的全面发展

在注重外语专业技能培养的同时，高校还应关注学生的全面发展。通过加强对学生人文素养、科学素养等方面的教育引导，提高他们的综合素质和社会适应能力。同时关注学生的心理健康教育和职业生涯规划指导，帮助他们更好地适应社会需求和实现个人价值。

（1）加强人文素养教育。

人文素养是外语专业人才必备的重要素养之一。它要求学生具备广博的知识面、深厚的文化底蕴和良好的审美情趣。因此，高校在外语专业人才培养过程中应注重加强对学生人文素养的教育引导。通过开设人文类选修课程、组织文化讲座和展览等方式，让学生更加深入地了解中外文化传统和人文精神内涵，提高他们的文化素养和审美情趣。

（2）加强科学素养教育。

科学素养是现代人才必备的重要素质之一。它要求学生具备基本的科学知识和方法论基础以及运用科学知识解决问题的能力。因此，高校在外语专业人才培养过程中应注重加强对学生科学素养的教育引导。通过开设自然科学类选修课程、组织科技竞赛和实践活动等方式，让学生更加全面地了解自然科学的基本知识和方法论基础以及运用科学知识解决实际问题的能力。

（3）关注心理健康教育。

心理健康是人才培养过程中不可忽视的重要方面。对于外语专业人才来说，面对日益复杂的国际环境和跨文化交流的压力，保持良好的心理状态尤为重要。因此，高校在外语专业人才培养过程中应注重关注学生的心理健康教育。通过开设心理健康课程、建立心理咨询中心等方式，为学生提供专业的心理支持和帮助，帮助他们更好地应对学习和生活中的挑战和压力。

（4）提供职业生涯规划指导。

职业生涯规划是人才培养过程中不可或缺的一环。对于外语专业人才来说，明确自己的职业目标和发展方向至关重要。因此，高校在外语专业人才培养过程中应注重提供职业生涯规划指导服务。通过开设职业生涯规划课程、组织职业规划讲座和咨询活动等方式，帮助学生了解自己的优势和不足以及职业发展的方向和机会，为他们的未来职业发展提供有力的支持和指导。

二、研究人才定位，解决培养什么样的人的问题

在明确服务面向后，高校外语专业课程思政体系的建设面临着一个核心问题：人才定位，即要培养什么样的人。这不仅仅关乎专业知识的传授，更涉及学生的全面发展和社会责任。

（一）依据国家多元人才需求，明确外语专业人才定位

随着全球化进程的不断加速，国际交流与合作日益频繁，外语专业人才在国家发展中的作用愈发凸显。为满足国家多元人才需求，高校必须紧密结合国家战略需求，明确外语专业人才的定位，以培养出既具备扎实外语语言能力，又拥有国际视野、跨文化交际能力、创新能力等多方面素质的外语专业人才。

1.国家多元人才需求与外语专业人才定位

随着国家对外开放程度的不断提高，外交、教育、经贸、文化等领域对外语专业人才的需求呈现出多元化的趋势。高校在培养人才时，必须紧密结合国家的战略需求，明确外语专业人才的定位，以满足国家在不同领域对外语专业人才的需求。

在外交领域，需要外语专业人才具备深厚的语言功底、敏锐的政治嗅觉和较强的国际交流能力，以在复杂的国际环境中维护国家的利益。在教育领域，外语专业人才需要具备扎实的语言基础和良好的教学能力，以培养更多

具有国际视野和跨文化交际能力的人才。在经贸领域，外语专业人才需要掌握国际贸易规则、商务礼仪和谈判技巧，以促进国家与世界的经济交流与合作。在文化领域，外语专业人才需要深入了解不同国家的文化传统和价值观，以推动中外文化的交流与互鉴。

因此，高校在制定外语专业人才培养方案时，应充分考虑国家的战略需求和多元人才需求，明确外语专业人才的定位，以培养出具备多方面素质和能力的外语专业人才。

2.外语专业人才的多方面素质与能力

为满足国家多元人才需求，外语专业人才需要具备多方面的素质和能力。扎实的语言基础是外语专业人才的核心素质。这包括语音、语法、词汇等语言知识的掌握，以及听、说、读、写、译等语言技能的运用。只有具备扎实的语言基础，外语专业人才才能在各个领域发挥自己的专业优势。

国际视野和跨文化交际能力也是外语专业人才必备的重要素质。随着全球化进程的不断加速，国际交流与合作日益频繁，外语专业人才需要具备开放包容的心态和敏锐的国际洞察力，以更好地理解不同文化背景下的价值观念和行为方式。同时，他们还需要具备较强的跨文化交际能力，以在跨文化环境中有效地进行沟通和交流。

创新能力是外语专业人才不可或缺的重要素质之一。在快速变化的时代背景下，外语专业人才需要具备创新思维和创新能力，以不断探索新的领域和解决问题的方法。这包括对新技术、新理论的学习和应用，以及对传统领域的创新和改进等。

良好的综合素质是外语专业人才必须具备的重要方面。这包括较高的文化素养、道德素养和身心素养等。文化素养要求外语专业人才具备广博的知识面和深厚的文化底蕴；道德素养要求他们具备正确的价值观念和良好的职业道德；身心素养则要求他们具备健康的身体和良好的心理素质，以应对各种挑战和压力。

3.高校外语专业人才培养策略

为满足国家多元人才需求并明确外语专业人才定位，高校需要采取一系列有效的人才培养策略。优化课程设置是关键。高校应根据国家战略需求和多元人才需求调整课程设置，增加与实际应用紧密相关的课程内容和实践环节，以培养学生的综合素质和能力。同时，还应注重课程体系的系统性和连贯性，确保学生在不同阶段都能获得全面而深入的学习体验。

加强师资队伍建设也是高校外语专业人才培养的重要方面。高校应引进具有国际化背景和视野的优秀教师，为学生提供更加广阔的学术视野和国际化的教育资源。同时，还应加强对现有教师的培训和发展支持，提高他们的教学水平和专业素养，为学生提供更加优质的教育服务。

深化产教融合是高校外语专业人才培养的有效途径之一。通过与企业、行业等用人单位的合作与交流，高校可以更加准确地把握市场需求和行业动态，及时调整和改进人才培养方案。同时，还可以为学生提供更多实习、实训等实践机会和职业发展资源，帮助他们更好地适应市场需求和实现个人价值。

关注学生的全面发展是高校外语专业人才培养不可忽视的重要方面。在注重专业技能培养的同时，高校还应加强对学生人文素养、科学素养、创新创业精神等方面的教育引导。通过开设相关选修课程、组织文化讲座和展览、举办科技竞赛和实践活动等方式，拓宽学生的知识面和视野，提高他们的综合素质和社会适应能力。同时还应关注学生的心理健康教育和职业生涯规划指导等方面的工作，帮助他们更好地应对学习和生活中的挑战和压力并实现个人价值和社会价值的统一。

（二）结合学校定位，制定个性化、差异化的人才培养方案

在高等教育日益多样化的背景下，每所高校都形成了自身独特的办学理念和定位。这些理念和定位不仅体现了学校的历史传统、学科优势和发展目标，更直接影响了人才的培养方向和质量。特别是在外语专业人才的培养上，高校必须紧密结合自身的实际情况和定位，制定个性化、差异化的人才培养方案。这样不仅可以更好地满足国家的战略需求，还能确保培养出的外语专业人才具有独特的竞争优势，能够更好地服务于社会和经济的发展。

1.学校定位与外语专业人才培养的关系

学校的定位是制定人才培养方案的基础和前提。不同的学校定位决定了不同的培养目标和培养方式。例如，研究型大学通常以培养高水平的科研人才为目标，注重学生的科研能力和创新能力的培养；而应用型大学则更加注重培养学生的实践能力和职业技能，以满足社会对应用型人才的需求。

在外语专业人才的培养上，学校的定位同样起着至关重要的作用。研究型大学的外语专业可能更加注重学生的语言学习能力、跨文化交际能力和科研能力的培养，以培养出具有国际视野和创新能力的高水平外语人才；而应用型大学的外语专业则可能更加注重学生的语言应用能力、翻译能力和行业知识的培养，以培养出能够适应社会需求的应用型外语人才。

因此，高校在制定外语专业人才培养方案时，必须充分考虑自身的定位和发展目标，确保培养方案与学校的整体发展战略相契合。只有这样，才能确保培养出的外语专业人才既符合学校的定位和发展目标，又能满足社会的实际需求。

2.制定个性化、差异化的人才培养方案的策略

（1）明确培养目标。

高校应根据自身的定位和发展目标，明确外语专业人才的培养目标。这些目标应既体现学校的办学特色，又符合社会的实际需求。例如，研究型大学可以设定培养具有国际视野和创新能力的高水平外语人才为目标；应用型大学则可以设定培养具有较强语言应用能力和行业知识的应用型外语人才为目标。

（2）优化课程设置。

课程设置是实现培养目标的重要途径。高校应根据培养目标的需求，优化外语专业的课程设置。这包括增加与培养目标紧密相关的课程内容和实践环节，减少与培养目标关联度不高的课程内容。同时，还应注重课程体系的系统性和连贯性，确保学生在不同阶段都能获得全面而深入的学习体验。

（3）加强师资队伍建设。

师资队伍是实现培养目标的重要保障。高校应根据自身的定位和发展目标，加强外语专业的师资队伍建设。这包括引进具有国际化背景和视野的优秀教师，提高现有教师的教学水平和专业素养。同时，还应加强对教师的培训和发展支持，为他们提供更好的职业发展平台和机会。

（4）深化产教融合。

产教融合是实现培养目标的有效途径之一。高校应加强与企业、行业等用人单位的合作与交流，了解市场需求和行业动态，及时调整和改进人才培养方案。同时，还应为学生提供更多实习、实训等实践机会和职业发展资源，帮助他们更好地适应市场需求和实现个人价值。通过与用人单位的紧密合作，可以确保培养出的外语专业人才更加符合社会的实际需求。

（5）关注学生的全面发展。

在制定个性化、差异化的人才培养方案时，高校还应关注学生的全面发展。这包括加强对学生人文素养、科学素养、创新创业精神等方面的教育引导；提供丰富的课外活动和社团活动机会，培养学生的团队协作能力和领导力；关注学生的心理健康教育和职业生涯规划指导等方面的工作，帮助他们更好地应对学习和生活中的挑战和压力。

（三）因材施教，实现个性化培养

在教育的广阔天地中，每个学生都是一颗璀璨的星辰，他们各自拥有不同的兴趣爱好、学习方式和职业规划。面对这些充满个性的学子，高校作为人才培养的摇篮，肩负着重要的责任。为了更好地满足学生的个性化需求，实现因材施教，高校需要制定具有针对性的培养方案，让每个学生都能在适合自己的教育环境中茁壮成长。

1.因材施教的重要性

因材施教是教育的基本原则之一，它强调根据学生的个体差异和特点，采用不同的教育方法和手段。每个学生都是独特的，他们有着不同的学习风格、兴趣爱好和发展潜力。因此，只有充分了解学生的实际情况和需求，才能为他们提供最适合的教育。

因材施教的重要性主要体现在以下几个方面：首先，它有利于提高学生的学习兴趣和积极性。当学生在自己喜欢和擅长的领域中学习时，他们的学习热情和动力会更高，从而取得更好的学习效果。其次，因材施教有助于培养学生的创新能力和实践能力。通过针对性的教育，学生可以更好地发挥自己的优势，培养独特的思维方式和解决问题的能力。最后，因材施教是实现教育公平的重要途径。每个学生都应该有机会接受适合自己的教育，无论他们的起点如何，都应该在教育的过程中得到充分的发展。

2.实现个性化培养的途径

（1）制定个性化的培养方案。

高校在制定人才培养方案时，应充分考虑学生的实际情况和需求。这包括对学生的兴趣爱好、学习方式、职业规划等进行深入了解，为学生提供量身定制的课程安排和学习路径。同时，高校还应建立灵活的教学管理机制，允许学生根据自身的变化和发展调整培养方案。通过制定个性化的培养方案，高校可以确保每个学生都能在适合自己的教育环境中得到全面的发展。

（2）设置多样化的课程和实践环节。

为了满足不同学生的个性化需求，高校应设置多样化的课程和实践环节。这包括基础课程、专业课程、拓展课程等多个层次，以及必修课、选修课等多种类型。同时，高校还应加强实践教学环节，为学生提供更多实习、实训等实践机会。通过多样化的课程和实践环节，学生可以根据自己的兴趣和能力选择适合自己的课程和学习路径，从而实现真正的因材施教。

（3）加强师资队伍建设。

要实现个性化培养，高校必须加强师资队伍建设。教师应具备高尚的职业道德、深厚的学术底蕴和丰富的教育经验，能够针对不同学生的特点进行因材施教。同时，高校还应加强对教师的培训和发展支持，提高他们的专业素养和教育能力。通过加强师资队伍建设，高校可以为个性化培养提供有力保障。

（4）建立完善的学生服务体系。

个性化培养需要完善的学生服务体系作为支撑。高校应建立包括学业指导、心理咨询、职业规划等在内的全方位服务体系，为学生提供个性化的指导和帮助。这些服务旨在帮助学生解决学习和生活中遇到的问题和困难，促进他们的全面发展和成长。同时，高校还应加强与学生和家长的沟通与交流，及时了解学生的需求和反馈，为个性化培养提供科学依据。

3.因材施教的实践策略

（1）实行导师制。

导师制是实现因材施教的有效途径之一。通过为学生配备专业导师，高校可以为学生提供更加个性化的指导和帮助。导师可以根据学生的实际情况和需求，制定针对性的培养计划和课程安排，帮助学生更好地发挥自己的优势。同时，导师还可以为学生提供科研、实践等方面的机会和资源，促进他们的全面发展和成长。

（2）开展小组合作学习。

小组合作学习是实现因材施教的重要手段之一。通过将学生分成不同的小组，让他们在一起合作学习、讨论和交流，可以激发学生的学习兴趣和积极性。同时，小组合作学习还可以培养学生的团队协作能力和沟通能力，提高他们的综合素质。在小组合作学习的过程中，教师可以根据不同小组的特点和需求进行针对性的指导和帮助，实现因材施教。

（3）采用多元化的评价方式。

要实现因材施教，高校应采用多元化的评价方式。传统的以考试成绩为主的评价方式往往过于单一和片面，无法全面反映学生的实际情况和能力水平。因此，高校应采用多种评价方式相结合的方法，包括考试、作业、实践、论文等多种形式。这样可以更加全面地评价学生的学习成果和综合素质，为个性化培养提供科学依据。

因材施教是实现个性化培养的重要途径之一。通过制定个性化的培养方案、设置多样化的课程和实践环节、加强师资队伍建设以及建立完善的学生服务体系等策略的实施，高校可以培养出既符合社会需求又具有独特竞争优势的人才。展望未来，随着教育技术的不断创新和发展以及教育理念的不断更新和完善，高校将在因材施教和个性化培养方面取得更加显著的成果和突破性的进展。同时，我们也应看到因材施教和个性化培养是一个长期而复杂的过程需要高校、教师、学生和社会各方面的共同努力和持续探索才能不断推动其向更高水平发展。

（四）融入思政课程，培养学生的社会责任感和历史使命感

在全球化的今天，外语专业人才的作用日益凸显。他们不仅是国际交流的桥梁和纽带，更是国家对外交往的重要力量。然而，仅仅具备扎实的专业知识和技能，并不足以担当此重任。强烈的社会责任感和历史使命感，才是外语专业人才不可或缺的核心素养。因此，高校在培养人才时，必须注重思政课程的融入，引导学生树立正确的世界观、人生观和价值观，培养他们的社会责任感和历史使命感。

1.思政课程的重要性

思政课程是高校教育体系的重要组成部分，它承担着培养学生思想政治素质、道德品质和社会责任感的重要任务。对于外语专业人才来说，思政课程更是具有特殊的意义。

思政课程有助于引导学生树立正确的世界观、人生观和价值观。在外语学习中，学生不可避免地会接触到各种外来文化和思想。如果没有正确的世界观、人生观和价值观作为指导，学生很容易迷失方向，甚至被不良思想所侵蚀。因此，通过思政课程的学习，学生可以更加清晰地认识到自己的历史使命和社会责任，坚定自己的追求。

思政课程有助于培养学生的爱国情怀和民族精神。外语专业人才作为国际交流的使者，他们的言行举止代表着国家的形象和尊严。只有具备深厚的爱国情怀和民族精神，才能在国际舞台上自信地展示中国的文化和价值观。因此，通过思政课程的学习，学生可以更加深刻地理解中华民族的历史和文化，增强自己的民族自豪感和归属感。

思政课程有助于提升学生的综合素质和能力。外语专业人才不仅需要具备扎实的专业知识和技能，还需要具备良好的沟通能力、团队协作能力和创新能力等。这些能力的培养，离不开思政课程的熏陶和锤炼。通过参与各种思政实践活动，学生可以锻炼自己的组织协调能力、人际交往能力和解决问题的能力，为未来的职业发展打下坚实的基础。

2.融入思政课程的具体措施

为了更好地培养外语专业人才的社会责任感和历史使命感，高校可以采取以下措施将思政课程融入专业教育中：

优化课程设置，实现思政课程与专业课程的有机融合。高校可以根据外语专业的特点和需求，量身定制思政课程内容，将其与专业课程紧密结合起来。例如，在外语专业的基础课程中，可以增加关于中国文化、历史和社会发展的内容，引导学生从跨文化的角度审视和理解中外文化的差异与融合。同时，在专业课程中也可以渗透思政元素，如在外语翻译课程中强调翻译的政治性和文化性，引导学生在翻译实践中关注社会热点和国家战略。

创新教学方法，激发学生的学习兴趣和主动性。传统的思政课程往往采用灌输式的教学方式，容易让学生产生厌学情绪。因此，高校可以尝试采用更加灵活多样的教学方法，如案例分析、小组讨论、角色扮演等，激发学生的学习兴趣和主动性。同时，高校还可以利用现代信息技术手段，如在线教育平台、社交媒体等，为学生提供更加便捷和高效的学习体验。通过这些创新的教学方法，学生可以更加深入地理解思政课程的内容和意义，从而更好地培养自己的社会责任感和历史使命感。

加强实践教学环节，提升学生的实践能力和社会认知水平。实践教学是思政课程的重要组成部分，也是培养学生社会责任感和历史使命感的重要途径。高校可以通过组织各种社会实践活动，如志愿服务、社会调研、实习实训等，让学生亲身体验社会的发展和变化，感受自己的历史使命和社会责任。同时，高校还可以邀请社会各界人士来校举办讲座、报告等活动，为学生提供更加广阔的视野和认知空间。通过这些实践教学环节，学生可以更加深刻地理解思政课程的内涵和价值，从而更好地提升自己的综合素质和能力。

3.思政课程的实践效果与展望

通过将思政课程融入外语专业教育中，高校可以取得显著的实践效果。首先，学生的思想政治素质得到了显著提高。他们能够更加清晰地认识到自己的历史使命和社会责任，坚定自己的信仰和追求。其次，学生的爱国情怀和民族精神得到了有效激发。他们更加热爱自己的祖国和民族，愿意为国家和民族的发展贡献自己的力量。最后，学生的综合素质和能力得到了全面提升。他们不仅具备了扎实的专业知识和技能，还具备了良好的沟通能力、团队协作能力和创新能力等。这些实践效果充分证明了思政课程在外语专业人才培养中的重要作用和价值。

展望未来，随着全球化的不断深入和国际交流的日益频繁，外语专业人才的需求将会更加旺盛。同时，随着国家对高等教育质量要求的不断提高和社会对人才素质要求的不断提升，思政课程在外语专业人才培养中的地位和作用将会更加凸显。因此，高校需要继续加强思政课程的建设和改革，创新教学方法和手段，提高教学质量和效果，为培养更多具有社会责任感和历史使命感的外语专业人才做出更大的贡献。同时，学生也需要珍惜在思政课程中的学习机会，积极参与各种实践活动和社会服务，不断提升自己的综合素质和能力水平，为未来的职业发展和社会进步奠定坚实的基础。

三、研究课程体系，解决创新知识结构的问题

在确定人才定位之后，高校外语专业课程思政体系的建设迎来了又一重要环节：课程体系的研究与构建。这不仅是知识的传递过程，更是对学生知识结构进行创新的过程。以下将从四个方面详细探讨如何构建这一创新的课程体系。

（一）打破学科壁垒，实现跨学科融合

在全球化的浪潮下，外语教育的重要性日益凸显。然而，传统的外语教育模式往往局限于语言知识和技能的传授，难以适应复杂多变的社会需求。为了培养具有国际视野、创新能力和跨学科知识的复合型人才，高校必须打破学科壁垒，实现跨学科的融合。

1.外语教育与跨学科融合的必要性

随着全球化的深入发展，国际交流与合作日益频繁，外语作为沟通的桥梁，其重要性不言而喻。然而，单一的外语知识和技能已无法满足社会的多元化需求。在处理国际事务、进行跨文化交流等方面，需要具备跨学科的知识和综合能力。因此，打破学科壁垒，实现跨学科融合成为外语教育发展的必然趋势。

跨学科融合有助于培养学生的创新思维和解决问题的能力。通过引入其他学科的知识和方法，可以拓宽学生的视野，激发他们的创新思维，提高他们解决复杂问题的能力。同时，跨学科融合还有助于培养学生的团队协作和沟通能力。在跨学科的学习和实践中，学生需要与来自不同学科背景的人进行合作，这有助于培养他们的团队协作精神和沟通能力。

2.实现跨学科融合的途径

（1）鼓励外语专业与其他人文社科、自然科学等学科的交叉融合。

高校应打破传统的学科划分，鼓励外语专业与其他人文社科、自然科学等学科的交叉融合。例如，可以与历史学、文学、政治学、经济学、计算机

科学等学科合作，共同开发跨学科课程。这些课程可以围绕国际问题、跨文化交流等主题展开，培养学生多元化的知识结构和思维方式。

此外，高校还可以设立跨学科研究中心或实验室，为师生提供跨学科的研究平台。通过这些平台，师生可以开展跨学科的研究项目，探索新的研究领域和方法。

（2）加强与国内外其他高校的合作与交流。

要实现跨学科的融合，高校还需要加强与国内外其他高校的合作与交流。通过共同研发课程、共享教学资源等方式，引入国内外先进的教育理念和教学方法。这不仅可以提升课程体系的国际化水平和竞争力，还可以为学生提供更广阔的学习和发展空间。

高校可以定期举办国际学术研讨会、学生交流活动等，促进师生之间的国际交流与合作。通过这些活动，师生可以了解国际前沿的学术动态和研究成果，拓宽自己的学术视野。

同时，高校还可以与国外知名大学建立合作关系，开展联合培养项目。通过这些项目，学生可以有机会到国外大学深造或参加实习项目，提升自己的综合素质和国际竞争力。

（3）跨学科融合的挑战与对策。

虽然跨学科融合具有诸多优势，但在实施过程中也面临着一些挑战。如不同学科之间的知识体系和研究方法存在差异，如何进行有机融合是一个难题。此外，跨学科融合需要打破传统的学科壁垒和利益格局，这也需要高校付出一定的努力和成本。

为了克服这些挑战，高校需要采取一系列对策。首先，要树立正确的教育理念，明确跨学科融合的重要性和必要性。其次，要加强顶层设计，制定科学的跨学科融合发展规划和实施方案。再次，要加强师资队伍建设，培养一支具备跨学科知识和能力的教师队伍。最后，要完善评价体系和激励机制，鼓励师生积极参与跨学科融合的实践与探索。

（二）加强中国文化与当代中国国情教育

1.中国文化与国情教育的意义

在全球化的大背景下，文化与国情的教育显得尤为重要。特别是对于正在成长中的学生来说，中国文化与国情教育不仅关系到他们的文化素养，更与他们的民族认同感和文化自信紧密相连。

（1）提升学生的民族自豪感和文化自信。

民族自豪感是一个民族的精神支柱，是民族成员对本民族历史、文化、传统和价值观的认同与尊崇。通过深入的中国文化与国情教育，学生可以更加清晰地认识到中华民族的伟大历史和灿烂文化，从而增强对民族的认同感和自豪感。这种自豪感不仅是对过去的肯定，更是对未来的期许和信心。文化自信则是一个民族对自己文化价值的充分肯定和积极践行，是民族发展的重要驱动力。通过中国文化与国情教育，学生可以更加深入地理解中华文化的独特魅力和深刻内涵，从而增强文化自信，为传承和弘扬中华文化打下坚实的基础。

（2）加深学生对中国文化的理解和传播能力。

中国文化博大精深，源远流长，包含了丰富的历史、哲学、艺术、科学等方面的内容。通过系统的中国文化与国情教育，学生可以全面、深入地了解中国的文化传统和现代社会的发展状况。这不仅有助于提升学生的文化素养和审美能力，更能增强他们的跨文化交际能力和传播中国文化的能力。在全球化的今天，具备这种能力的学生将能够更好地与世界各地的人们进行文化交流，展示中国的独特魅力，增进国际社会对中国的理解和认同。

（3）促进中外文化的交流与融合。

文化交流是增进各国人民之间友谊和理解的重要途径。通过中国文化与国情教育，学生可以更加深入地了解中国文化的精髓和特点，同时也能够更加客观地看待其他国家和民族的文化。这将有助于促进中外文化的交流与融合，推动构建人类命运共同体。在这个过程中，学生不仅可以拓宽自己的国际视野和跨文化交际能力，更能为增进世界各国人民之间的友谊和理解做出积极的贡献。

2.实施策略与方法

为了有效地实施中国文化与国情教育，我们需要采取一系列的策略和方法。以下是一些具体的建议：

（1）在外语专业课程中融入中国文化与国情内容。

我们可以在外语专业课程中有机地融入中国文化与国情的内容。例如，开设中国文化概论、中国历史与文化等课程，系统介绍中国的历史、文化和社会现状。同时，在外语教学中，我们可以结合具体的语言材料，介绍相关的文化背景和知识，使学生在学习外语的同时，也能够了解和掌握中国的文化和国情。此外，我们还可以编写和使用包含中国文化元素的教材和教辅材料，为学生提供更加丰富和多样的学习资源。

（2）通过专题讲座深化学生对中国文化的理解。

除了课堂教学外，我们还可以定期邀请专家学者进行专题讲座，分享中国文化的研究成果和最新动态。这些讲座可以围绕特定的主题或领域展开，如中国古代文学、中国传统艺术、中国现代社会问题等。通过专家的讲解和互动，学生可以更加深入地了解中国文化的内涵和特点，增强对中国文化的认同感和自豪感。同时，专题讲座还可以为学生提供与专家学者交流的机会，拓展他们的学术视野和思维方式。

（3）实践活动与体验式学习。

实践活动和体验式学习是加深学生对中国文化理解的重要途径。我们可以组织各种文化体验活动，如传统手工艺制作、民俗体验等，让学生亲身感受中国文化的魅力和独特性。这些活动不仅可以增强学生的动手能力和实践能力，更能使他们在亲身体验中感受到中国文化的魅力和价值。此外，我们还可以鼓励学生参与文化交流活动，如国际文化节等，为他们提供展示和传播中国文化的平台。通过参与这些活动，学生可以更加自信地展示中国的文化特色，增进国际社会对中国的理解和认同。

3.挑战与对策

在实施中国文化与国情教育的过程中，我们面临着一些挑战和问题。如何平衡外语教育与文化教育的内容比例、如何确保教育内容的时代性和准确性等是亟待解决的问题。针对这些挑战，我们提出以下对策：

（1）平衡外语教育与文化教育的内容比例。

外语教育与文化教育并不是相互独立的，而是相互促进、相互补充的关系。在外语教育中融入中国文化与国情教育，需要平衡好外语技能培养和文化素养提升的关系。我们可以通过优化课程设置、调整教学内容和方法等方式来实现这一平衡。例如，在外语课程中设置专门的文化模块或单元，介绍中国的历史、文化和社会现状；同时，在外语教学中注重文化背景的导入和解释，帮助学生更好地理解语言背后的文化内涵。

（2）确保教育内容的时代性和准确性。

中国文化与国情是不断发展和变化的，因此教育内容需要不断更新和调整，以确保其时代性和准确性。我们可以通过关注最新的研究成果和动态信息、定期修订教材和教辅材料等方式来实现这一目标。同时，我们还需要加强对教师的培训和教育，提升他们的专业素养和跨文化教育能力，确保他们能够准确地传授最新的知识和观点。

（3）加强师资队伍建设。

教师是教育的灵魂和关键。为了有效地实施中国文化与国情教育，我们需要加强师资队伍建设，提升教师的专业素养和跨文化教育能力。我们可以通过组织定期的培训和研讨会、邀请专家学者进行专题讲座和指导等方式来提升教师的专业素养和教学能力。同时，我们还需要加强对教师的考核和评价，激励他们不断提升自己的教学水平和教育效果。

（三）拓宽国际视野，加强国家区域国别教育

1.国际视野与国家区域国别教育的意义

随着全球化的不断深入，国际视野与国家区域国别教育的重要性日益凸显。对于学生而言，具备国际视野和对不同国家和文化的深刻理解，不仅是适应全球化发展趋势的必备能力，更是提升个人国际竞争力和影响力的重要途径。

（1）帮助学生适应全球化的发展趋势。

全球化使得不同国家和地区之间的联系日益紧密，国际交流与合作成为常态。在这样的背景下，学生需要具备开放的心态和全球化的视角，才能更好地适应未来社会的发展需求。通过国际视野与国家区域国别教育，学生可以了解不同国家和地区的文化、历史、社会制度和发展模式，从而拓宽自己的视野和认知范围，增强跨文化交流的能力。

（2）提升学生的国际竞争力和影响力。

在全球化的竞争中，具备国际视野和跨文化交流能力的学生将更具竞争力。他们能够更好地理解国际规则和标准，更有效地与不同文化背景的人进行沟通和合作。同时，通过对不同国家和文化的深入了解，学生还可以发现新的机会和发展空间，为自己的职业发展奠定坚实的基础。此外，具备国际视野的学生还能够在国际舞台上发挥更大的影响力，为推动世界和平与发展做出贡献。

（3）增进学生对不同国家和文化的理解与尊重。

国际视野与国家区域国别教育不仅有助于提升学生的个人能力和竞争力，更能够增进学生对不同国家和文化的理解与尊重。通过学习不同国家和地区的历史、文化和社会制度，学生可以更加客观地看待世界，消除偏见和误解，促进文化多样性和包容性的发展。这种理解与尊重不仅有助于构建和谐的世界秩序，更是培养具有国际责任感和全球公民意识的重要基础。

2.实施途径与方法

为了有效地实施国际视野与国家区域国别教育，我们需要采取一系列切实可行的途径和方法。以下是一些具体的建议：

（1）开设国际化课程。

学校可以开设世界历史与文化、国际政治与经济等国际化课程，系统介绍不同国家和地区的历史、文化、社会制度和发展模式。同时，引入多元文化教材和教学资源，让学生接触到更广泛、更深入的国际知识。这些课程可以帮助学生建立全面的国际视野，提升跨文化交流的能力。

（2）鼓励学生参与国际交流活动。

学校可以积极组织各类国际交流活动，如国际文化节、模拟联合国等，为学生提供展示和交流的平台。同时，鼓励学生参与海外交流、实习等项目，让他们亲身体验不同文化，加深对国际社会的了解。这些活动不仅可以增强学生的实践能力和团队协作能力，更能拓宽他们的国际视野和人际网络。

（3）加强与海外高校的合作与交流。

学校可以积极寻求与海外高校的合作与交流机会，共同开展学生交流项目、合作研究等活动。通过共享教育资源、互派教师和学生等方式，推动教育国际化进程。这种合作与交流不仅可以为学生提供更广阔的发展空间和机会，更能促进不同文化之间的交流与融合。

3.挑战与对策

在实施国际视野与国家区域国别教育的过程中，我们面临着一些挑战和问题。如何平衡本土文化与国际文化的教育内容、如何确保国际交流活动的质量与效果等是亟待解决的问题。针对这些挑战，我们提出以下对策：

（1）制定明确的教育目标和计划。

为了确保国际视野与国家区域国别教育的有效实施，我们需要制定明确的教育目标和计划。这些目标和计划应该既体现本土文化的传承与发展，又涵盖国际文化的了解与尊重。同时，还需要确保教育内容的系统性和连贯性，避免片面强调某一方面而忽视其他方面。通过制定明确的教育目标和计划，我们可以更好地平衡本土文化与国际文化的教育内容，实现教育的全面性和均衡性。

（2）加强与国际组织的合作。

为了确保国际交流活动的质量与效果，我们需要加强与国际组织的合作。这些国际组织可以为我们提供丰富的教育资源和优质的交流平台，帮助我们拓宽国际视野、提升跨文化交流能力。通过与国际组织的合作，我们可以获取更多优质的教育资源和实践机会，为学生提供更广阔的发展空间和机会。同时，还可以借鉴国际组织的成功经验和做法，不断完善和优化我们的教育模式和方法。

（四）优化课程体系结构，形成协同育人效应

1.课程体系结构优化的意义

随着教育改革的不断深入，课程体系结构优化成了提升教育质量、培养学生综合素质和促进教育资源合理配置的关键环节。优化课程体系结构不仅有助于提升教育效果，更能为学生的全面发展提供有力支持。以下将详细阐述课程体系结构优化的三大意义。

（1）提升教育质量和效果。

优化课程体系结构是提升教育质量和效果的重要途径。通过对课程内容的更新、教学方法的改进和教学资源的合理配置，可以使学生获得更加系统、全面和深入的知识体系。同时，优化后的课程体系更加注重学生的实践能力和创新思维的培养，有助于提升学生的综合素质和竞争力。

（2）培养学生的综合素质和能力。

优化课程体系结构有助于培养学生的综合素质和能力。通过构建多元化、综合性的课程体系，可以为学生提供更加宽广的知识视野和更加丰富的学习体验。这样的课程体系不仅注重学生的知识掌握，更加关注学生的能力培养，如批判性思维、创新能力、团队协作等，从而为学生的未来发展奠定坚实的基础。

（3）促进教育资源的合理利用和配置。

优化课程体系结构还可以促进教育资源的合理利用和配置。通过对课程体系的科学规划和设计，可以使学校的教学资源得到更加合理、高效的利用。这不仅可以避免资源的浪费和闲置，还可以确保教学资源的及时更新和补充，从而满足教学需求，提升教学效果。

2.实施策略与方法

为了实施课程体系结构优化，需要采取一系列的策略和方法。以下是一些具体的建议：

（1）构建以外语专业课程为主体的课程体系。

外语专业课程是培养学生的语言能力和跨文化交际能力的关键环节。因此，在优化课程体系结构时，应以外语专业课程为主体，强调语言能力和跨文化交际能力的培养。同时，应引入多元化、实用性的课程内容，使学生能够接触到真实的外语环境和文化背景，提升他们的语言运用能力和跨文化交际能力。

（2）以思政课程为引领，培养学生的社会责任感和历史使命感。

思政课程是培养学生的社会责任感和历史使命感的重要途径。在优化课程体系结构时，应以思政课程为引领，结合外语教育，介绍不同文化背景下的价值观和社会责任。通过这样的课程设置，可以引导学生树立正确的世界观、人生观和价值观，培养他们的社会责任感和历史使命感。

（3）以通识课程为支撑，拓宽学生的知识面和视野。

通识课程是拓宽学生的知识面和视野的重要环节。在优化课程体系结构时，应以通识课程为支撑，开设跨学科、综合性的通识课程。同时，应鼓励学生选修不同领域的课程，培养多元思维。通过这样的课程设置，可以使学生获得更加全面的知识体系，提升他们的综合素质和竞争力。

（4）加强数字化教学资源建设。

随着信息技术的发展，数字化教学资源已经成了现代教学的重要组成部分。在优化课程体系结构时，应加强数字化教学资源建设，提供丰富多样的学习资源和便捷高效的学习体验。同时，应利用现代信息技术手段开发在线课程和教学平台，满足学生个性化、多样化的学习需求。

3.协同育人策略与实践

优化课程体系结构需要采取协同育人①的策略和实践。以下是一些具体的建议：

（1）加强不同课程之间的衔接与融合。

不同课程之间往往存在着一定的联系和交叉点。在优化课程体系结构时，应加强不同课程之间的衔接与融合，避免课程内容的重复和脱节。同时，应注重课程之间的内在联系和逻辑关系，使学生能够获得更加系统、连贯的知识体系。

（2）鼓励教师之间的合作与交流。

教师之间的合作与交流是优化课程体系结构的重要保障。在优化课程体系结构时，应鼓励教师之间的合作与交流，共同开发跨学科课程。同时，应注重教师的专业发展和培训，提升教师的教学水平和跨学科能力。

（3）建立学生评价体系。

学生是课程体系的直接受益者。在优化课程体系结构时，应建立学生评价体系，及时反馈教学效果，不断优化课程设置。同时，应注重学生的参与和反馈，使课程体系更加符合学生的需求和期望。

4.挑战与对策

在优化课程体系结构的过程中，我们面临着一些挑战和问题。如何平衡

---

① 协同育人是指学校、家庭、社会等多方主体共同参与，形成教育合力，共同培养学生的过程。它强调各方之间的密切配合与协作，以实现学生的全面发展为目标，是提升教育质量、促进学生成长的重要途径。

不同课程之间的比重、如何确保教学资源的有效利用等是亟待解决的问题。针对这些挑战，我们提出以下对策：

（1）建立科学的课程体系评估机制。

为了确保课程体系的科学性和合理性，我们需要建立科学的课程体系评估机制。这个机制应该包括对课程内容的评估、教学方法的评估、教学资源的评估等方面。通过定期的评估和反馈，我们可以及时发现课程体系中存在的问题和不足，从而进行针对性的改进和优化。

（2）加强师资队伍建设。

优化课程体系结构需要一支高素质、专业化的师资队伍作为支撑。因此，我们需要加强师资队伍建设，提升教师的教学水平和跨学科能力。这可以通过加强教师的培训和发展、引进优秀人才、建立激励机制等方式来实现。

四、研究课程思政体系，解决构建课程思政体系的问题

在高等教育体系中，课程思政体系的构建已成为一项重要任务。这不仅是对传统思政教育的创新与发展，更是对全面育人理念的深入实践。以下将从四个方面详细探讨如何研究并构建高校外语专业的课程思政体系。

（一）建立健全课程思政工作机制

为确保课程思政工作的有效实施，高校必须构建一套完善的工作机制。这一机制应涵盖组织领导、职责划分、实施方案、培训提升和督导检查等关键环节。

1.组织领导与规划

为确保课程思政工作的顺利推进，高校应首先成立课程思政领导小组，该小组由校领导担任组长，相关部门负责人为成员，负责统筹推进课程思政工作。领导小组的成立不仅体现了高校对课程思政工作的高度重视，而且能够确保各项工作的有力推进和有效落实。

在制定课程思政总体规划时，应明确工作目标、任务分工和实施步骤。工作目标应具体、明确，具有可操作性和可衡量性；任务分工应清晰、合理，确保各部门各司其职、协同配合；实施步骤应详细、完整，为课程思政工作

的有序开展提供有力保障。

此外，高校还应定期召开课程思政工作会议，及时总结工作经验、分析存在问题、研究改进措施，推动课程思政工作不断深入开展。

2.明确职责与任务分工

在课程思政工作中，各部门应明确职责与任务分工，形成齐抓共管的工作局面。教务处作为教学管理部门，应负责课程思政的整体设计和教学安排，将思政元素融入专业课程体系。具体来说，教务处应制定课程思政教学大纲和教学计划，明确思政教育目标和要求，指导教师在教学中融入思政教育内容。

学生处则负责学生的思政教育和日常管理工作。学生处应与课程教学相互配合，共同推进课程思政工作。例如，可以通过开展主题班会、演讲比赛等活动，增强学生的思政意识和素养；同时，加强对学生日常行为的管理和引导，培养学生良好的行为习惯和道德品质。

外语学院等教学单位则负责具体课程的思政内容开发和教学实施。教师应结合课程特点，深入挖掘思政元素，将其有机融入课程教学中。例如，在外语课程中，可以通过介绍不同国家的文化、历史和社会现象，引导学生进行比较分析，增强跨文化交际能力和批判性思维。

3.制定实施方案

根据总体规划，各教学单位应制定具体的课程思政实施方案。实施方案应明确教学内容、教学方法和评价方式等关键要素，为教师教学提供具体指导。同时，鼓励教师结合课程特点和学生实际，创新思政教育模式和方法，形成各具特色的课程思政案例。例如，可以采用情景模拟、角色扮演等互动式教学方法，激发学生的学习兴趣和积极性；也可以运用现代信息技术手段，制作生动形象的课件和视频材料，辅助学生理解思政内容。

此外，高校还应建立课程思政资源共享平台，整合校内外优质资源，为教师提供丰富的教学素材和案例库。通过资源共享和交流合作，促进各高校课程思政工作的共同进步和发展。

4.培训提升

教师的思政素养和教学能力直接影响课程思政工作的效果和质量。因此，高校应定期组织教师进行课程思政专题培训，提升教师的思政素养和教学能力。培训内容可以包括思政教育理论、教学方法与技巧、课程思政案例分析等；培训形式可以采用讲座、研讨会、工作坊等多种形式。通过培训提升，使教师更好地理解和把握课程思政的内涵和要求，提高思政教育的针对性和实效性。

此外，高校还可以邀请专家学者进行专题讲座或工作坊活动，分享课程思政的先进理念和实践经验。通过与专家学者的交流互动，拓宽教师的视野和思路，激发创新灵感和热情。同时，鼓励教师积极参与课程思政相关的学术研究和交流活动，不断提升自身的学术水平和专业素养。

5.督导检查与反馈

为确保课程思政工作的有效实施和持续改进，高校应建立课程思政督导检查机制。通过定期的教学检查、听课评课等方式，对教师的教学情况进行监督和评估；同时收集学生的反馈信息和意见建议，及时了解课程思政教学的实际效果和存在问题。对于检查中发现的问题和不足，应及时向教师反馈并提出改进意见；对于表现优秀的教师和典型案例，应给予表彰和奖励以激励广大教师积极参与课程思政工作。

此外，高校还应建立课程思政工作评价体系和激励机制。通过科学合理的评价标准和方法对教师的工作成果进行客观公正的评价；同时设立专项奖励基金或荣誉称号等措施激励教师在课程思政工作中取得优异成绩。通过督导检查与反馈以及评价激励等措施的有机结合，形成有效的闭环管理体系推动课程思政工作不断向前发展。

（二）深入挖掘外语专业课程中的思政元素

外语专业课程不仅是语言知识的传授，更是文化交流和价值引领的重要载体。高校应深入挖掘外语专业课程中的思政元素，实现语言教学与思政教育的有机融合。

1.文化自信的传承

在外语课程中融入中华优秀传统文化元素，是实现语言教学与思政教育有机融合的重要途径。中华文化博大精深，源远流长，蕴含着丰富的思想道德资源和深厚的文化底蕴。在外语教学中，教师可以通过选取反映中国文化精髓的文学作品进行翻译和赏析，引导学生通过外语学习增强文化自信。例如，可以将《诗经》《论语》等经典著作中的篇章翻译成外语，让学生在学习外语的同时，领略中华文化的魅力，培养文化自觉和文化传播能力。

此外，教师还可以结合课程内容，介绍中国的传统节日、风俗习惯、历史典故等，让学生在了解外国文化的同时，更加深入地认识和理解本民族文化。通过对比中外文化的异同，引导学生树立正确的文化观念，增强民族自豪感和文化认同感。

2.国际视野的拓展

外语课程具有天然的国际性特点，这为拓展学生的国际视野提供了得天独厚的条件。教师可以通过引入国际议题和全球动态的教学内容，引导学生关注世界发展大势，了解不同国家和地区的文化和社会现象。例如，可以选取联合国的重要文件、国际组织的报告以及世界各地的新闻报道等作为教学材料，让学生在阅读和分析中培养批判性思维能力和跨文化交际能力。

同时，教师还可以利用多媒体教学手段和网络资源，为学生展示世界各地的自然风光、人文景观和社会生活等，让学生在感官上获得更直观、更生动的体验。通过对比不同文化背景下的价值观和社会现象，引导学生形成开放包容的心态和多元文化的视角，为未来的国际交流与合作打下坚实基础。

3.时代精神的体现

外语课程作为高校教育的重要组成部分，理应肩负起传播时代精神、激发爱国热情和社会责任感的使命。教师可以通过融入当代中国社会发展成就和时代精神的内容，让学生在学习外语的同时，感受祖国的繁荣昌盛和民族的伟大复兴。例如，可以选取反映中国改革开放、科技创新等主题的新闻报道或文章进行阅读和讨论，让学生在了解中国社会发展动态的同时，增强民族自信心和自豪感。

此外，教师还可以结合时事热点和重大事件，组织专题讨论、演讲比赛等活动，引导学生积极关注国家大事、社会民生等问题。通过对外语的实际运用，提升学生的语言表达能力和思辨能力，使他们在讨论中深化对时代精神的理解和认识，激发爱国热情和社会责任感。

4.实践活动的设计

实践活动是外语教学与思政教育有机融合的重要载体。教师可以结合外语课程特点，设计丰富多彩的实践活动，让学生在实践中运用外语、体验不同文化并传播中国声音。例如，可以模拟联合国会议的形式，组织学生进行角色扮演和辩论练习，提高他们的跨文化交际能力和团队协作能力；还可以举办国际文化交流节等活动，展示不同国家和地区的文化特色和艺术成果，让学生在欣赏中感受多元文化的魅力。

此外，教师还可以鼓励学生参与国际志愿服务、海外实习等项目，将外语技能与思政素养相结合，提升综合素质。通过这些实践活动的参与和体验，学生不仅能够锻炼自己的外语应用能力和实际操作能力，还能够增强对国际社会的认知和理解，培养全球视野和国际化人才必备的素质。

（三）创新教学方法和手段

1.现代信息技术的应用

随着科技的飞速发展，现代信息技术已成为教育领域不可或缺的一部分。对于高校思政课程而言，利用现代信息技术不仅可以丰富教学手段，还能有效提高课程的吸引力和感染力。以下将详细探讨现代信息技术在提升思政课程教学质量方面的应用。

多媒体教学资源的应用：多媒体教学资源包括文字、图片、音频、视频等多种形式，能够为学生呈现更加生动、形象的学习内容。在思政课程中，教师可以利用多媒体教学资源制作课件和视频材料，将抽象的理论知识转化为具体可观的视听材料，帮助学生更好地理解思政内容。例如，通过展示历史事件的图片和视频，学生可以更加直观地了解历史背景和进程，从而加深对思政理论的理解。

此外，多媒体课件和视频材料还可以根据学生的学习进度和需求进行个性化调整，满足不同学生的学习需求。教师可以根据学生的反馈和表现，及时调整课件内容和呈现方式，确保教学内容与学生的学习进度和兴趣点相匹配。

在线教学平台的应用：在线教学平台为高校思政课程提供了更加灵活多样的教学方式。通过在线教学平台，教师可以打破时空限制，实现线上线下相结合的思政教学模式。学生可以在任何时间、任何地点通过网络学习思政课程，提高学习的自主性和便捷性。

在线教学平台还提供了丰富的互动功能，如在线讨论、在线测试等，可以激发学生的学习兴趣和积极性。教师可以通过在线讨论引导学生围绕思政话题展开深入交流，培养学生的批判性思维和表达能力。同时，在线测试可以帮助学生及时检验自己的学习成果，发现不足并进行针对性改进。

2.互动式教学方法的采用

互动式教学方法强调学生的主体地位和教师的引导作用，通过师生之间的互动交流来推动教学进程。在思政课程中采用互动式教学方法可以有效提高学生的参与度和学习效果。

小组讨论和角色扮演：小组讨论和角色扮演是互动式教学方法中的常见形式。通过小组讨论，学生可以围绕思政话题展开深入探讨，分享彼此的观点和看法，形成思想碰撞和共鸣。小组讨论不仅可以培养学生的团队协作能力和沟通能力，还可以加深学生对思政内容的理解。角色扮演则是一种更加生动有趣的互动方式。教师可以根据思政内容设计相应的角色和场景，让学生扮演不同角色进行模拟表演。通过角色扮演，学生可以更加深入地了解思政内容的内涵和意义，同时培养自己的表演能力和自信心。

问题导向的教学方法：问题导向的教学方法是一种以问题为核心的教学方式，通过引导学生主动思考和探究问题来推动教学进程。在思政课程中，教师可以采用问题导向的教学方法来激发学生的学习兴趣和积极性。教师可以根据思政内容设计一系列具有启发性和挑战性的问题，引导学生进行深入思考和探究。通过问题的引导和解答过程，学生可以逐步建立起对思政内容的认知和理解。

3.多样化评价方式的实施

传统的思政课程评价方式往往以考试成绩为主，忽视了学生的学习过程和实际表现。为了更加全面客观地评价学生的学习成果和思政表现，高校应积极探索多样化的评价方式。

形成性评价与终结性评价相结合：形成性评价是在教学过程中对学生的学习情况进行及时评价和反馈的一种评价方式。通过形成性评价，教师可以了解学生的学习进度和存在的问题，及时调整教学策略和方法。在思政课程中，教师可以采用课堂观察、作业批改、小组讨论等方式进行形成性评价，全面了解学生的学习情况和表现。终结性评价是在教学结束后对学生的学习成果进行总结性评价的一种方式。在思政课程中，终结性评价可以通过期末考试、课程论文等方式进行。通过将形成性评价与终结性评价相结合，教师可以更加全面客观地评价学生的学习成果和思政表现，为后续教学提供有力依据。

学生自评与互评的引入：学生自评是指学生对自己的学习情况进行评价和反思的一种方式。通过自评，学生可以更加清晰地了解自己的优势和不足，为后续学习制定更加明确的目标和计划。在思政课程中，教师可以引导学生对自己的学习过程、学习态度、学习效果等方面进行评价和反思。互评是指学生之间相互评价的一种方式。通过互评，学生可以更加客观地了解自己在同学眼中的表现和形象，从而发现自己的优点和不足。在思政课程中，教师可以组织学生进行小组互评或班级互评活动，让学生之间相互交流、相互学习、相互提高。通过引入学生自评与互评等多元化评价方式，可以激发学生的主体意识和参与热情，提高思政课程的吸引力和感染力。

（四）注重培养学生的自主学习能力和创新精神

随着时代的进步和教育的革新，学生的自主学习能力和创新精神已成为高校教育的重要目标。课程思政体系，作为高校教育的重要组成部分，同样需要关注学生的全面发展，特别是这两大核心能力的培养。

1.研究性学习任务的布置

研究性学习任务是一种以学生为中心的，强调学生主动探究、发现问题并解决问题的学习方式。在课程思政体系中，布置研究性学习任务，不仅可以激发学生的学习兴趣，还可以培养他们的自主学习能力和创新精神。

设计具有挑战性的主题，如"中国文化与世界"，引导学生从多角度、多层次探究相关知识。这样的主题既能体现中国文化的深厚底蕴，又能引导学生关注中国与世界的交流与互动，有助于拓宽学生的国际视野。

鼓励学生利用外语检索和阅读相关文献资料。这一过程不仅可以提高学生的外语应用能力，还可以锻炼他们的信息获取和处理能力。通过对外文文献的深入研读，学生可以接触到更多的学术观点和研究方法，从而丰富自己的知识体系和思维方式。

教师在布置研究性学习任务时，应明确任务目标、要求和评价标准，为学生提供必要的指导和支持。同时，教师还应鼓励学生之间的交流与合作，共同探究问题、分享经验，形成良好的学习氛围。

2.创新实践课程的开设

创新实践课程是培养学生创新精神和实践能力的重要途径。在课程思政体系中，开设创新实践课程，可以为学生提供实践创新的平台，促进他们全面发展。

以"跨文化交流与合作"等为主题的创新实践课程，可以帮助学生深入了解不同文化背景下的思维方式和行为习惯，提高他们的跨文化交际能力。这样的课程既有助于增强学生的民族自豪感和文化自信，又能为他们未来在国际舞台上展现中国形象打下坚实基础。

鼓励学生参与国际交流活动或模拟国际会议等实践活动。这些活动不仅可以锻炼学生的组织协调能力和团队协作精神，还能让他们在实践中积累创新经验、激发创新灵感。通过与国际友人的直接交流与合作，学生可以更加直观地感受到不同文化之间的碰撞与融合，从而拓宽自己的视野和思维方式。

教师在开设创新实践课程时，应注重课程内容的更新与拓展，及时引入最新的研究成果和实践案例。同时，教师还应关注学生的学习需求和兴趣点，灵活调整教学方式和手段，以激发学生的学习兴趣和积极性。

3.学习资源的丰富与共享

丰富的学习资源是支持学生自主学习和创新的重要保障。在课程思政体系中，建立学习资源共享平台、整合校内外优质资源以及开发在线课程等措施，可以为学生提供更加便捷、高效的学习支持。

建立课程思政学习资源共享平台，将校内外优质的学习资源进行整合与分类，形成一个全面、系统的学习资源库。这样的平台不仅可以为学生提供丰富的学习材料和实践机会，还可以促进不同高校之间的资源共享与合作交流。

鼓励教师开发课程思政相关的慕课、微课等在线课程。这些课程具有灵活性强、受众面广等特点，可以满足学生多样化的学习需求。通过在线课程的学习，学生可以随时随地获取知识、提升技能，为自主学习和创新提供有力支持。

学校应加强与校外机构或企业的合作与交流，引入更多的外部资源和实践机会。通过校企合作、产学研结合等方式，可以为学生提供更加真实、贴近实际的学习环境和实践平台，有助于培养他们的实践能力和创新精神。

第二节　数字资源赋能课程思政体系建设

随着信息技术的飞速发展，数字化教育已成为教育现代化的重要标志。在外语学科中，数字化转型不仅是提升教学质量的关键，也是培养具有国际视野和跨文化交际能力人才的重要途径。

一、教学资源的数字化

（一）教学资源库建设

1.资源整合与多样化

随着信息技术的迅猛发展，教育领域迎来了前所未有的教学资源数字化浪潮。外语学科，作为连接世界、沟通文化的桥梁，其教学资源的数字化更是显得尤为重要。资源整合与多样化是外语教学资源库建设的首要任务。

我们需要广泛收集与整合各类电子教材。这些电子教材不仅应包含传统的文字内容，还应融入丰富的图片、图表、动画等多媒体元素，使得教材内容更加生动、形象。此外，多媒体课件也是不可或缺的教学资源。它们以直观、互动的方式呈现教学内容，有助于激发学生的学习兴趣和积极性。网络课程则是教学资源库中的另一重要组成部分，它们能够提供从基础知识到专业技能的系统学习，满足学生不同层次、不同需求的学习要求。

在资源整合的过程中，我们还应特别注重资源的多样性。文字、图片、音频、视频等多种形式的教学资源应被充分整合和利用。例如，我们可以为学生提供外语国家的实景视频，让他们在感受异国文化的同时学习外语；我们还可以通过音频资源，为学生提供地道的语音模仿和听力训练；图片和图表则能够帮助学生更加直观地理解语法结构和词汇用法。

通过资源整合与多样化，外语教学资源库将能够为学生提供一个丰富多彩、立体多维的学习环境，使他们在轻松愉快的氛围中掌握外语知识，提升外语能力。

2.平台建设与共享

在外语教学资源库的建设中，平台建设与共享是关键环节。一个统一、高效的教学资源管理平台，不仅能够实现资源的在线浏览、下载、上传等功能，还能够促进资源的共享与交流，打破学校与地区间的壁垒。

我们需要构建一个功能完善、操作便捷的教学资源管理平台。这个平台应具备用户管理、资源分类、资源检索、资源上传与下载、在线预览、评论与反馈等基本功能。通过用户管理，我们可以为教师和学生分配不同的权限和角色，确保他们只能访问和使用与其身份相符的资源。资源分类和检索功能则能够帮助用户快速找到所需的教学资源，提高资源的利用效率。在线预览功能则可以让学生在不下载资源的情况下直接浏览和学习，节省时间和空间。

共享性是教学资源库建设的核心原则之一。通过共享，我们可以让更多的人使用和受益于这些教学资源，促进教育公平和均衡发展。为了实现资源的共享，我们需要打破学校与地区间的壁垒，加强校际合作和区域联动。这不仅可以减少重复建设和浪费，还能够促进不同学校、不同地区之间的教学交流与合作，共同推动外语教学的创新与发展。

我们应鼓励教师和学生积极参与教学资源的共建共享。通过开设资源共建共享课程、组织资源建设研讨会等方式，我们可以激发师生的创造力和参与热情，推动教学资源的不断更新与优化。在这个过程中，师生的智慧和创意将得到充分的发挥和展示，教学资源的丰富性和多样性也将得到进一步的提升。

3.便捷性与可访问性

在外语教学资源库的建设中，便捷性与可访问性是衡量平台成功与否的重要标准。一个优秀的教学资源管理平台应该能够让教师和学生方便快捷地访问所需资源，同时考虑不同设备和网络条件下的可访问性。

平台的设计应简洁明了、易于操作。无论是教师还是学生，都应该能够轻松掌握平台的使用方法，快速找到所需的教学资源。为此，我们可以提供详细的用户手册和操作指南，帮助用户快速熟悉平台的使用方法和功能。此外，平台还应提供友好的用户界面和清晰的导航菜单，使用户能够一目了然地了解平台的结构和资源分类。

可访问性是教学资源库建设中不可忽视的重要因素。我们需要确保教学资源库能够在不同设备和网络条件下顺畅访问和使用。这包括支持多种操作系统和浏览器、优化网络带宽占用、提供多种格式的资源下载等。为了实现这一目标，我们可以采用先进的网页技术和流媒体技术，确保平台的兼容性和稳定性。同时，我们还可以提供多种下载选项，如不同分辨率的视频资源、不同格式的文档资源等，以满足用户在不同设备和网络条件下的使用需求。

我们还应定期对教学资源库进行维护和更新，确保其始终保持最佳状态。这包括修复平台漏洞、更新教学资源、优化用户体验等。通过持续的维护和更新，我们可以不断提升教学资源库的品质和服务水平，为师生提供更加优质、高效的外语学习体验。

（二）教学资源更新与优化

1.定期审查与评估

在数字化时代，教学资源的更新速度日新月异，为了确保外语教学资源的时效性和准确性，定期审查与评估显得尤为重要。这需要学校或教育机构设立专门的机构或团队，负责对外语教学资源进行定期的审查和评估工作。

审查与评估的过程中，应重点关注以下几个方面：首先，是资源内容的准确性和完整性。要确保所提供的外语教学资源在语法、词汇、发音等方面都是准确无误的，且内容完整，没有遗漏或错误。其次，是资源的时效性。由于语言和文化是不断发展的，因此外语教学资源也需要与时俱进，及时反映最新的语言现象和文化动态。最后，还需要关注资源的适用性和实用性。即这些教学资源是否符合学生的实际需求和学习水平，是否能够在实际教学中发挥有效的作用。

为了实现定期审查与评估的目标，可以采取多种措施和方法。例如，可以建立教学资源评审委员会，由外语教学专家、教师代表和学生代表组成，共同对教学资源进行评审和打分。同时，还可以利用信息技术手段，如大数据分析、用户反馈系统等，对外语教学资源的使用情况进行实时监测和评估，以便及时发现问题并进行改进。

此外，根据教学反馈和学生需求对资源进行必要的更新和优化也是至关重要的。教学反馈是改进和优化教学资源的重要依据之一。通过收集和分析教师和学生的反馈意见，可以了解教学资源在实际使用中的效果和问题，从而有针对性地进行改进和优化。例如，如果发现某套电子教材在使用过程中存在语法错误或内容过时的问题，就需要及时对其进行修订和更新。同时，还需要关注学生的学习需求和学习动态，根据他们的实际情况和学习进度对教学资源进行适时的调整和优化。例如，可以针对不同层次的学生提供不同难度和深度的外语教学资源，以满足他们的个性化学习需求。

2.师生参与和共建

教学资源的更新与优化不仅仅是专门机构或团队的任务，更需要广大教师和学生的积极参与和共建。他们是教学资源的直接使用者和受益者，对于教学资源的质量和效果有着最直接的感受和体验。因此，鼓励教师和学生积极参与教学资源的建设和完善过程具有重要意义。

为了激发师生的创造力和参与热情，可以采取多种措施和方法。首先，可以开设共建共享课程或项目，让教师和学生有机会共同参与到教学资源的建设和优化中来。通过共同讨论、合作设计、互相评价等方式，可以充分发挥师生的智慧和创意，共同打造出更加优质、适用的外语教学资源。其次，可以组织定期的研讨会或座谈会，邀请外语教学专家、教师代表和学生代表共同探讨教学资源的建设与发展问题，分享经验和心得，提出改进意见和建议。这种开放式的交流和讨论有助于激发师生的思维火花和创造灵感，推动教学资源的不断创新和完善。

此外，还可以建立激励机制和奖励制度，对在教学资源建设和优化过程中做出突出贡献的师生进行表彰和奖励。这不仅可以增强师生的荣誉感和归属感，还可以进一步激发他们的参与热情和创造力。同时，学校或教育机构还应为师生提供必要的技术支持和培训服务，帮助他们掌握相关的教学资源建设和优化技能和方法，提高他们的专业素养和综合能力。

3.动态调整与适应

外语学科的发展和教学需求的变化是不断进行的，这就要求教学资源能够动态调整与适应。这种动态性不仅体现在教学资源内容的更新上，还体现在其形式和呈现方式的创新上。

随着新的语言现象、文化元素和教学方法的不断涌现，外语教学资源需要及时地融入这些新元素和新方法。例如，随着网络技术的飞速发展，各种在线学习平台、社交媒体和移动应用等新型学习方式不断涌现，为外语教学提供了更加广阔的空间和可能。这就要求外语教学资源能够充分利用这些新技术和新平台，创新其呈现方式和传播渠道，为学生提供更加便捷、高效、个性化的学习体验。

同时，保持资源的灵活性和开放性也是至关重要的。灵活性是指教学资源能够适应不同学生的学习需求和学习风格，提供多样化的学习路径和学习资源选择。开放性则是指教学资源能够与其他系统进行良好的兼容和整合，实现资源的共享和互通。通过保持灵活性和开放性，外语教学资源能够更好地适应不断变化的教学环境和学习需求，为外语教学提供更加全面、立体的支持和服务。

（三）教学资源与思政内容融合

随着教育改革的不断深入，外语教学不再仅仅关注语言知识和技能的传授，而是更加注重培养学生的综合素质和跨文化交际能力。在这一背景下，将思政内容与外语教学资源相融合，不仅有助于提升外语教学的育人效果，还能帮助学生更好地理解和运用外语，增强其国际视野和社会责任感。

1.思政元素的挖掘与整合

在外语教学中融入思政内容，首先需要深入挖掘外语教学内容中的思政元素。这些元素可以涉及国家发展、社会进步、文化传承等多个方面，如讲述中国改革开放的历程、介绍中华优秀传统文化、探讨全球化背景下的国际交流与合作等。通过将这些思政元素与外语知识、技能、文化等有机结合，可以形成丰富多样的教学资源，为外语教学注入新的活力和内涵。

为了实现思政元素的有效挖掘与整合，教师需要具备较高的政治素养和敏锐的观察力。他们需要对外语教学内容进行深入分析，准确把握其中的思政元素，并将其巧妙地融入教学过程中。同时，教师还需要注重思政内容与外语教学的有机结合，避免生搬硬套或形式主义的做法，确保思政内容能够真正起到辅助教学、提升育人效果的作用。

此外，学校和教育机构也可以组织专门的团队或机构，负责思政元素的挖掘与整合工作。这些团队或机构可以对外语教学内容进行全面梳理和分析，提炼出其中的思政元素，并设计相应的教学方案和活动计划。通过这种方式，可以确保思政内容与外语教学的深度融合，实现教育资源的优化配置和高效利用。

2.显性与隐性融合

将思政内容与外语教学资源相融合，可以通过显性和隐性两种方式进行。显性融合是指在外语教材中明确增加思政相关的主题和内容，如设置专门的思政板块、编写思政相关的课文和阅读材料等。这种方式可以直接呈现思政内容，让学生在学习过程中明确感受到思政教育的存在。

隐性融合则是通过多媒体课件、网络课程等隐性方式，融入思政相关的图片、视频等素材，让学生在潜移默化中接受思政教育。例如，在外语听力材料中穿插介绍中国社会发展的新闻片段，或在外语阅读材料中融入中华优秀传统文化的故事和元素等。这种方式可以在不增加学生学习负担的情况下，有效地将思政内容融入外语教学中，达到润物细无声的效果。

为了实现显性与隐性的有效融合，教师需要注重教学资源的选择和设计。他们需要根据学生的实际情况和学习需求，选择合适的教学资源，并对其进行精心的设计和处理。同时，教师还需要注重教学方式的创新和改进，确保思政内容能够以更加生动、形象的方式呈现出来，激发学生的学习兴趣和积极性。

3.提升育人效果

将思政内容与外语教学资源相融合的最终目的是提升外语教学的育人效果。为了实现这一目标，教师需要注重教学实践活动的开展和组织。通过设置思政相关的专题讨论区、组织相关主题的外语实践活动等方式，可以让学生在实践中运用所学的外语知识和思政内容，提升其思政素养和外语应用能力。

例如，教师可以组织以外交政策为主题的外语辩论赛，让学生在辩论中了解中国的外交立场和政策主张，同时锻炼其外语口语表达能力和逻辑思维能力。教师还可以引导学生利用外语进行社会调查或志愿服务等活动，让他们在实践中了解社会、服务社会，增强其社会责任感和使命感。

此外，教师还需要注重评价方式的改革和创新。他们可以采用多元化的评价方式，如口头报告、书面作业、实践成果等，全面评估学生在外语学习和思政素养方面的表现。通过这种方式，可以更加客观地反映学生的学习成果和进步情况，为教学改进提供有力的依据和支持。

二、学生学习的数字化

在数字化时代，学生的学习方式也发生了巨大的变化。通过利用数字化工具和平台，学生可以更加自主地、个性化地学习外语，提高学习效率和学习效果。

（一）个性化学习路径设计

在数字化时代，随着大数据、人工智能等技术的不断发展，学生的学习方式发生了翻天覆地的变化。这些先进技术为学生提供了更加自主、个性化的学习机会，使得每个学生都能根据自己的学习特点和兴趣偏好，设计独特的学习路径。个性化学习路径设计不仅满足了学生的个性化需求，还极大地提高了学生的学习兴趣和积极性。

1.学习特点与兴趣偏好的识别

要设计个性化学习路径，首先需要深入了解每个学生的学习特点和兴趣偏好。这可以通过收集学生的学习数据、进行问卷调查、观察学生的学习行为等方式来实现。例如，通过分析学生在数字化平台上的学习记录，可以了解他们的学习风格、学习习惯以及擅长的学习领域；通过问卷调查，可以了解学生的学习兴趣、学习目标以及对外语学习的期望等。

在识别学生的学习特点和兴趣偏好的过程中，大数据和人工智能等技术发挥了重要作用。这些技术可以对海量的学习数据进行深度挖掘和分析，发现隐藏在数据中的规律和趋势，从而为每个学生提供更加精准、个性化的学习建议。

2.个性化学习资源的推荐

在了解学生的学习特点和兴趣偏好的基础上，可以为学生推荐适合他们的学习资源。这些学习资源可以包括在线课程、电子教材、学习视频、音频资料等，它们涵盖了外语学习的各个方面，如语法、词汇、听力、口语等。通过为学生推荐符合他们学习特点和兴趣偏好的学习资源，可以让他们在学习过程中保持高度的专注度和兴趣度，从而提高学习效率和学习效果。

此外，个性化学习资源的推荐还可以根据学生的学习进度和需求进行动态调整。例如，当学生在某个学习领域遇到困难时，可以为他们推荐更多的相关学习资源和辅导材料，帮助他们突破学习瓶颈；当学生的学习进度较快时，可以为他们推荐更高层次的学习资源，满足他们的进阶需求。

3.个性化学习路径的规划与实施

在为学生推荐个性化学习资源的同时，还需要为他们规划个性化的学习路径。这包括确定学生的学习目标、制定学习计划、安排学习时间和任务等。通过为学生规划个性化的学习路径，可以让他们在学习过程中有明确的目标和方向，避免盲目学习和无效努力。

在实施个性化学习路径的过程中，教师需要发挥重要的引导作用。他们需要密切关注学生的学习进展和反馈，及时调整学习路径和资源推荐，确保学生的学习效果达到最佳状态。同时，教师还需要鼓励学生积极参与学习过程，培养他们的自主学习能力和问题解决能力。

（二）智能学习辅助工具

在数字化时代的外语学习中，智能学习辅助工具发挥着越来越重要的作用。这些工具利用先进的技术手段，为学生提供便捷、高效的学习支持，帮助他们解决学习中的难题和困惑。智能学习辅助工具不仅提高了学生的学习效率，还激发了他们的学习兴趣和积极性。

1.智能词典的应用与优势

智能词典是外语学习中常用的辅助工具之一。它不仅可以快速查询单词、短语的含义和用法，还可以提供例句、语音发音、词义辨析等功能。通过使用智能词典，学生可以随时随地解决词汇方面的疑问，提高阅读理解和写作能力。

与传统的纸质词典相比，智能词典具有便捷性、实时性和互动性等优势。学生可以通过手机、平板电脑等设备随时随地访问智能词典，无需携带厚重的纸质词典；同时，智能词典可以实时更新词汇库和例句库，确保信息的准确性和时效性；此外，智能词典还提供了用户反馈和互动功能，使得学习过程更加生动有趣。

2.语音助手在外语口语练习中的作用

语音助手是另一种重要的智能学习辅助工具，它在外语口语练习中发挥着重要作用。通过语音助手，学生可以模拟与外国人对话的场景，进行口语练习和发音纠正。语音助手可以识别学生的语音输入，并提供相应的反馈和建议，帮助他们改进发音和语调。

使用语音助手进行口语练习具有诸多优势。首先，它可以随时随地为学生提供陪练伙伴，解决找不到合适对话对象的问题；其次，语音助手可以根据学生的发音情况进行智能评分和反馈，帮助他们及时发现并改正发音错误；最后，通过长期的口语练习和反馈，学生的口语表达能力和自信心也会得到显著提升。

3.在线翻译工具在外语学习中的应用场景

在线翻译工具是另一种常用的智能学习辅助工具，它在外语学习中具有广泛的应用场景。例如，在阅读外语文章时，学生可以利用在线翻译工具快速理解文章大意和难点词汇；在撰写外语作文时，他们可以使用在线翻译工具检查语法错误和句式结构；在与外国人交流时，如果遇到语言障碍，他们也可以借助在线翻译工具进行实时翻译和沟通。

然而，需要注意的是，在线翻译工具虽然便捷高效，但也存在一定的局限性。例如，它可能无法准确翻译某些特定领域或文化背景下的词汇和表达方式；同时，过度依赖在线翻译工具也可能影响学生的独立思考和自主学习能力。因此，在使用在线翻译工具时，学生需要保持审慎和批判性思维，结合其他学习方法和资源共同提高外语水平。

（三）学习数据分析与反馈

在数字化时代的外语学习中，学习数据分析与反馈扮演着至关重要的角色。通过收集和分析学生的学习数据，教师可以更深入地了解学生的学习情况、发现潜在问题，并为学生提供精准的学习反馈和建议。这不仅有助于提高学生的学习效果，还能培养他们的自主学习能力和问题解决能力。

1.学习数据的收集与整理

要进行有效的学习数据分析与反馈，首先需要收集并整理学生的学习数据。这些数据可以包括学生的学习时长、学习进度、学习成绩、互动次数等各个方面。通过数字化学习平台或其他相关工具，教师可以方便地获取这些数据，并进行进一步的整理和处理。

在收集学习数据时，教师需要确保数据的准确性和完整性。他们可以通过设置合适的数据收集标准和流程，以及定期对数据进行审核和校验，来确保数据的质量。此外，为了保护学生的隐私和权益，教师还需要遵守相关的数据安全和隐私保护规定。

2.学习数据的深度分析与挖掘

收集到学习数据后，教师需要对其进行深度分析和挖掘，以发现隐藏在数据中的规律和趋势。这可以通过使用统计分析软件、数据挖掘算法等技术手段来实现。例如，教师可以利用这些工具分析学生的学习成绩变化趋势，了解他们在各个学习领域的掌握情况；或者分析学生的学习行为模式，发现他们在学习过程中的偏好和习惯等。

通过深度分析与挖掘学习数据，教师可以更全面地了解学生的学习情况，包括他们的学习风格、学习策略以及可能存在的困难和挑战等。这为教师提供了有力的依据和支持，以便他们为学生提供更加精准和个性化的学习反馈和建议。

3.精准学习反馈与建议的提供

在深入了解学生的学习情况后，教师可以为学生提供精准的学习反馈和建议。这些反馈和建议可以基于学生的学习数据、学习表现以及个人特点等多个方面来制定。例如，针对学生在某个学习领域的薄弱环节，教师可以为他们推荐相关的学习资源和练习题目；针对学生的学习风格和兴趣偏好，教师可以调整教学策略和方法，以激发他们的学习兴趣和积极性。

同时，教师还可以定期与学生进行面对面的交流或在线互动，了解他们对学习反馈和建议的看法和感受。这有助于教师及时调整和改进反馈策略，确保学生的学习需求得到满足并持续进步。通过持续的学习数据分析与反馈循环，教师可以不断优化教学过程和提高学生的学习效果。

三、教学管理的数字化

教学管理是保障教学质量、提高教学效率的重要环节。通过实现教学管理的数字化，可以更加高效、准确地进行教学管理工作，提高教学管理的水平和效率。

（一）教学管理系统建设

随着信息技术的飞速发展，教学管理正逐步向数字化、智能化方向迈进。教学管理系统作为教学管理数字化的核心载体，其建设对于提升教学管理效率、保障教学质量具有重要意义。一个功能完善的教学管理系统，不仅能够满足教师、学生和教学管理人员的基本需求，还能够通过高级功能实现教学流程的优化和教学资源的合理配置。

1.基本功能构建

教学管理系统的基本功能包括课程安排、学生管理、成绩录入等。这些功能是实现教学管理数字化的基础，对于保障教学秩序、提高教学质量至关重要。

（1）课程安排：通过教学管理系统，教师可以方便地进行课程安排，包括设置课程时间、地点、授课教师等信息。系统支持在线排课功能，可以根据教师、教室等资源情况自动生成课程表，避免资源冲突和浪费。同时，学生可以在线查询课程信息，了解课程安排和变动情况，提前做好学习准备。

（2）学生管理：教学管理系统应具备完善的学生管理功能，包括学生信息管理、学籍管理、考勤管理等。通过系统，教师可以及时掌握学生的基本情况和出勤情况，为教学提供有力支持。同时，学生可以在线查询个人信息和考勤记录，及时了解自己的学习状态。

（3）成绩录入：成绩管理是教学管理的重要环节。通过教学管理系统，教师可以方便地录入学生成绩，进行成绩统计和分析。系统支持多种成绩录入方式，如手动录入、批量导入等，满足教师的不同需求。同时，学生可以在线查询成绩信息，了解自己的学习成果和进步情况。

2.高级功能拓展

除了基本功能外，教学管理系统还应拓展一些高级功能，以满足教学管理的更高需求。这些高级功能包括在线选课、在线排课、在线考试等。

（1）在线选课：通过在线选课功能，学生可以根据自己的兴趣和需求选择合适的课程。系统支持课程推荐和筛选功能，帮助学生快速找到感兴趣的课程。同时，教师可以在线发布课程信息和选课要求，确保选课过程的公平性和透明度。

（2）在线排课：在线排课功能可以根据教师、教室等资源情况自动生成课程表。系统支持多种排课算法和优化策略，确保课程安排的合理性和高效性。通过在线排课功能，教学管理人员可以实时监控教学资源的利用情况，及时调整和优化资源配置。

（3）在线考试：通过在线考试功能，教师可以方便地组织在线测试和考试活动。系统支持多种题型和组卷方式，满足不同的考试需求。同时，学生可以在线参加考试和提交答卷，方便快捷。通过在线考试功能，教师可以及时了解学生的学习情况和掌握程度，为教学改进提供依据。

（二）教学数据监控与分析

在数字化时代的教学管理中，教学数据的监控与分析扮演着至关重要的角色。通过对教学数据的深入挖掘和分析，教学管理人员能够更准确地了解教学现状，发现潜在问题，并为教学改进提供有力的数据支持。

1.教学数据收集与整合

要进行有效的教学数据监控与分析，首先需要收集并整合各类教学数据。这些数据包括学生的学习进度、成绩记录、互动频率等，以及教师的教学日志、课程反馈、教学方法等。通过教学管理系统和其他数字化工具，可以方便地收集这些数据，并将其整合到一个统一的平台中进行分析。

在数据收集过程中，需要确保数据的准确性和完整性。为此，可以制定严格的数据采集标准和流程，并对数据进行定期审核和校验。同时，还需要关注数据的时效性和动态性，确保分析结果的准确性和有效性。

2.数据挖掘与深度分析

收集到教学数据后，需要运用大数据分析和数据挖掘技术对这些数据进行深入处理和分析。通过构建数据模型、运用统计分析方法等手段，可以挖掘出隐藏在数据中的规律和趋势，为教学改进提供有力支持。

例如，通过对学生的学习进度和成绩记录进行分析，可以发现学习困难的学生群体和薄弱环节；通过对教师的教学日志和课程反馈进行分析，可以评估教师的教学质量和教学方法的有效性。这些分析结果可以为教学管理人员提供有针对性的改进建议和优化方案。

3.实时监控与动态反馈

除了对历史数据进行挖掘和分析外，还需要对教学过程进行实时监控和动态反馈。通过教学管理系统和其他数字化工具，可以实时监控学生的学习状态和教师的教学进度，及时发现问题并进行干预。

同时，还可以建立动态反馈机制，将分析结果实时反馈给教师和学生。这样可以帮助他们及时了解自己的教学和学习情况，调整教学策略和学习方法，从而提高教学效果和学习成绩。

（三）教学资源调配与优化

在数字化教学管理中，教学资源的调配与优化是提高教学效率和质量的关键环节。通过合理调配教学资源，可以确保教学活动的顺利进行；通过优化教学配置，可以提升教学效果和满足学生的学习需求。

1.教学资源调配

教学资源包括教师、教室、教学设备、教材等，是实现教学活动的基础。在教学管理中，需要根据教学需求和实际情况，合理调配这些资源。

确保教师的合理分配。根据教师的专业背景和教学经验，将他们分配到适合的课程和班级中，以充分发挥他们的教学优势。同时，要考虑教师的工作量和负荷，避免过度劳累或资源浪费。

合理规划教室和教学设备的使用。根据课程安排和教学需求，合理分配教室和教学设备资源，确保教学活动的顺利进行。要考虑教室的容量、设施配备等因素，以及教学设备的先进性、实用性等因素。

确保教材的及时更新和供应。根据学科发展和课程需求，及时采购和更新教材，确保教学内容的时效性和准确性。同时，要加强教材的管理和使用监督，避免浪费和损失。

2.教学配置优化

教学配置是指在教学过程中所涉及的各种要素的组合和安排。优化教学配置可以提升教学效果和满足学生的学习需求。

优化课程设置。根据学科特点和学生需求，合理设置课程内容和结构，增强课程的针对性和实用性。同时，要关注课程之间的联系和衔接，避免重复和脱节现象。

改进教学方法和手段。积极引入先进的教学理念和教学方法，如项目式学习、翻转课堂等，激发学生的学习兴趣和积极性。同时，要充分利用数字化技术和工具，如在线课程、虚拟实验室等，丰富教学手段和资源。

加强教学评估与反馈。建立完善的教学评估体系，定期对教学活动进行评估和反馈，及时发现问题并进行改进。同时，要关注学生的反馈和需求，及时调整教学策略和配置方案。

四、教学评价的数字化

教学评价是衡量教学质量、促进教学改进的重要手段。通过实现教学评价的数字化，可以更加客观、准确地进行教学评价工作，提高教学评价的科学性和有效性。

（一）多元化评价体系构建

在外语学科的教学评价中，构建多元化评价体系是实现教学评价数字化的核心任务。多元化评价体系不仅能够全面反映学生的学习成效和教师的教学质量，还能够为教学改进提供有力的数据支持。

1.形成性评价与终结性评价相结合

形成性评价是指在教学过程中对学生的学习情况进行及时、频繁的评价，以便教师及时调整教学策略，帮助学生改进学习方法。在外语教学中，形成性评价可以通过课堂互动、作业批改、单元测试等方式进行。这些评价方式可以及时了解学生的学习进度和掌握情况，为教学改进提供及时反馈。

终结性评价则是在教学结束后对学生的学习成果进行总结性评价，以评定学生的学习成绩和教师的教学效果。在外语学科中，终结性评价通常包括期末考试、水平测试等方式。这些评价方式可以全面、客观地评估学生的学习成果和教师的教学质量。

将形成性评价与终结性评价相结合，可以更加全面地反映学生的学习情况和教师的教学效果。同时，这种评价方式还可以激发学生的学习兴趣和积极性，提高他们的自主学习能力和自我管理能力。

2.学生自评与互评的引入

学生自评是指学生对自己的学习情况进行评价和反思，以便发现自身的不足并制定改进计划。在外语教学中，学生自评可以通过自我总结、自我反思等方式进行。这种评价方式可以帮助学生更加清晰地了解自己的学习情况，提高自我认知能力和自主学习能力。

学生互评则是指学生之间相互评价彼此的学习情况和学习成果。在外语教学中，学生互评可以通过小组讨论、同伴评审等方式进行。这种评价方式可以培养学生的批判性思维和合作精神，提高他们的沟通能力和团队协作能力。

将学生自评与互评引入教学评价体系中，可以更加客观地反映学生的学习情况和教师的教学效果。同时，这种评价方式还可以促进学生的主体性和参与性，提高他们的学习积极性和自主性。

3.定量评价与定性评价的结合

定量评价是指通过数值化的方式对学生的学习成绩和教师的教学效果进行量化评估。在外语教学中，定量评价可以通过考试成绩、作业成绩等方式进行。这种评价方式可以客观、准确地反映学生的学习成果和教师的教学质量，为教学改进提供有力的数据支持。

定性评价则是指通过描述性的方式对学生的学习情况和教师的教学效果进行质性评估。在外语教学中，定性评价可以通过课堂观察、学习日志等方式进行。这种评价方式可以深入了解学生的学习过程和教师的教学策略，为教学改进提供更加具体、有针对性的建议。

将定量评价与定性评价相结合，可以更加全面、准确地反映学生的学习情况和教师的教学效果。同时，这种评价方式还可以弥补单一评价方式的不足，提高教学评价的准确性和科学性。

（二）评价数据收集与处理

在外语学科的教学评价中，评价数据的收集与处理是实现教学评价数字化的关键环节。通过数字化工具收集评价数据并进行标准化处理和分析，可以更加客观、准确地反映学生的学习情况和教师的教学质量。

1.评价数据收集

评价数据的收集是教学评价数字化的基础。在外语教学中，可以通过在线调查问卷、在线测试、学习管理系统等方式收集学生的学习成绩、学习满意度等数据；通过教师互评、专家评价等方式收集教师的教学质量数据。这些数据可以包括学生的学习进度、作业完成情况、课堂参与度等，以及教师的教学策略、教学效果等。

在收集评价数据时，需要注意数据的准确性和完整性。为此，可以制定严格的数据采集标准和流程，并对数据进行定期审核和校验。同时，还需要关注数据的时效性和动态性，确保分析结果的准确性和有效性。此外，为了保护学生和教师的隐私，还需要对收集到的数据进行匿名化处理。

2.评价数据处理与分析

收集到评价数据后，需要运用大数据分析和数据挖掘技术对这些数据进行深入处理和分析。通过构建数据模型、运用统计分析方法等手段，可以挖掘出隐藏在数据中的规律和趋势，为教学改进提供有力支持。

例如，可以对学生的学习成绩进行统计分析，了解各个分数段的分布情况；对学生的学习满意度进行相关性分析，找出影响满意度的关键因素；对教师的教学质量进行聚类分析，发现不同教师群体的教学特点等。这些分析结果可以为教学管理人员提供有针对性的改进建议和优化方案。

此外，还可以利用可视化技术将分析结果以图表、报告等形式展示出来，帮助教学管理人员更加直观地了解教学现状和问题所在。同时，这些可视化成果也可以作为教学改进的依据和参考。

（三）评价结果反馈与应用

在外语学科的教学评价中，评价结果的反馈与应用是实现教学评价数字化的重要目的。通过数字化平台将评价结果以图表、报告等形式展示出来，可以直观地反映学生的学习情况和教师的教学质量。同时，根据评价结果对教学内容、教学方法等进行调整和优化，可以促进教学质量的不断提升。

1.评价结果反馈

评价结果反馈是指将分析得到的教学评价数据以易于理解和接受的方式传达给相关的教学参与者，包括教师、学生和教学管理人员。反馈的目的在于帮助他们了解当前教学的实际情况，发现存在的问题，以及明确改进的方向和策略。

对于教师而言，通过评价结果反馈，他们可以了解自身教学方法的有效性、教学内容的适宜性以及学生的学习需求和困难。这有助于教师调整教学策略，改进教学方法，更好地满足学生的学习需求。同时，教师之间还可以相互借鉴和学习，共同提高教学水平。

对于学生而言，评价结果反馈可以帮助他们了解自己的学习进度和掌握情况，发现学习中存在的问题和不足。这有助于学生调整学习策略，改进学习方法，提高学习效果。同时，学生还可以根据反馈结果向教师寻求帮助和指导，及时解决学习中的困难和问题。

对于教学管理人员而言，评价结果反馈可以提供全面的教学信息和数据支持，帮助他们监控教学过程和教学质量。这有助于教学管理人员及时发现问题并采取相应的改进措施，保障教学的顺利进行和质量的持续提升。

2.评价结果应用

评价结果应用是指将教学评价数据用于指导教学实践和教学改进的过程。在外语学科中，评价结果应用可以体现在多个方面。

根据学生的学习情况和需求调整教学内容和方法。通过分析学生的学习成绩、学习满意度等数据，教师可以了解学生的学习特点和困难所在。在此基础上，教师可以针对性地调整教学内容和教学方法，使之更加符合学生的实际需求和特点。例如，对于口语能力较弱的学生群体，教师可以增加口语练习的机会和难度；对于阅读能力较强的学生群体，教师可以提供更多的阅读材料和挑战性任务。

优化教学资源和配置。通过分析教师的教学质量数据以及学生的学习成果数据，教学管理人员可以发现教学资源和配置方面存在的问题和不足。在此基础上，他们可以对教学资源和配置进行优化和调整，以提高教学效率和质量。例如，对于教学效果不佳的教师群体，可以提供更多的培训和支持；对于学习成果显著的学生群体，可以提供更多的奖励和激励措施。

促进教学创新和改革。通过将教学评价数据与教学实践相结合，教师可以不断探索和创新教学方法和手段。这有助于激发学生的学习兴趣和积极性，提高他们的自主学习能力和创新能力。同时，这种创新和改革还可以推动外语学科的教学发展和进步。

五、智慧空间与数字空间的融合

随着信息技术的不断发展，智慧空间与数字空间的融合已成为教育现代化的重要趋势。通过引入智能教学设备、互动教学平台等智慧硬件以及构建分析评价的智慧教学平台等措施，可以实现智慧空间与数字空间的深度融合，为外语教学提供更加智能化、高效化的支持。

（一）智慧硬件与课堂教学的深度融合

随着信息技术的迅猛发展，智慧硬件如智能教学设备、互动教学平台等已逐步融入课堂教学，成为推动教育现代化的重要力量。智慧硬件与课堂教学的深度融合，不仅提升了教学质量，更改变了传统的教学模式，为外语教学带来了革命性的变革。

1.提升课堂教学效果

智慧硬件的引入，使得课堂教学更加生动、形象。例如，通过智能投影仪、交互式白板等设备，教师可以展示丰富的多媒体教学内容，如视频、音频、动画等，激发学生的学习兴趣和积极性。同时，这些设备还支持实时互动，教师可以随时进行标注、批注等操作，帮助学生更好地理解和掌握外语知识。

此外，智慧硬件还为课堂教学提供了更加便捷、高效的管理工具。例如，通过智能教学管理系统，教师可以轻松管理学生的出勤、作业、成绩等信息，节省大量时间和精力。同时，系统还可以提供实时的教学数据分析和反馈，帮助教师及时了解学生的学习情况，调整教学策略和方法。

2.改变传统教学模式

智慧硬件的引入，使得课堂教学模式发生了深刻的变革。传统的以教师为中心的教学模式逐渐被以学生为中心的教学模式所取代。在智慧硬件的支持下，学生可以更加主动地参与到课堂中来，与教师进行实时的互动和交流。这种教学模式的转变，不仅提高了学生的学习积极性和自主性，还培养了学生的创新思维和批判性思维。

同时，智慧硬件还为课堂教学提供了更加个性化、差异化的教学支持。例如，通过智能学习分析系统，教师可以根据学生的学习风格、兴趣爱好等因素，为每个学生提供定制化的学习资源和建议。这种个性化的教学支持，使得每个学生都能得到最适合自己的教学服务和体验。

3.促进师生之间的互动与交流

智慧硬件的引入，为师生之间的互动与交流提供了更加便捷、高效的渠道。例如，通过互动教学平台，教师可以随时发布讨论话题、提问等信息，引导学生进行积极的思考和讨论。学生也可以随时向教师提问、分享自己的学习心得和体验。这种实时的互动与交流，不仅增强了师生之间的感情和默契，还提高了教学效果和满意度。

同时，智慧硬件还支持远程教学和在线协作等功能。这使得不同地区、不同学校之间的师生可以进行实时的互动与交流，共享优质的教育资源和经验。这种跨地域、跨学校的合作与交流，为外语教学的发展和创新注入了新的活力和动力。

（二）写作平台与评阅引擎的融合应用

在外语教学中，写作能力的培养至关重要。为了提高学生的写作水平，许多学校开始引入写作平台和评阅引擎等数字化工具辅助教学。这些工具的应用不仅减轻了教师的批改负担，还为学生提供了及时的反馈和建议，促进了其写作能力的不断提升。

1.写作平台的优势与应用

写作平台是一种在线的写作环境，为学生提供了丰富的写作资源和便捷的写作工具。通过写作平台，学生可以随时随地进行写作练习、提交作文等操作。平台还支持多种文件格式的导入和导出，方便学生进行文档的编辑和共享。

在写作平台上，教师可以为学生布置写作任务、提供写作指导和建议。同时，平台还支持作文的在线批改和评分功能，使得教师可以更加高效地进行作文的批改工作。此外，写作平台还提供了丰富的数据统计和分析功能，帮助教师更好地了解学生的写作情况和进步程度。

2.评阅引擎的原理与作用

评阅引擎是一种基于自然语言处理和机器学习技术的自动化批改工具。它可以对学生的作文进行语法检查、拼写校正、内容评估等操作，为学生提供及时的反馈和建议。评阅引擎的原理是通过构建大量的语料库和训练模型来学习和模拟人类的批改行为。通过对学生的作文进行深度分析和挖掘，评阅引擎可以准确地识别出作文中的错误和不足，并给出相应的修改建议。

评阅引擎的应用不仅可以减轻教师的批改负担，还可以为学生提供更加客观、准确的批改结果。与传统的人工批改相比，评阅引擎具有更高的批改效率和更低的批改成本。同时，评阅引擎还可以根据学生的写作风格和特点进行个性化的批改和指导，帮助学生更好地提升自己的写作能力。

3.融合应用的效果与意义

将写作平台与评阅引擎进行融合应用可以带来显著的教学效果和意义。这种融合应用可以为学生提供更加全面、系统的写作支持。在写作平台上，学生可以方便地进行写作练习和提交作文；而评阅引擎则可以为学生提供及时的反馈和建议，帮助其不断改进和提高自己的写作水平。这种全方位的写作支持有助于激发学生的学习兴趣和积极性，提高其自主学习能力和创新能力。

融合应用可以促进师生之间的互动与交流。在写作平台上，教师可以随时查看学生的写作进度和成果，并进行及时的指导和点评。而学生也可以随时向教师请教问题、分享自己的写作心得和体验。这种实时的互动与交流有助于增强师生之间的感情和默契，提高教学质量和满意度。

融合应用可以为外语教学提供更加丰富、多样的教学资源和方法。通过引入写作平台和评阅引擎等数字化工具辅助教学，教师可以更加灵活地设计教学方案、组织教学活动；而学生也可以更加便捷地获取学习资源、进行自主学习和协作学习。这种教学资源和方法的丰富与多样化为外语教学的发展和创新注入了新的活力和动力。

（三）分析评价的智慧教学平台建设

随着信息技术的不断发展，智慧教学平台已成为教育现代化的重要支撑。构建集教学数据分析、评价反馈、教学决策等功能于一体的智慧教学平台，对于实现智慧空间与数字空间的深度融合、提高教学管理的效率和水平具有重要意义。

1.智慧教学平台的功能架构

智慧教学平台应具备数据采集、处理、分析等功能，并能够支持多种评价方式和多种评价标准的实施。具体而言，智慧教学平台应包括以下几个核心模块：

（1）数据采集模块：负责收集各类教学数据，包括学生的学习成绩、学习行为、学习进度等；教师的教学策略、教学效果等；以及教学资源的使用情况、教学环境的监控数据等。这些数据可以通过在线测试、调查问卷、学习管理系统等方式进行收集。

（2）数据处理模块：负责对收集到的教学数据进行清洗、整合和标准化处理，确保数据的准确性和一致性。同时，该模块还应支持数据的动态更新和实时查询功能，方便教学管理人员随时了解最新的教学情况。

（3）数据分析模块：运用大数据分析和数据挖掘技术，对处理后的教学数据进行深入挖掘和分析。通过构建数据模型、运用统计分析方法等手段，发现隐藏在数据中的规律和趋势，为教学改进提供有力支持。例如，可以对学生的学习成绩进行相关性分析，找出影响成绩的关键因素；对教师的教学效果进行聚类分析，发现不同教师群体的教学特点等。

（4）评价反馈模块：根据分析结果，生成客观、准确的评价报告和反馈意见。这些报告和意见可以以图表、报告等形式展示出来，帮助教学管理人员更加直观地了解教学现状和问题所在。同时，该模块还应支持个性化的反馈功能，为每个学生和教师提供定制化的改进建议和发展规划。

（5）教学决策模块：基于分析结果和评价反馈，为教学管理人员提供科学、合理的教学决策支持。这些决策可以包括调整教学内容和方法、优化教学资源和配置、改进教学管理和服务等方面。通过智慧教学平台的支持，教学管理人员可以更加客观、准确地制定教学决策，提高教学管理的效率和水平。

2.智慧教学平台的应用价值

构建智慧教学平台对于外语教学具有重要意义和应用价值。首先，通过智慧教学平台的数据采集和分析功能，教师可以更加全面地了解学生的学习情况和需求，为因材施教提供有力支持。其次，智慧教学平台可以提供及时的评价反馈和个性化的改进建议，帮助学生及时发现自己的不足并制定针对性的学习计划。最后，智慧教学平台还可以为教学管理人员提供科学、客观的教学决策支持，推动外语教学的持续改进和创新发展。

（四）数据仓库与资源互通

在智慧空间与数字空间的融合过程中，建立统一的数据仓库实现各类教学数据的集中存储和共享互通至关重要。这不仅可以避免数据孤岛和重复建设的问题，还可以促进教育资源的均衡发展和优化配置。

1.数据仓库的建设与管理

建立统一的数据仓库是实现各类教学数据集中存储和共享互通的基础。数据仓库应具备以下特点：一是统一性，即所有数据都应遵循统一的标准和格式进行存储和管理；二是可扩展性，即数据仓库应能够支持不断增长的数据量和不断变化的数据需求；三是安全性，即数据仓库应采取严格的安全措施保障数据的安全性和隐私性。

在建设数据仓库时，需要制定详细的数据规划和设计方案，明确数据的来源、类型、格式等要素。同时，还需要建立完善的数据管理体系和维护机制，确保数据的准确性、完整性和一致性。此外，为了充分发挥数据仓库的价值和作用，还需要对数据进行定期的备份和恢复操作，以防数据丢失或损坏。

2.资源互通的机制与实现

实现不同学校、不同地区之间的资源共享与交流是资源互通的核心目标。为了实现这一目标，需要建立完善的资源互通机制和实现方式。具体而言，可以通过以下几种方式实现资源互通：

（1）建立统一的资源共享平台：通过构建统一的资源共享平台，将不同学校、不同地区的教学资源进行整合和分类管理。这些资源可以包括课件、教案、试题库等教学资料；也可以包括在线课程、视频讲座等教学资源。通过资源共享平台，教师可以方便地获取所需的教学资源并进行共享和交流。

（2）制定标准化的资源共享协议：为了保证资源共享的顺利进行和高效利用，需要制定标准化的资源共享协议。这些协议应明确资源的共享方式、使用权限、版权保护等方面的要求，确保资源的合法性和公平性。同时，还需要建立相应的监管机制和惩罚措施，防止资源的滥用和侵权行为的发生。

（3）加强校际合作与交流：通过加强校际合作与交流，促进不同学校之间的教学资源共享和经验交流。可以定期组织校际研讨会、教学观摩等活动，为教师们提供相互学习和交流的机会。同时，还可以鼓励学校之间建立长期稳定的合作关系，共同推动教育资源的均衡发展和优化配置。

第五章　数字化课程思政体系建设的路径

第一节　课程思政工作体系的建设

随着信息技术的迅猛发展，数字化已经成为教育领域不可忽视的重要趋势。在课程思政建设中，数字化不仅能够提升教学效果，还能够更好地满足现代学生的学习需求。

一、组织实施

（一）建立数字化课程思政建设领导小组

为确保数字化课程思政建设的顺利推进，高校应充分认识到领导小组在建设过程中的核心与指导作用，因此，成立一个专门负责此项工作的领导小组显得尤为重要。该领导小组不仅负责制定全面的建设规划，还需统筹协调各方资源，监督实施进度，并在必要时做出调整以确保项目的顺利进行。

1.领导小组的组成

在数字化课程思政建设的伟大征程中，高校作为培养新时代人才的摇篮，肩负着不可推卸的责任与使命。为确保这一建设的顺利推进，高校必须充分认识到领导小组在其中的核心与指导作用。因此，成立一个专门负责此项工作的领导小组，成为高校思政建设工作中的重中之重。

领导小组的组成应体现全面性和专业性，以确保决策的科学性和实施的有效性。学校相关领导的参与是必不可少的。他们作为学校的决策者和管理者，能够为数字化课程思政建设提供政策支持和资源调配。通过他们的引领和推动，可以将思政建设纳入学校整体发展规划中，实现与学校其他工作的有机衔接。

教学管理部门负责人在领导小组中扮演着举足轻重的角色。他们深知教学管理的内在逻辑和规律，能够为数字化课程思政建设提供教学管理方面的专业意见。从课程设置、教学安排到教学质量监控，他们都能够给予有针对性的指导和建议，确保思政建设与教学管理的高效融合。

思政课程教师代表也是领导小组中不可或缺的力量。他们身处教学一线，深知学生的需求和特点，能够确保教学内容与实际需求紧密相连。通过他们的参与，可以将学生的声音和需求及时反馈到领导小组中，使思政建设更加贴近学生实际，提高教学的针对性和实效性。

这样的领导小组组成，既体现了学校的领导力量，又充分发挥了教学管理部门和思政课程教师的专业优势，为数字化课程思政建设提供了坚实的组织保障。

2.领导小组的职能

领导小组在数字化课程思政建设中担负着多重职能，这些职能的履行对于确保项目的顺利推进和预期目标的实现具有至关重要的作用。

制定政策与规划是领导小组的首要任务。结合学校的教育理念和人才培养目标，领导小组需要高瞻远瞩地制定数字化课程思政建设的总体规划和具体实施方案。这些规划和方案不仅要明确建设的目标、任务和措施，还要注重与时俱进，体现创新性和前瞻性。通过科学、合理的规划，为数字化课程思政建设描绘出清晰的蓝图。

资源调配与协调是领导小组的另一重要职能。数字化课程思政建设涉及多方面的资源需求，包括教学设备、资金支持、技术服务等。领导小组需要统筹考虑学校内部和外部的资源状况，进行合理有效的调配和协调。他们要与学校各相关部门紧密合作，争取更多的资源支持；同时，还要积极拓宽外部资源渠道，与政府部门、企业和社会组织等建立合作关系，共同推动数字化课程思政建设的发展。

监督与评估是领导小组不可或缺的工作内容。在建设过程中，领导小组要对实施进度和效果进行定期评估，及时发现问题并做出调整。他们要建立完善的监督机制，确保各项建设任务能够按计划推进；同时，还要注重对建设成果的评估和反馈，以便及时调整优化建设策略和方法。

培训与指导是领导小组提升教师队伍整体素质的重要途径。数字化课程思政建设需要教师具备相应的数字化教学能力和思政素养。领导小组要组织相关培训和研讨活动，邀请专家学者和优秀教师进行授课和指导，帮助教师掌握先进的教学理念和方法；同时，还要鼓励教师积极参与数字化课程思政建设的实践探索和创新研究，不断提升自身的专业素养和教学能力。

3.多部门协同工作

数字化课程思政建设不是孤立的，而是涉及学校多个部门和方面的综合性工作。因此，领导小组必须建立有效的沟通机制，促进各部门之间的协同合作，形成工作合力。

教学管理部门与思政课程教师应紧密合作。教学管理部门负责课程安排、教学计划和教学评估等工作，而思政课程教师则负责具体的课程设计和实施。两者之间的协同合作是确保数字化课程思政建设顺利进行的关键。教学管理部门应及时了解思政课程教师的需求和困难，为他们提供必要的支持和帮助；同时，思政课程教师也应积极参与教学管理部门的各项活动和工作，共同推动数字化课程思政建设的发展。

技术支持部门在数字化课程思政建设中发挥着至关重要的作用。他们负责提供和维护数字化教学平台、网络设施和教学资源等技术支持工作。领导小组应与技术支持部门保持密切沟通，及时了解技术动态和需求变化，确保技术支持能够满足数字化课程思政建设的需要。同时，技术支持部门也应积极参与领导小组的各项活动和工作，为数字化课程思政建设提供有力的技术保障。

资金筹措是数字化课程思政建设不可或缺的一环。领导小组应与学校财务部门密切合作，制定合理的资金筹措方案和管理办法，确保数字化课程思政建设有足够的资金支持。同时，财务部门也应加强对数字化课程思政建设资金的监管和评估，确保资金使用的合理性和有效性。

通过多部门协同工作，可以形成数字化课程思政建设的强大合力，推动高校思政工作不断迈上新的台阶。在这个过程中，领导小组的核心与指导作用将得到更加充分的体现和发挥。

（二）制定数字化课程思政建设规划

数字化课程思政建设规划是指导整个建设过程的纲领性文件。为确保数字化课程思政建设的系统性、科学性和可持续性，高校必须结合自身实际情况，制定一份全面而翔实的建设规划。

1.明确建设目标

在数字化时代，高校思政课程正面临着前所未有的变革机遇。为确保数字化课程思政建设的系统性、科学性和可持续性，制定一份全面而翔实的建设规划显得尤为重要。而明确建设目标，是这份规划的首要任务。

总体目标方面，高校应立足于提升思政课程教学质量，增强学生思政素养，培养符合新时代要求的高素质人才。这一目标的设定，旨在通过数字化手段，创新思政课程教学模式，提高教学效果，进而提升学生的思政素养和综合素质。

具体目标则需要进一步细化，以确保总体目标的实现。首先，高校应设定建设一定数量的数字化思政课程的目标，这些课程应涵盖思政教育的核心内容和关键领域，形成完整的课程体系。其次，培养一支具备数字化教学能力的教师队伍也是关键。这支队伍应具备较高的思政理论素养和数字化技术应用能力，能够胜任数字化思政课程的教学工作。最后，高校还应设定提升学生学习体验和学习效果的目标，通过数字化手段，为学生提供更加丰富、多样、个性化的学习资源和学习方式。

2.确定重点任务

为实现上述目标，规划需明确一系列重点任务。这些任务包括数字化教学资源建设、教师队伍培养、教学模式创新以及评价体系改革等。

在数字化教学资源建设方面，高校应投入必要的人力、物力和财力，开发高质量的数字化教学资源，如微课①、慕课②、虚拟仿真实验③等。这些资源应紧密结合思政课程内容，具有针对性、实用性和互动性，能够满足学生的多样化学习需求。

---

① 微课是一种短小精悍的在线教学视频，针对某个知识点或技能进行讲解和演示，方便学生随时随地学习和巩固知识。

② 慕课，即MOOC，是大规模开放在线课程，任何人都能免费注册使用，突破了传统课程时空限制，提高了学生学习自主性。

③ 虚拟仿真实验是利用计算机创建一个可视化实验操作环境，通过操作虚拟的实验仪器或设备来进行各种实验，达到教学目的。

教师队伍培养方面，高校应加强对思政课程教师的数字化技能培训，提高他们的数字化教学能力和水平。同时，高校还应积极引进具有数字化教学经验和专业背景的优秀人才，充实和优化教师队伍结构。

教学模式创新方面，高校应鼓励教师探索和实践线上线下相结合的混合教学模式，以及基于数字化技术的翻转课堂、协作学习等新型教学模式。这些模式能够更好地激发学生的学习兴趣和积极性，提高教学效果和学习效果。

评价体系改革方面，高校应建立多元化、过程性的评价体系，注重对学生思政素养和综合素质的考查。同时，高校还应利用数字化技术，开发智能化的评价工具和平台，提高评价的客观性和准确性。

3.制定实施步骤和时间节点

为确保数字化课程思政建设的顺利推进和按期完成，规划应详细列出实施步骤和时间节点。这些步骤和时间节点应具有可操作性和可衡量性，能够指导各项任务的具体实施和进度安排。

在实施步骤方面，高校可以按照先易后难、先基础后拓展的原则进行安排。例如，首先进行数字化教学资源的开发和建设，然后进行教师队伍的培训和引进，接着进行教学模式的创新和实践，最后进行评价体系的改革和完善。每个步骤都应明确具体的实施内容和要求，以及相应的责任人和配合部门。

在时间节点方面，高校应根据实际情况和需要，为每个步骤设定合理的时间节点和完成时限。这些时间节点应具有阶段性和里程碑意义，能够反映数字化课程思政建设的进度和成果。同时，高校还应建立相应的监控和评估机制，对实施进度和效果进行定期检查和评估，确保各项任务能够按照既定计划有序开展。

4.注重与学校整体发展规划相衔接

数字化课程思政建设规划不是孤立的，它应与学校的整体发展规划、人才培养目标等相衔接。因此，在制定规划时，高校应充分考虑自身的发展战略和实际需求，确保数字化课程思政建设能够为学校整体发展贡献力量。

具体而言，高校应将数字化课程思政建设纳入学校整体发展规划中，与学校的学科建设、教学改革、科研创新等工作紧密结合。同时，高校还应根据人才培养目标和要求，将数字化课程思政建设与专业教育、通识教育等有机融合，形成协同育人的良好格局。此外，高校还应注重与校内外其他相关部门和机构的合作与交流，共同推动数字化课程思政建设的发展与进步。

5.建立动态调整机制

由于数字化技术和教育理念的不断更新和发展，数字化课程思政建设规划也应具备一定的灵活性和可调整性。因此，高校应建立动态调整机制，定期对规划进行审视和修订，以适应新的形势和需求。

具体而言，高校可以设立专门的机构或委员会负责规划的动态调整工作。这些机构或委员会应定期收集和分析数字化技术发展趋势、教育理念创新成果以及思政教育实际需求等信息和数据，为规划的调整提供科学依据和决策支持。同时，高校还应鼓励教师和学生等利益相关者积极参与规划的调整过程，提出宝贵的意见和建议，使规划更加符合实际需求和期望。通过动态调整机制的建立和实施，高校可以确保数字化课程思政建设始终沿着正确的方向稳步前进。

（三）加强数字化教学资源建设

数字化教学资源是数字化课程思政建设的重要组成部分。为提升思政课程的教学效果和质量，高校必须加强数字化教学资源建设，充分利用现代信息技术手段，创新教学方式和方法。

1.加强中国文化和当代中国国情课程资源建设

在数字化时代背景下，中国文化和当代中国国情的课程资源建设显得尤为重要。高校作为传承和创新文化的重要阵地，有责任也有义务将这些宝贵的资源数字化，并融到思政课程中，以提升学生的文化素养和家国情怀。

中国文化，源远流长，博大精深。无论是诗词歌赋、书画艺术，还是哲学思想、科技发明，都是中华民族智慧的结晶。这些文化瑰宝，不仅见证了中华民族的历史变迁，也蕴含着丰富的思政教育资源。通过数字化技术，我们可以将这些文化资源转化为生动、形象的教学素材，让学生在欣赏和学习中感受到中国文化的魅力。例如，利用虚拟现实技术，我们可以重现古代的建筑风貌、生活场景，让学生在虚拟的环境中体验古代的生活和文化。这样的教学方式，不仅可以激发学生的学习兴趣，还可以加深他们对中国文化的理解和认同。

当代中国国情，是思政课程的另一重要内容。随着社会的发展和时代的变迁，中国面临着许多新的挑战和机遇。高校应紧密结合这些实际情况，开发反映社会发展、时代变迁的课程资源。例如，可以收集和整理关于改革开放、科技创新、生态文明建设等方面的资料和数据，制作成电子课件、在线视频等数字化教学资源。这些资源不仅可以帮助学生了解当代中国的发展现状和成就，还可以引导他们思考如何为实现中华民族伟大复兴的中国梦贡献自己的力量。

2.拓展国家区域国别课程资源

在全球化日益深入的今天，培养学生的国际视野和跨文化交流能力已成为高校教育的重要目标之一。为此，高校应积极拓展国家区域国别课程资源，为学生提供更加广阔的学习视野。

这些资源可以涵盖不同国家和地区的政治、经济、文化等方面。通过收集和整理这些资料和数据，我们可以制作成电子课件、在线视频等数字化教学资源，帮助学生了解世界的多样性和复杂性。同时，我们还可以与国外高校合作，引进他们的优质课程资源，为学生提供更加全面的学习内容。

在拓展国家区域国别课程资源的过程中，我们还应注重对比分析。通过对比不同国家和地区的政治制度、经济发展模式、文化传统等，我们可以引导学生更加深刻地认识中国的独特性和优越性。这样的教学方式，不仅可以增强学生的民族自豪感和自信心，还可以提升他们的思辨能力和跨文化交流能力。

3.设计带有鲜明思政特色的专业课程

高校作为人才培养的摇篮，应结合自身学科特色和人才培养目标，设计一系列带有鲜明思政特色的专业课程。这些课程应充分利用数字化技术，创新教学方式和手段，提高教学效果。

例如，在理工科专业中，我们可以开设关于科技创新与伦理道德的课程。通过讲解科技创新的历史进程、伦理道德的基本原则以及两者之间的关系等内容，我们可以引导学生思考如何在科技创新中坚守伦理道德底线，为人类的福祉做出贡献。同时，我们还可以利用虚拟现实技术①模拟实验室环境，让学生在虚拟的场景中进行实验操作和创新实践。这样的教学方式不仅可以提高学生的实践能力和创新意识，还可以增强他们的社会责任感和使命感。

在文科专业中，我们可以开设关于文化传承与创新的课程。通过讲解文化传承的重要性、创新的必要性以及两者之间的辩证关系等内容，我们可以引导学生思考如何在传承中华优秀传统文化的基础上进行创新和发展。同时我们还可以利用数字化技术制作关于文化传承与创新的电子课件、在线视频等教学资源，让学生在多样化的学习形式中感受到中华文化的魅力和创新的力量。

4.积极引进优质外部教学资源

他山之石，可以攻玉。高校在加强内部教学资源建设的同时，还应积极引进国内外优质的教学资源，丰富课程内容，拓宽学生视野。这些资源可以包括知名学者的讲座视频、经典文献的电子版、优秀案例库等。通过引进这些资源，我们不仅可以为学生提供更加丰富的学习材料，还可以借鉴先进的教学理念和方法提升教师的教学水平。

在引进外部教学资源的过程中，我们应注重资源的筛选和整合。要根据课程需要和学生特点选择合适的资源，并进行必要的加工和处理，使其更加符合教学要求和学生需求。同时我们还应建立完善的资源管理和更新机制，确保资源的及时更新和有效利用。

5.建立数字化教学资源共享平台

为实现教学资源的最大化利用，高校应建立数字化教学资源共享平台。该平台可以汇集学校内部和外部的优质教学资源，为教师和学生提供便捷的资源获取渠道。通过共享平台，教师可以轻松找到所需的教学素材和案例，学生可以随时随地在线学习感兴趣的内容。这不仅可以提高教学资源的利用效率，还可以促进师生之间的交流和合作。

在建立数字化教学资源共享平台的过程中，我们应注重平台的易用性和

---

① 虚拟现实技术是一种可以创建和体验虚拟世界的计算机仿真系统，使用户沉浸到该环境中并与之交互作用的技术。

安全性。要设计简洁明了的操作界面和便捷高效的功能模块，方便师生快速找到所需资源并进行下载和使用。同时我们还应加强平台的安全管理，确保资源的合法性和安全性，防止恶意攻击和数据泄露等事件的发生。

二、质量保障

（一）建立课程思政质量标准与评价体系

随着信息技术的迅猛发展，数字化课程已成为高等教育的重要组成部分。在思政教育领域，数字化课程同样发挥着举足轻重的作用。为确保数字化课程思政建设的质量，高校必须建立一套全面、科学的质量标准与评价体系。这一体系不仅能为课程思政建设提供明确的指导和依据，还能确保教学资源的有效利用和教学效果的持续提升。

1.课程设计的质量标准

课程设计是数字化课程思政建设的基石，其质量直接关系到教学效果和学生的学习体验。因此，制定明确的质量标准至关重要。

（1）目标明确。

课程设计应紧紧围绕思政教育的核心目标展开，这些目标包括培养学生的社会责任感、国家认同感、民族自豪感等。课程设计者必须清晰地阐述这些目标，并在整个课程设计中贯穿始终，确保每一项教学内容和教学活动都服务于这些目标的实现。

（2）内容完整。

思政课程的内容应涵盖中华优秀传统文化、革命文化、社会主义先进文化等，以全面展现中华民族的精神谱系和历史脉络。同时，课程设计者还应注重内容的连贯性和系统性，避免知识点的重复和遗漏，确保学生能够获得完整、全面的思政教育。

（3）与时俱进。

思政课程具有强烈的时代性，因此课程设计必须与时俱进，紧密结合时事政治和社会发展。课程设计者应及时更新课程内容，将最新的政治理论、社会热点、国家政策等融入教学中，引导学生关注社会发展，增强时代责任感。

2.教学内容的质量标准

教学内容是数字化课程思政建设的核心，其质量直接决定着学生的学习效果和思政素养的提升。因此，制定严格的教学内容质量标准至关重要。

（1）准确性。

思政课程涉及大量的政治理论、历史知识等，教学内容的准确性至关重要。教师必须确保所传授的知识准确无误，避免误导学生。为此，教师应认真备课，查阅权威资料，确保每一个知识点都有据可查、有据可依。

（2）深度与广度。

思政课程的教学内容应具有深度和广度，既要引导学生深入理解政治理论、历史事件的内涵和意义，又要拓展学生的知识视野，引导他们关注更广泛的社会问题。教师应注重教学内容的层次性和递进性，逐步引导学生深入思考、拓展思维。

（3）实用性。

思政课程的教学内容应注重理论与实践相结合，使学生能够将所学知识应用于实际生活中。教师应结合社会热点、学生关注点等设计实践教学环节，引导学生运用所学知识分析、解决实际问题。同时，教师还应注重培养学生的批判性思维和创新能力，使他们在面对复杂多变的社会问题时能够独立思考、勇于探索。

3.教学方法的质量标准

教学方法是影响数字化课程思政教学效果的关键因素之一。因此，制定科学的教学方法质量标准对于提升教学效果具有重要意义。

（1）创新性。

在数字化时代背景下，教师应积极探索新颖、有趣的教学方法，以激发学生的学习兴趣和主动性。例如，教师可以利用多媒体技术制作生动的课件、动画等辅助教学；采用案例教学法引导学生分析实际问题；运用角色扮演法让学生身临其境地感受历史事件等。这些创新性的教学方法能够使学生更加深入地理解思政知识，提升学习效果。

（2）互动性。

加强师生互动是提升数字化课程思政教学效果的重要手段。教师应鼓励学生提问、讨论，及时回应学生的问题和需求。同时，教师还可以利用在线平台、社交媒体等渠道与学生进行课外交流互动，延伸课堂教学的时间和空间。通过增强师生互动性，教师可以更好地了解学生的学习情况和思想动态，及时调整教学策略和方法。

（3）技术利用。

充分利用数字化技术是提升数字化课程思政教学效果的重要途径。教师应熟练掌握多媒体技术、网络技术等现代信息技术手段，将其应用于课堂教学中。例如，教师可以利用在线平台进行远程授课、实时互动等；利用大数据分析技术对学生的学习情况进行精准分析和个性化指导等。这些技术手段的应用能够提升教学的生动性、趣味性和有效性，增强学生的学习体验和学习效果。

4.教学效果的评价体系

建立完善的教学效果评价体系是确保数字化课程思政建设质量的重要保障。通过科学、客观的评价，高校可以及时了解教学情况和学生反馈，为改进教学提供有力支持。

（1）学生评价。

学生是数字化课程思政建设的直接受益者，他们的评价对于衡量教学效果具有重要参考价值。高校可以通过问卷调查、访谈等方式收集学生对课程思政教学效果的评价意见和建议。这些评价应涵盖教学内容、教学方法、师生互动等多个方面，以全面了解学生的学习体验和满意度。同时，高校还应注重对学生评价的反馈和应用，及时调整教学策略和方法以满足学生的需求和期望。

（2）同行评价。

同行评价是指教师之间对彼此的教学进行评价和交流的过程。这种评价方式可以从专业角度对课程设计、教学内容和教学方法进行深入剖析和探讨，发现存在的问题和不足并提出改进建议。高校可以组织教师互评活动或邀请校外专家进行听课评课等形式的同行评价活动。通过这些活动，教师可以相互学习借鉴优秀的教学经验和做法，共同提升数字化课程思政的教学水平。

（3）社会评价。

社会评价是指校外机构、用人单位等对高校数字化课程思政的教学效果进行的评价。这种评价方式可以从社会需求的角度审视高校的人才培养质量和思政教育效果，为高校改进教学提供重要参考依据。高校可以邀请校外机构、用人单位等参与课程思政的评价过程，了解他们对人才培养的需求和期望；也可以定期发布课程思政的教学质量报告或接受社会机构的评估审计等方式接受社会监督。通过这些途径，高校可以更加全面地了解社会对人才培养的需求和期望，为改进数字化课程思政建设提供有力支持。

（二）加强教师培训与指导

教师是数字化课程思政建设的核心力量，其数字化教育素质和课程思政建设能力直接影响到教学效果。因此，高校必须加强对教师的培训与指导，提升其整体素质。

1.数字化教学技术培训

随着信息技术的发展，数字化教学已成为高校教学的重要组成部分。为提升教师的数字化教学能力，高校应组织教师进行系统的数字化教学技术培训。

（1）基础技能培训。

针对数字化教学的基本需求，高校应组织教师进行基础技能培训。这包括多媒体课件制作、网络教学平台使用、基本音视频编辑等技能。通过培训，教师应能够熟练掌握各种数字化教学工具的使用方法，为开展数字化教学打下坚实基础。

（2）高级技能培训。

为满足部分教师对高级技能的需求，高校应开设高级技能培训课程。如大数据分析、虚拟现实技术应用、人工智能辅助教学等。这些高级技能可以帮助教师更好地利用数字化技术提升教学效果，如通过大数据分析精准掌握学生的学习情况，通过虚拟现实技术为学生创造身临其境的学习体验等。

2.课程思政理念与方法培训

课程思政是高校立德树人的重要途径，也是教师肩负的重要使命。为提升教师的课程思政建设能力，高校应加强对教师的课程思政理念与方法培训。

（1）理念更新。

高校应引导教师深入理解课程思政的内涵和意义，树立正确的思政教育观念。课程思政不仅仅是政治理论的传授，更是对学生价值观、世界观、人生观的引导和塑造。因此，教师应将思政教育融入专业教学中，实现知识传授与价值引导的有机统一。

（2）方法创新。

高校应介绍先进的思政教学方法和案例，鼓励教师结合实际情况进行创新实践。如采用案例教学、情景模拟、角色扮演等教学方法，激发学生的学习兴趣和主动性；运用互联网思维，打造线上线下相结合的思政教育模式等。通过方法创新，教师可以更好地将思政教育融入课堂教学，提升教学效果。

3.教学研讨与交流

教学研讨与交流是教师提升教学能力的重要途径。高校应为教师提供定期的教学研讨与交流平台，促进教师之间的相互学习和共同进步。

（1）定期研讨。

高校应组织教师定期开展教学研讨活动，分享教学经验，探讨教学问题。这些研讨活动可以围绕某一主题展开，如数字化技术在课程思政中的应用、创新思政教学方法的实践与探索等。通过研讨，教师可以相互借鉴优秀的教学经验和做法，共同提升教学水平。

（2）校际交流。

高校应加强与其他高校的交流合作，借鉴先进的课程思政建设经验。可以组织教师参加各类教学研讨会、学术论坛等活动，了解最新的教学理念和方法；也可以邀请其他高校的优秀教师来校进行示范教学或开展合作研究等。通过校际交流，教师可以拓宽视野，吸收新的教学思想和方法，为课程思政建设注入新的活力。

4.建立激励机制

为激发教师参与数字化课程思政建设的积极性和主动性，高校应建立相应的激励机制。

（1）奖励制度。

高校应设立数字化课程思政建设奖励制度，对在教学工作中表现突出的教师进行表彰和奖励。这些奖励可以包括荣誉称号、教学成果奖、科研资助等。通过奖励制度，高校可以树立典型和榜样，激励更多的教师投身于数字化课程思政建设中。

（2）职称晋升。

高校应将数字化课程思政建设成果作为教师职称晋升的重要依据之一。在职称评审中，应充分考虑教师在数字化教学技术培训、课程思政理念与方法培训以及教学研讨与交流等方面的表现和成果。通过职称晋升的激励机制，高校可以引导教师更加重视数字化课程思政建设工作，不断提升自身的教学能力和水平。

（三）完善持续改进机制

数字化课程思政建设是一个动态发展的过程，需要不断完善和改进。为确保建设的持续性和有效性，高校应建立持续改进机制。

1.收集反馈意见

持续改进机制的首要任务是收集各方面的反馈意见，以便及时了解数字化课程思政建设的实际效果和存在问题。这主要包括教师反馈和学生反馈两个方面。

（1）教师反馈。

教师是数字化课程思政建设的直接参与者和实施者，他们的反馈意见对于改进工作具有重要指导意义。高校应通过教学检查、座谈会、个别访谈等方式，定期收集教师对数字化课程思政建设的意见和建议。这些反馈意见可以涉及课程设计、教学内容、教学方法、教学资源等多个方面，有助于高校全面了解教师在实践中遇到的问题和困难。

同时，高校还应为教师提供便捷的反馈渠道，如设置专门的意见箱、电子邮箱或在线平台等，鼓励教师随时提出自己的意见和建议。这样不仅可以确保反馈信息的及时性和有效性，还能增强教师的参与感和归属感。

（2）学生反馈。

学生是数字化课程思政建设的最终受益者，他们的反馈意见同样具有重要意义。高校应通过问卷调查、在线评价、学生座谈会等方式，收集学生对课程思政教学效果的反馈意见。这些反馈意见可以涉及课程内容、教学方法、学习效果等多个方面，有助于高校了解学生对课程思政教学的满意度和需求。

在收集学生反馈时，高校应注重保护学生的隐私和权益，确保反馈信息的真实性和客观性。同时，高校还应及时对收集到的反馈信息进行整理和分析，以便为后续改进工作提供有力支持。

2.分析问题与不足

收集到反馈意见后，高校应对其进行深入分析和研究，找出数字化课程思政建设中存在的问题和不足。这主要包括定期分析和专项研究两个方面。

（1）定期分析。

高校应定期对收集到的反馈意见进行汇总和分析，形成全面的分析报告。报告应详细列出数字化课程思政建设中存在的问题和不足，如课程设计不合理、教学内容陈旧、教学方法单一、教学资源不足等。同时，报告还应对问题产生的原因进行深入剖析，为后续改进工作提供明确的方向和思路。

（2）专项研究。

针对定期分析中发现的重点问题和难点问题，高校应组织专项研究团队进行深入研究。研究团队可以由相关领域的专家、学者和教师组成，他们可以从不同角度对问题进行深入剖析和探讨，提出具体的改进措施和建议。专项研究不仅可以解决当前存在的问题，还能为数字化课程思政建设的长远发展提供有力支持。

3.制定改进措施

在分析问题和不足的基础上，高校应制定具体的改进措施并付诸实施。这主要包括及时调整和创新实践两个方面。

（1）及时调整。

根据定期分析和专项研究的结果，高校应及时调整课程设计、教学内容和教学方法等，以优化教学效果。例如，针对课程设计不合理的问题，可以重新梳理课程体系和知识结构；针对教学内容陈旧的问题，可以更新教学内容和引入新的教学资源；针对教学方法单一的问题，可以尝试采用多样化的教学方法和手段。通过及时调整，可以确保数字化课程思政建设与时代发展和学生需求保持同步。

（2）创新实践。

创新是数字化课程思政建设持续发展的重要动力。高校应鼓励教师结合实际情况进行创新实践，探索更加有效的课程思政建设途径。例如，可以尝试将虚拟现实技术、人工智能技术等引入课程思政教学中；可以开展线上线下相结合的混合式教学模式；还可以与企业、社区等合作开展实践教学活动。通过创新实践，可以不断拓展数字化课程思政建设的广度和深度。

4.关注新技术与新理念

数字化课程思政建设是一个动态发展的过程，需要不断关注新技术和新理念的发展动态。这主要包括技术更新和理念更新两个方面。

（1）技术更新。

随着信息技术的快速发展，新的技术手段不断涌现并应用于教育领域。高校应密切关注这些新技术的发展动态，及时将其引入数字化课程思政建设中。例如，可以利用大数据技术对学生的学习情况进行全面分析；可以利用云计算技术实现教学资源的共享和优化配置；还可以利用移动互联网技术实现随时随地的学习和交流。通过不断引入新技术，可以提升数字化课程思政建设的水平和效果。

（2）理念更新。

除了技术更新外，高校还应关注国内外先进的思政教育理念和方法的发展动态。通过学习和借鉴这些先进的理念和方法，可以不断完善课程思政建设体系并提高教学质量。例如，可以引入"以学生为中心"的教育理念；可以尝试采用"问题导向"的教学方法；还可以借鉴其他国家和地区的成功经验和做法。通过不断更新教育理念和方法，可以推动数字化课程思政建设向更高水平发展。

三、激励机制

（一）设立课程思政建设成果奖励制度

为充分激发教师参与数字化课程思政建设的热情与积极性，高校必须建立一套科学、合理的成果奖励制度。这一制度旨在通过表彰和奖励在课程思政建设中取得突出成绩的教师，进一步推动高校思政教育的创新与发展。

1.优秀课程思政案例评选

优秀课程思政案例评选作为高校数字化课程思政建设激励机制的重要组成部分，旨在发现和推广一批具有创新性、实用性和影响力的课程思政案例，从而激发更多教师参与课程思政建设的积极性和主动性。以下将详细阐述优秀课程思政案例评选的标准、流程和奖励措施。

评选标准：为确保评选的公正性和权威性，高校应制定明确的评选标准。这些标准应涵盖案例的创新性、实用性和影响力等方面。创新性主要体现在案例的教学理念、教学方法或技术手段等方面是否具有新颖性和独创性；实用性则要求案例能够针对实际教学问题提出有效的解决方案，具有较高的实践价值；影响力则关注案例在推动课程思政建设、提高教学质量等方面的示范和引领作用。

评选流程：高校应建立规范的评选流程，确保评选过程的透明度和公信力。评选流程通常包括案例提交、初评、终评等环节。在案例提交阶段，教师应按照要求提交完整的案例材料，包括教学设计、实施过程、教学效果等方面的内容。初评阶段由专家评审团对提交的案例进行初步筛选和评估，确定进入终评阶段的候选案例。终评阶段则通过现场展示、答辩等方式对候选案例进行深入评估，最终评选出优秀课程思政案例。

奖励措施：对评选出的优秀案例，高校应给予物质奖励和荣誉证书等表彰，以肯定教师的辛勤付出和卓越成果。同时，在校内进行广泛宣传和推广，让更多教师了解并学习优秀案例的教学理念和实践经验。此外，还可以将优秀案例汇编成册或制作成视频资料，供其他教师参考和借鉴。通过这些奖励措施，不仅可以激励获奖教师继续发挥示范引领作用，还能鼓励更多教师积极参与课程思政建设，共同推动高校数字化课程思政建设的深入发展。

2.课程思政教学比赛

课程思政教学比赛是另一种有效的激励机制，旨在通过比赛的形式激发教师的创造力和教学热情，提升课程思政教学的质量和水平。以下将详细介绍课程思政教学比赛的形式、评价标准和奖励机制。

比赛形式：课程思政教学比赛可以采取多种形式，如课堂教学、说课、微课等。这些形式各有特点，可以充分展示教师在课程思政教学中的风采和成果。课堂教学比赛注重教师的实际教学能力和课堂教学效果；说课比赛则侧重于教师的教学设计思路和教学理念；微课比赛则要求教师在短时间内呈现精彩的教学内容和方法。高校可以根据实际情况选择合适的比赛形式，也可以同时采用多种形式进行比赛。

评价标准：为确保比赛的公平性和科学性，高校应制定科学的评价标准。这些标准应全面评估教师的教学水平，包括教学内容、教学方法、教学效果等方面。教学内容应关注是否符合课程思政建设的目标和要求，是否具有针对性和实效性；教学方法应注重是否能激发学生的学习兴趣和积极性，是否有利于培养学生的思政素养；教学效果则关注学生的学习成果和反馈意见，以及教师对课堂的掌控能力和应变能力。

奖励机制：对在比赛中表现突出的教师，高校应给予丰厚的奖励，如奖金、晋升机会等。这些奖励不仅是对教师辛勤付出的肯定和鼓励，也是对其他教师的激励和鞭策。同时，高校还应将获奖教师的教学经验在校内进行分享和交流，让更多的教师受益。通过搭建这样的交流平台，可以促进教师之间的相互学习和共同进步，推动高校数字化课程思政建设的整体提升。

3.其他奖励措施

除了优秀课程思政案例评选和课程思政教学比赛外，高校还可以采取其他多种奖励措施来激励教师参与数字化课程思政建设。

设立专项基金：高校可以设立课程思政建设专项基金，用于资助教师的相关研究和实践项目。这些基金可以用于购买教学资源、开展教学研究、参加专业培训等方面。通过专项基金的资助，教师可以更加深入地探索课程思政建设的有效途径和方法，推动数字化课程思政建设的创新和发展。同时，专项基金的设立也可以体现高校对课程思政建设的重视和支持，增强教师的归属感和使命感。

优先晋升机会：对在课程思政建设中取得突出成绩的教师，高校可以在职称晋升、岗位聘任等方面给予优先考虑。这种优先晋升机会不仅是对教师个人能力的认可和提升，也是对其在课程思政建设中所做贡献的肯定和奖励。

通过这样的激励机制，可以鼓励更多的教师积极参与课程思政建设，努力提升自己的教学水平和思政素养。同时，这也有助于在高校内部形成积极向上的竞争氛围和良好的教师成长环境。

（二）加强教师成长与激励机制建设

教师的成长与发展是数字化课程思政建设的关键。为打造一支高素质、专业化的教师队伍，高校必须加强教师成长与激励机制建设，为教师提供更多的学习、交流和发展机会。

1.提供学习交流机会

在数字化时代，教师需要不断更新教育理念，掌握先进的教学技术和方法。因此，高校应为教师提供丰富的学习交流机会，帮助他们拓宽知识视野，提升专业素质。

组织培训：高校应定期组织教师参加数字化教学技术、课程思政理念与方法等培训。这些培训可以邀请校内外专家进行授课，也可以采用在线课程、工作坊等形式进行。通过培训，教师可以系统地学习数字化教学技术和课程思政理念，掌握先进的教学方法和手段，提升教学效果。

学术交流：鼓励教师参加国内外相关学术会议、教学研讨会等。这些活动可以为教师提供与同行交流的机会，了解最新的教育理念和教学动态。通过学术交流，教师可以汲取他人的经验和智慧，为自己的教学和研究提供灵感和借鉴。

校际合作：加强与其他高校的交流合作，为教师提供更多的学习借鉴机会。高校之间可以开展联合培养、互派访问学者等项目，促进教师之间的交流和合作。通过校际合作，教师可以学习其他高校的优秀经验和做法，共同推动课程思政建设的发展。

2.完善激励机制

激励机制是推动教师成长与发展的重要手段。高校应完善激励机制，激发教师的教学热情和创新精神。

职称晋升：将数字化课程思政建设成果作为教师职称晋升的重要依据之一。对于在数字化课程思政建设中取得突出成绩的教师，应给予优先晋升机会。这样的激励机制可以鼓励教师更加积极地投身于数字化课程思政建设，努力提升自己的教学水平和思政素养。

教学奖励：设立数字化课程思政教学奖励制度，对在教学工作中表现突出的教师进行表彰和奖励。这些奖励可以包括荣誉证书、奖金、晋升机会等。通过教学奖励，可以激发教师的教学热情和创新精神，提高教学质量和效果。

科研支持：对在课程思政建设领域进行科研探索的教师给予经费、设备等方面的支持。高校可以设立专项科研基金，鼓励教师进行深入研究和创新实践。同时，还可以为教师提供实验室、研究团队等资源共享平台，促进科研成果的产出和转化。

3.关注教师需求与发展

高校应关注教师的需求与发展，为他们提供更加个性化的支持和帮助。只有了解教师的真实需求，才能为他们提供有效的激励和支持。

了解教师需求：通过问卷调查、座谈会等方式了解教师在数字化课程思政建设中的需求和建议。这些调查可以涵盖教学内容、教学方法、教学资源等方面，帮助高校更加全面地了解教师的需求。同时，还可以建立教师反馈机制，及时收集和处理教师的意见和建议。

搭建发展平台：为教师搭建展示自我、实现价值的平台。高校可以设立教学名师工作室、优秀教师讲坛等，为教师提供展示自己教学成果和思政素养的机会。这些平台不仅可以提升教师的知名度和影响力，还可以促进教师之间的互相学习和交流。

营造良好氛围：在校园内营造良好的尊师重教氛围，增强教师的归属感和使命感。高校可以通过举办教师节庆祝活动、优秀教师表彰大会等形式，表达对教师的敬意和感谢。同时，还可以加强校园文化建设，营造积极向上的教育氛围，激发教师投身数字化课程思政建设的内在动力。

四、实践资源建设

（一）实践资源建设的重要性与必要性

实践是提升学生思政素养、检验理论知识的重要途径。对于高校而言，实践资源建设不仅关乎教学质量，更是培养学生社会责任感、实践能力与创新精神的关键环节。因此，高校必须高度重视实践资源建设，并将其作为数字化课程思政工作体系的重要组成部分。

1.提升学生思政素养

在当前社会背景下，提升学生的思政素养已成为高等教育的重要任务之一。思政素养不仅关乎学生的个人成长，更与国家的未来和命运紧密相连。通过参与实践活动，学生可以更加直观地了解社会现象、认识国情，增强对思政理论的理解和认同。

实践活动的形式多样，可以是实地考察、志愿服务、社会调研等。这些活动让学生走出课堂，深入社会，亲身体验和感知社会的真实面貌。在这个过程中，学生不仅能够接触到社会的正面形象，也能看到存在的问题和矛盾。这种全面的社会认知有助于学生在思想上形成正确的价值判断，进而坚定践行社会主义核心价值观。

实践活动还能够促进学生从感性认识到理性认识的转变。在课堂上，学生主要通过听讲和阅读来学习思政理论，这种学习方式往往缺乏直观性和体验感。而实践活动则不同，它让学生亲身参与其中，通过观察和思考来获得感性认识。这些感性认识经过学生的加工和整理，最终上升为理性认识，从而使学生对思政理论有更深刻的理解和把握。

此外，实践活动还有助于培养学生的社会责任感和使命感。通过参与实践活动，学生可以更加深刻地认识到自己作为社会成员的责任和义务。这种责任感和使命感将激励学生更加积极地投身于社会建设和发展中，为实现中华民族伟大复兴的中国梦贡献自己的力量。

2.检验与巩固理论知识

实践是检验真理的唯一标准。学生在课堂上学习的理论知识，只有通过实践才能得到检验和巩固。实践活动为学生提供了将所学知识与实际相结合的机会，让学生能够在实践中发现理论知识的价值所在，并对其进行修正和完善。

通过实践活动，学生可以验证所学理论知识的正确性和适用性。在课堂上，学生学到的理论知识往往是抽象的、概括性的，而实践活动则将这些理论知识具体化、实例化。学生可以将所学知识与实际情境进行对比和分析，从而判断其正确性和适用性。这种验证过程不仅能够加深学生对理论知识的理解，还能够增强学生的自信心和学习兴趣。

同时，实践活动还有助于学生发现理论知识的不足和缺陷。在实践过程中，学生可能会遇到一些与理论知识不符或无法解释的现象和问题。这些现象和问题将促使学生对所学知识进行反思和质疑，进而发现其中的不足和缺陷。这种发现过程将激发学生的求知欲和探索精神，促使其更加深入地学习和研究相关知识。

此外，通过实践活动，学生还可以将所学知识与实际应用相结合，发现其潜在的价值和意义。在课堂上，学生往往难以体会到理论知识的实际应用价值。而实践活动则为学生提供了将所学知识应用于实际问题的机会。在这个过程中，学生将逐渐发现理论知识的实际价值和意义，从而增强对学习的兴趣和动力。

3.培养实践能力与创新精神

实践活动需要学生具备独立思考、团队协作、解决问题等能力。通过参与实践活动，学生可以锻炼自己的实践能力，培养创新精神，为未来的职业发展奠定坚实基础。

在实践活动中，学生需要独立思考和解决问题。这种思考过程将锻炼学生的逻辑思维能力和创新能力。同时，实践活动往往需要学生进行团队协作。在团队协作过程中，学生将学会与他人沟通、协作和分享经验，从而培养团队精神和领导能力。

此外，实践活动还有助于学生积累实际经验和提升职业素养。通过参与实践活动，学生可以接触到社会的真实环境和职业要求。这种接触将使学生更加明确自己的职业方向和发展目标，并为之付出努力。同时，实践活动中的挑战和困难也将锻炼学生的意志品质和抗压能力，使其更加适应未来的职业挑战。

（二）拓展实践教学基地的途径与方法

为给学生提供更多的实践机会，高校应积极拓展实践教学基地，整合社会资源，形成校内外相结合的实践教学体系。

1.建立校企合作基地

高校与企业之间的合作是实践教学体系中的重要组成部分。通过建立校企合作基地，高校可以为学生提供更加贴近实际的实践环境和更加丰富的实践资源。

高校应积极与企业建立合作关系，共同建设实践教学基地。企业可以为学生提供实习岗位、实践项目等资源，让学生有机会亲身参与企业的生产、经营和管理活动。在实习过程中，学生可以接触到企业的真实运作情况，了解企业的生产流程、管理模式和市场需求。这种实践经历不仅可以帮助学生巩固所学理论知识，还可以培养学生的实际操作能力和问题解决能力。

高校可以邀请企业专家来校授课或开设讲座，与学生分享行业前沿动态和实践经验。这种校企互动的教学模式可以帮助学生更好地了解行业发展趋势和市场需求，为其未来的职业发展做好充分准备。

此外，高校还可以与企业合作开展科研项目或技术创新活动。通过参与科研项目，学生可以接触到最新的技术成果和研究动态，培养其科研素养和创新能力。这种校企合作模式不仅可以推动高校的科研水平提升，还可以为企业的技术创新和人才培养提供有力支持。

2.开发社区实践资源

社区是社会的缩影，蕴含着丰富的实践资源。高校应与所在社区建立合作关系，积极开发社区实践项目，为学生提供更加多元化的实践机会。

高校可以与社区合作开展环保宣传、公益活动等实践项目。这些项目可以让学生更加深入地了解社区文化和社会问题，培养其社会责任感和公民意识。在参与环保宣传的过程中，学生可以学习到环保知识和环保技能，提高其环保意识和环保行动力。在参与公益活动的过程中，学生可以体验到帮助他人的快乐和成就感，培养其公益精神和团队合作意识。

此外，高校还可以利用社区资源开展社会实践活动课程。例如，可以组织学生参与社区调查、社区规划等实践活动，让学生了解社区的发展历程和现状问题，提出改进建议和解决方案。这种实践课程不仅可以帮助学生将所学理论知识应用于实际问题中，还可以培养学生的社会调查能力和问题解决能力。

3.建立农村实践基地

农村是我国的重要组成部分，也是高校实践教学的重要场所。高校应与农村地区建立合作关系，建立农村实践基地，为学生提供更加广阔的实践舞台。

高校可以与农村地区合作开展农业科技推广、农村文化建设等实践项目。这些项目可以让学生更加深入地了解农村的现状和发展需求，为其未来的职业发展提供新的视角和思路。在参与农业科技推广的过程中，学生可以学习到农业知识和农业技术，提高其农业科技素养和创新能力。在参与农村文化建设的过程中，学生可以了解到农村的文化传统和民俗风情，培养其文化传承意识和文化自信心。

此外，高校还可以利用农村资源开展社会实践活动课程。例如，可以组织学生参与农村调研、农村支教等实践活动，让学生了解农村的教育状况和社会发展情况，提出改进建议和解决方案。这种实践课程不仅可以帮助学生将所学理论知识应用于实际问题中，还可以培养学生的社会责任感和奉献精神。

同时，这种实践教学体系也将推动高校与社会的紧密联系和深度合作，为社会的经济发展和人才培养做出积极贡献。

（三）搭建产教融合、科教融合平台的策略与意义

为进一步提高数字化课程思政建设的针对性和实效性，高校应积极搭建产教融合、科教融合平台，与企业、科研机构等开展深度合作。

1.实现资源共享

搭建产教融合、科教融合平台的首要任务是实现资源共享。高校、企业和科研机构各自拥有独特的资源和优势，通过平台的有效运作，可以实现资源的优化配置和高效利用。

企业拥有丰富的实践资源，包括先进的生产设备、真实的工作环境以及经验丰富的行业专家。这些资源对于培养学生的实践能力、职业技能和职业素养具有重要意义。通过平台，企业可以将这些资源向高校开放，为学生提供实习实训、项目研发等实践机会，帮助学生更好地将理论知识转化为实践能力。

科研机构则拥有先进的技术设备和优秀的科研团队，他们在科学研究、技术创新等方面具有显著优势。通过平台，科研机构可以与高校共享这些资源，为高校师生提供科研支持、技术指导等服务，推动科研成果的转化和应用。

同时，高校作为人才培养和科研创新的重要基地，也拥有丰富的人才储备、科研成果和教学资源。通过平台，高校可以将这些资源向企业和科研机构开放，为他们的技术创新、产品开发等提供智力支持和人才保障。

这种资源共享的模式不仅可以避免资源的重复建设和浪费，还可以提高资源的利用效率和效益，实现各方互利共赢。

2.推动优势互补

高校、企业和科研机构在人才培养、科学研究等方面各具优势，但也存在着一定的局限性和不足。通过搭建产教融合、科教融合平台，可以推动各方优势互补，共同提高人才培养质量和科研水平。

企业在市场洞察、产品开发、技术创新等方面具有显著优势。他们紧跟市场需求和行业发展趋势，对新技术、新工艺、新材料等具有高度敏感性和前瞻性。通过平台，企业可以将这些优势转化为教学资源和实践项目，为高校提供更加丰富、更加贴近实际的教学内容和教学手段。

科研机构在科学研究、技术创新和成果转化等方面具有深厚积累。他们拥有先进的科研设备、优秀的科研团队和丰富的科研经验，可以为高校提供高水平的科研支持和技术指导。通过平台，科研机构可以与高校师生共同开展科研项目、技术攻关等活动，推动科研成果的转化和应用。

高校则在人才培养、学科建设和文化传承等方面具有独特优势。他们拥有完善的教学体系、优秀的师资队伍和丰富的教学资源，可以为企业和科研机构提供高质量的人才培养服务。通过平台，高校可以与企业、科研机构共同制定人才培养方案、开发课程体系、实施教学改革等活动，提高人才培养的针对性和实效性。

3.提高课程思政建设的针对性和实效性

数字化课程思政建设是高校思政工作的重要组成部分，也是提高人才培养质量的重要途径。通过搭建产教融合、科教融合平台，高校可以更加深入地了解社会需求和行业发展趋势，从而调整和完善课程思政建设的内容和方向。

平台可以为高校提供及时、准确的市场信息和行业动态。这些信息对于高校调整专业设置、优化课程体系、更新教学内容等具有重要参考价值。通过了解市场需求和行业发展趋势，高校可以更加精准地把握人才培养的方向和目标，提高课程思政建设的针对性和实效性。

平台可以为高校提供丰富的实践项目和教学资源。这些实践项目和教学资源既可以来自企业的真实工作环境和实际需求，也可以来自科研机构的科研成果和技术创新。通过这些实践项目和教学资源的引入，高校可以更加生动地展现课程思政建设的内容和意义，激发学生的学习兴趣和动力。

平台可以为高校提供多元化的教学模式和教学手段。在数字化时代背景下，传统的教学模式和教学手段已经难以满足学生的个性化需求和多元化发展。通过平台，高校可以引入企业、科研机构的先进教学理念和教学手段，如在线课程、虚拟仿真、混合式教学等，为学生提供更加丰富、更加灵活的学习体验和学习路径。

第二节　课程思政内容体系的建设

在高等教育中，课程思政是落实立德树人根本任务的重要途径。随着数字化技术的快速发展，如何将数字化与课程思政深度融合，构建富有时代特色的数字化课程思政内容体系，成为当前高等教育改革的重要课题。

一、课程建设

（一）融入思政元素的课程设计

在高等教育中，专业课程不仅是传授知识、培养技能的重要途径，同样也是进行思想政治教育的有效载体。每一门专业课程都蕴含着丰富的思政元素，这些元素对于培养学生的综合素质、社会责任感以及正确的世界观、人生观和价值观具有重要意义。因此,高校教师在专业课程教学中应深入挖掘思政元素,并将其有机融入课程教学目标和教学过程中,以实现专业教育与思政教育的有机结合。

1.挖掘专业课程中的思政元素

专业课程中的思政元素是隐性的,但它们对于学生的成长和发展具有深远的影响。教师在课程设计时,应深入挖掘这些思政元素,将其显性化、具体化,使之成为课程教学的重要组成部分。

教师可以从专业知识的社会价值入手,挖掘课程中的思政元素。任何一门专业知识都有其独特的社会价值和应用领域,教师在传授知识的同时,应着重强调其社会价值和应用意义。例如,在理工科课程中,教师可以介绍科学技术在社会发展中的重要作用,以及在科技创新中应遵循的伦理道德和规范;在文科课程中,教师可以引导学生关注社会热点问题,培养其人文素养和社会责任感。

教师可以从科学研究的伦理道德角度挖掘思政元素。科学研究是人类探索未知、推动社会进步的重要手段,但科学研究也必须遵循一定的伦理道德原则。教师在课程中应引导学生树立正确的科研观念,尊重科学研究的客观性和公正性,遵守科研伦理道德规范,防止科研不端行为的发生。

教师还可以从技术应用的社会责任角度挖掘思政元素。随着科技的快速发展,新技术、新产品的不断涌现给社会带来了巨大的便利和进步,但同时也带来了一系列社会问题。教师在课程中应引导学生关注技术应用的社会影响和责任,培养其科技伦理意识和社会责任感。

2.有机融入课程教学目标

课程教学目标是指导教学活动开展的重要依据,也是评价教学效果的重要标准。教师在制定课程教学目标时,应将思政教育目标与专业知识传授目标相结合,形成既体现专业特色又蕴含思政内涵的教学目标。

教师应明确课程教学的总体目标,即培养具有专业知识、技能和综合素质的高素质人才。在这个总体目标下,教师应将思政教育目标与专业知识传授目标进行有机融合,使之相互渗透、相互促进。例如,在制定专业技能培养目标时,可以同时考虑培养学生的职业道德、团队协作精神和创新意识等思政教育目标。

教师在制定具体的教学目标时，应注重目标的可操作性和可评价性。思政教育目标往往比较抽象和宏观，教师可以通过具体的教学活动和任务来将其细化和具体化。例如，可以通过案例分析、小组讨论等方式培养学生的职业道德和团队协作精神；通过创新实验、项目设计等方式培养学生的创新意识和实践能力。

3.优化课程设置与结构

为了更好地融入思政元素并实现专业教育与思政教育的有机结合，教师可以对课程设置和结构进行优化调整。

增加一些与思政教育紧密相关的课程内容或模块。这些内容和模块可以围绕专业伦理、社会责任等主题展开，通过专题讲座、研讨交流等方式进行深入探讨和学习。例如，在理工科课程中可以增加科技伦理、环境保护等方面的内容；在文科课程中可以增加社会责任、文化传承等方面的内容。

调整课程的结构和顺序以更好地融入思政元素。例如，可以将思政教育内容与专业知识内容进行穿插编排，使之相互映衬、相互补充；也可以将思政教育内容作为课程的导入或总结部分，为整个课程奠定思政基调或进行思政升华。

采用多种教学方法和手段来增强课程的趣味性和实用性并融入思政元素。例如，可以利用多媒体技术展示相关案例或视频资料；可以邀请行业专家或优秀校友进行专题讲座或分享经验；可以组织学生开展社会调查、志愿服务等实践活动来增强其社会责任感和实践能力。

（二）数字化教学资源的开发与利用

随着信息技术的迅猛发展，数字化教学资源已经成为高等教育领域不可或缺的重要组成部分。为了进一步提升教学质量，满足学生多样化的学习需求，高校教师应积极开发多样化的数字化教学资源，并充分利用大数据和人工智能技术等先进手段辅助教学。

1.开发多样化的数字化教学资源

在数字化时代，学生的学习方式发生了翻天覆地的变化。传统的课堂教学已经难以满足学生随时随地学习的需求。因此，高校教师应根据课程特点和学生需求，积极开发多样化的数字化教学资源，为学生提供更加便捷、高效的学习体验。

微课与慕课的应用：微课和慕课是近年来兴起的两种重要的数字化教学资源。微课以短视频为主要载体，围绕某个知识点或技能点进行精讲精练，适合学生进行碎片化学习。慕课则是大规模开放在线课程的简称，它突破了传统课堂的时空限制，让全球范围内的学生都能共享优质教育资源。通过开发微课和慕课，教师可以将课程内容进行精细化拆分和重组，形成一系列短小精悍、重点突出的教学资源。学生可以根据自己的学习进度和兴趣爱好，随时随地进行自主学习。这种学习方式不仅提高了学生的学习效率，还培养了学生的自主学习能力和终身学习习惯。

在线实验与虚拟仿真的实践：对于一些实践性较强的课程，如理工科的实验课程，教师可以通过开发在线实验和虚拟仿真教学资源，让学生在虚拟环境中进行实践操作和技能训练。这些资源可以模拟真实的实验环境和实验过程，让学生身临其境地感受实验的乐趣和挑战。通过在线实验和虚拟仿真，学生可以随时随地进行实践操作，不受时间和地点的限制。同时，这种实践方式还可以降低实验成本，减少实验风险，提高实验效率。对于一些难以在真实环境中进行的实验，如高危化学实验、复杂物理实验等，虚拟仿真更是成了不可或缺的教学资源。

2.利用大数据和人工智能技术辅助教学

随着大数据和人工智能技术的不断发展，它们在教育领域的应用也越来越广泛。教师可以通过收集和分析学生的学习数据，了解学生的学习习惯、兴趣爱好和学习进度等，从而为学生提供更加精准、个性化的教学服务。

大数据技术的应用：大数据技术可以帮助教师收集、整理和分析大量的学生学习数据。这些数据可以包括学生的在线学习行为、作业完成情况、测试成绩等。通过对这些数据进行深入挖掘和分析，教师可以发现学生的学习特点和问题所在，从而为后续的教学提供有针对性的指导。例如，教师可以通过分析学生的在线学习行为数据，了解哪些知识点是学生容易掌握的，哪些知识点是学生难以理解的。然后，教师可以根据这些分析结果调整教学内容和教学方法，重点讲解学生难以理解的知识点，提高教学效果。

人工智能技术的辅助教学：人工智能技术可以为教师提供更加智能化、个性化的教学辅助服务。例如，智能推荐系统可以根据学生的学习兴趣和学习进度，为学生推送相关的学习资源和拓展内容；在线测试系统可以对学生的学习情况进行实时跟踪和反馈，帮助学生及时发现自己的学习问题并进行改进。此外，人工智能技术还可以应用于学生的作业批改和答疑服务中。例如，自然语言处理技术可以对学生的作文进行自动批改和评分；智能答疑系统可以根据学生的问题自动检索相关答案或提供解题思路，帮助学生及时解决学习问题。

（三）创新教学方法与手段

随着信息技术的飞速发展，数字化课程思政建设已成为高等教育领域的重要议题。为了提升教学效果、培养学生的综合素质和满足社会发展的需求，高校教师应积极探索和实施混合式教学、翻转课堂等新型教学模式，并充分利用在线协作工具促进团队协作与交流。

1.实施混合式教学

混合式教学是一种将线上教学与线下教学相结合的教学模式，旨在充分发挥两者的教学优势，提高教学效果和学习体验。

在混合式教学中，教师可以根据课程需要和学生特点，灵活安排线上线下的教学活动。例如，对于理论性较强的知识点，教师可以利用线上平台进行详细的讲解和测试，以便学生随时随地进行自主学习和巩固。而对于实践性较强的内容，教师则可以组织线下的实践操作与讨论，让学生在真实的环境中进行技能训练和知识应用。

此外，混合式教学还可以为学生提供更加个性化的学习路径。通过收集和分析学生的学习数据，教师可以了解每个学生的学习进度、兴趣爱好和学习难点，从而为其提供更加精准、有针对性的教学指导。同时，学生也可以根据自己的学习需求和兴趣，自主选择线上或线下的学习资源和学习方式，实现真正的个性化学习。

2.采用翻转课堂模式

翻转课堂是一种将传统课堂中的知识传授与内化过程颠倒过来的教学模式。在这种模式下，学生在课前通过自主学习完成知识的传授过程，而课堂则变成教师引导学生进行知识内化、拓展和应用的场所。

翻转课堂模式的实施需要学生具备一定的自主学习能力和问题解决能力。因此，教师在课前应为学生提供丰富的学习资源和明确的学习任务，引导学生利用线上平台进行自主学习和探究。同时，教师还应设计具有挑战性和启发性的问题或任务，激发学生的学习兴趣和思维活力。

在课堂上，教师则可以通过组织讨论、案例分析、小组合作等方式，引导学生对所学知识进行深入的内化和拓展。这种教学方式不仅可以提高学生的课堂参与度和互动性，还可以培养学生的批判性思维、创新精神和团队协作能力。同时，通过对真实问题的探讨和解决，学生还可以更好地将所学知识应用于实际生活中，提高思政教育的实效性。

3.利用在线协作工具促进团队协作与交流

在线协作工具如在线文档编辑、在线会议系统等为团队协作与交流提供了便捷的途径。在数字化课程思政建设中，教师可以充分利用这些工具组织学生进行团队协作学习和项目式学习等活动。

通过在线协作工具，学生可以跨越时空的限制，随时随地进行团队协作和交流。无论是在课程学习中遇到的问题，还是在项目实施中遇到的困难，学生都可以通过在线协作工具进行及时的沟通和解决。这种学习方式不仅可以培养学生的团队协作精神和沟通能力，还可以提高学生的自主学习能力和问题解决能力。

同时，教师也可以利用在线协作工具进行远程指导和答疑等活动。无论学生身处何地，只要有网络连接，教师就可以为其提供及时、有效的学习支持。这种教学方式不仅可以解决传统教学中时空限制的问题，还可以让教学更加贴近学生的实际需求和学习进度。

二、教材建设

（一）全面推广使用《理解当代中国》等优质教材

在数字化课程思政建设中，教材作为传授知识、引导思想的重要载体，其选择和使用至关重要。《理解当代中国》等优质教材紧密结合中国实际，系统阐述了中国特色社会主义理论体系，是全面推广使用的首选教材。

1.确保教学内容的权威性和准确性

教学内容的权威性和准确性是思政课程建设的基石。《理解当代中国》等教材之所以受到广泛认可和应用，正是因为它们由权威专家编写，经过严格的审核和筛选，确保了教学内容的权威性和准确性。这些教材不仅系统梳理了马克思主义理论和中国特色社会主义理论体系的核心内容，还紧密结合当代中国的发展现状和时代特征，为学生提供了全面、系统、准确的思政教育内容。

在数字化课程思政建设中，使用这些权威教材可以有效避免教学内容的偏差和误导。随着互联网的普及和信息的爆炸式增长，各种观点和信息层出不穷，其中不乏一些片面、极端甚至错误的思想观念。如果不对这些信息进行严格的筛选和甄别，很容易对学生的思想产生负面影响。因此，选择权威、准确的教材，为学生提供科学、严谨的思政教育内容，是数字化课程思政建设的首要任务。

为了确保教学内容的权威性和准确性，高校教师还可以充分利用各种数字化资源和工具，如学术数据库、在线课程平台等，对教材内容进行补充和拓展。这些资源不仅可以为学生提供更加丰富、多样的学习内容，还可以帮助教师及时了解最新的学术动态和研究成果，不断更新和完善教学内容。

2.与中国特色社会主义实践相结合

理论与实践相结合是思政教育的根本原则之一。中国特色社会主义伟大实践是马克思主义理论与中国实际相结合的产物，是推动中国发展进步的强大动力。因此，在数字化课程思政建设中，必须将教学内容与中国特色社会主义实践紧密结合起来。

《理解当代中国》等教材不仅系统阐述了中国特色社会主义理论体系的核心内容，还紧密结合中国实际，将理论与实践相结合。通过使用这些教材，学生可以更加深入地了解中国特色社会主义的发展历程、伟大成就和宝贵经验，增强对中国特色社会主义道路、理论、制度、文化的自信和认同。这种自信和认同不仅是对个人成长的重要支撑，也是对国家发展和社会进步的重要贡献。

此外，教师还可以结合具体的时代背景和社会现象，引导学生运用所学的思政知识分析解决实际问题。例如，可以组织学生围绕当前的社会热点问题展开讨论和分析，让学生在实践中深化对思政知识的理解和掌握。这种教学方式不仅可以提高学生的学习兴趣和参与度，还可以培养学生的问题解决能力和社会责任感。

3.推动数字化技术与思政教育的深度融合

在数字化时代背景下，推动数字化技术与思政教育的深度融合是必然趋势。数字化技术不仅可以为思政教育提供更加丰富、多样的教学资源和教学手段，还可以提高教学效果和学习体验。例如，通过利用在线课程平台、虚拟现实技术等数字化手段，教师可以为学生打造更加生动、直观的学习场景和学习体验；通过利用大数据分析技术，教师可以更加精准地了解学生的学习需求和特点，为个性化教学提供有力支持。

《理解当代中国》等优质教材为数字化课程思政建设提供了有力的内容支撑。这些教材不仅系统全面地阐述了思政课程的核心内容，还紧密结合数字化技术的特点和应用场景进行了针对性的设计和优化。通过使用这些教材，教师可以更加便捷地将数字化技术与思政教育相结合，提高教学效果和学习体验。

同时，我们也需要认识到数字化技术与思政教育深度融合所面临的挑战和问题。例如，如何确保数字化教学资源的质量和安全性？如何平衡线上教学与线下教学的关系？如何培养学生的数字化素养和信息素养？这些问题都需要我们在实践中不断探索和解决。

（二）开发校本思政教材与教辅材料

在高等教育体系中，思政教育占据着举足轻重的地位。随着数字化技术的飞速发展，如何将这一现代科技手段与思政教育紧密结合，提升教育效果，已成为当前高校面临的重要课题。开发校本思政教材与教辅材料，正是实现这一目标的有效途径之一。

1.体现学科特色和人才培养目标

在开发校本思政教材与教辅材料时，首要考虑的是本校的学科特色和人才培养目标。不同高校拥有不同的学科优势和研究重点，这些独特的资源应被充分挖掘并融入思政教育中。通过结合本校的学科特色，可以编写出更具针对性和专业性的思政教材，使学生在学习过程中能够更深刻地理解思政知识与所学专业的内在联系。

同时，人才培养目标也是开发校本思政教材与教辅材料时不可忽视的因素。高校应根据自身的人才培养定位，明确思政教育在整个人才培养体系中的作用和地位。在此基础上，编写出的思政教材和材料应能够帮助学生树立正确的世界观、人生观和价值观，培养他们的社会责任感和历史使命感，为实现本校的人才培养目标提供有力的支撑。

2.紧密结合时代发展和学生需求

思政教育不是一成不变的，而应随着时代的发展而不断更新和完善。因此，在开发校本思政教材与教辅材料时，必须紧密结合时代发展和学生需求。教材编写者应关注社会热点和时事动态，及时将这些新鲜元素融入教材中，使思政教育内容保持与时俱进。同时，还应通过调查问卷、座谈会等方式深入了解学生的思想动态和学习需求，确保编写出的思政教材和材料能够真正满足学生的实际需求。

此外，数字化技术的发展也为思政教育提供了更多的可能性。在开发校本思政教材与教辅材料时，可以充分利用多媒体、互联网等现代科技手段，创新教材形式和内容。例如，可以开发互动式电子教材、在线测试系统、虚拟仿真实验等数字化教学资源，为学生提供更加丰富多样的学习体验。这些数字化教学资源不仅可以激发学生的学习兴趣和积极性，还可以提高他们的自主学习能力和创新实践能力。

3.体现数字化技术和思政教育的深度融合

数字化技术与思政教育的深度融合是开发校本思政教材与教辅材料的重要目标之一。这种融合不仅体现在教材形式的创新上，更体现在教育理念的转变和教育方法的革新上。在开发校本思政教材与教辅材料时，应充分运用数字化技术的优势，打破传统教育模式的束缚，构建新型的思政教育体系。

具体来说，可以利用数字化技术实现思政教育的个性化、差异化和精准化。通过对学生的学习数据进行分析和挖掘，教师可以更准确地了解每个学生的学习情况和思想动态，为他们提供更有针对性的教学指导和帮助。同时，数字化技术还可以支持思政教育的线上线下相结合的教学模式。在这种模式下，学生可以随时随地进行自主学习和互动交流，而教师则可以通过线上平台对学生的学习情况进行实时监控和反馈。这种教学模式不仅可以提高思政教育的灵活性和便捷性，还可以促进学生的自主学习和协作学习能力的培养。

（三）加强教材使用培训与指导

在高等教育体系中，教材是知识传递、思想引领的重要载体，尤其在思政教育中，教材扮演着举足轻重的角色。为确保教材的有效使用，充分发挥其在思政教育中的作用，各高校必须加强对教师的培训和指导。通过组织专题培训、教学研讨等活动，帮助教师深入理解教材内容，掌握有效的教学方法和手段，从而提升思政教育的整体效果。

1.组织专题培训，深化教材理解

针对新推广的教材和开发的校本教材，专题培训是帮助教师快速掌握教材内容和教学方法的有效途径。各高校应积极组织专题培训活动，邀请教材编写者、思政教育专家等进行授课和指导。这些专家不仅对教材内容有深入的理解，还具备丰富的教学经验和实践智慧。他们的授课和指导能够帮助教师全面深入地理解教材内容，掌握教学重点和难点，为后续的思政教学奠定坚实的基础。

在专题培训中，应注重理论与实践的结合。除了对教材内容进行详细解读外，还应结合实际教学案例，分析如何运用教材进行有效教学。通过案例分析和模拟教学等方式，使教师能够在实际操作中加深对教材的理解和运用。

2.开展教学研讨活动，促进经验交流

教学研讨活动是教师之间交流经验、探讨问题的重要平台。在思政教育领域，由于每位教师的教学方法、教学风格以及面对的学生群体都有所不同，因此开展教学研讨活动显得尤为重要。各高校应定期或不定期地开展教学研讨活动，为教师提供一个相互学习、借鉴和启发的机会。

在教学研讨活动中，可以围绕教材使用、教学方法创新等议题进行深入探讨和交流。教师们可以分享自己在教学过程中的成功经验、遇到的困难以及解决问题的方法。通过相互的交流和碰撞，可以激发新的教学思路和方法，提高教师的教学水平和思政教育的效果。同时，教学研讨活动还有助于形成积极向上的教师群体学习氛围，推动思政教育的不断创新和发展。

3.提供持续的教学支持，完善教材使用体系

除了专题培训和教学研讨活动外，各高校还应为教师提供持续的教学支持。这种支持不仅体现在教学资源的提供上，还体现在教学过程中的指导和帮助上。例如，可以建立教材使用交流平台，方便教师随时获取教学资源和交流教学经验。这些资源可以包括电子课件、教学案例、习题库等，为教师的备课和教学提供有力的支持。

同时，各高校还应建立在线教学资源库，提供丰富多样的数字化教学资源。这些资源可以包括多媒体教学课件、网络课程、在线测试系统等，满足教师不同形式的教学需求。通过在线教学资源的使用，教师可以更加灵活地组织教学活动，提高学生的学习兴趣和参与度。

三、第二课堂实践活动的实施

（一）设计丰富多彩的思政实践活动

在第二课堂实践活动中，设计丰富多彩的思政实践活动是至关重要的。这些活动不仅能够帮助学生将所学知识应用于实践，加深对思政教育的理解和认同，还能够提升学生的综合素质和社会责任感。

1.社会调查活动：深入了解社会，增强社会责任感

社会调查活动是一种重要的思政实践活动形式，旨在通过让学生深入社会、了解社会，增强其社会责任感。在组织社会调查活动时，应注重以下几个方面：

选题要精准。社会调查活动的选题应紧扣社会热点、难点问题，如环境保护、乡村振兴、教育公平等。这些选题不仅具有现实意义，而且能够激发学生的参与热情。同时，选题还应具有可操作性，确保学生能够在有限的时间内完成调查任务。

调查要深入。在社会调查过程中，教师应指导学生制定详细的调查方案，包括调查目的、调查对象、调查方法、调查时间等。学生应通过实地走访、问卷调查等方式，收集第一手资料，确保调查结果的真实性和可靠性。同时，

教师还应引导学生对调查结果进行深入分析和研究，形成有见地的调查报告。

成果要展示。社会调查活动的成果展示是检验调查效果的重要环节。学校可以组织专门的成果展示会或报告会，邀请相关领导和专家进行现场点评和指导。通过成果展示，学生可以相互学习、借鉴经验，同时也可以进一步加深对调查问题的认识和理解。

通过参与社会调查活动，学生不仅能够了解社会现实和问题，还能够培养其分析问题和解决问题的能力。这种能力对于学生未来的学习和工作都具有重要意义。

2.志愿服务活动：奉献社会，培养团队合作精神

志愿服务活动是另一种重要的思政实践活动形式，通过让学生参与公益服务，培养其奉献精神和团队合作意识。在组织志愿服务活动时，应注重以下几个方面：

项目要多样。志愿服务项目的选择应充分考虑学生的兴趣和特长，同时也要结合社会需求和学校实际情况。可以组织学生参与社区服务、环保活动、扶贫帮困等多种类型的志愿服务项目。这些项目不仅能够满足学生的不同需求，还能够为社会做出积极贡献。

培训要到位。在志愿服务活动开始前，学校应对参与活动的学生进行必要的培训和教育。培训内容可以包括志愿服务的基本理念、服务技巧、安全注意事项等。通过培训，学生可以更好地适应志愿服务岗位，提高服务质量和效率。

反馈要及时。志愿服务活动结束后，学校应及时对活动进行总结和反馈。可以组织学生进行经验分享和交流，了解他们在活动中的收获和感受。同时，学校还应对表现优秀的志愿者进行表彰和奖励，激励更多的学生积极参与志愿服务活动。

通过参与志愿服务活动，学生可以亲身体验到帮助他人的快乐和价值所在，从而增强其社会责任感和集体荣誉感。这种责任感和荣誉感对于学生未来的成长和发展具有积极的推动作用。

3.主题演讲活动：锻炼口才，提升表达能力

主题演讲活动是一种能够锻炼学生口才和表达能力的思政实践活动形式。

在组织主题演讲活动时，应注重以下几个方面：

主题要鲜明。主题演讲活动的主题应具有针对性和时效性，能够引起学生的共鸣和思考。可以选择一些具有深刻内涵和广泛影响力的主题，如爱国主义、民族精神、时代责任等。这些主题不仅能够激发学生的爱国情感和民族自豪感，还能够引导他们深入思考时代赋予的责任和使命。

辅导要细致。在主题演讲活动开始前，教师应为学生提供必要的辅导和支持。可以帮助学生选题、撰写演讲稿、进行演讲训练等。通过细致的辅导，学生可以更好地掌握演讲技巧和方法，提高演讲水平和表达能力。

演讲要精彩。在主题演讲活动中，学生应充分发挥自己的优势和特长，展现自己的风采和才华。可以通过生动的语言、感人的故事、深刻的思考等方式，吸引听众的注意力和心灵。同时，教师还应引导学生注重演讲的仪态和表情等非语言因素的运用，使演讲更加生动、形象、感人。

通过参与主题演讲活动，学生可以提升自己的演讲技巧和表达能力，同时也能够加深对相关主题的理解和认识。这种能力的提升和理解的加深对于学生未来的学习和工作都具有重要的意义。

（二）加强实践活动的组织与实施

在高等教育体系中，思政实践活动是提升学生综合素质、增强其社会责任感的重要途径。为确保这些活动的顺利进行并取得预期效果，各高校必须加强实践活动的组织与实施工作。

1.建立健全组织机制，确保活动的规范化、制度化

思政实践活动的顺利开展，离不开健全的组织机制。各高校应建立由学校党委统一领导、相关部门协同配合、师生共同参与的思政实践活动组织机制。这一机制应明确各部门和人员的职责和任务，形成工作合力，确保活动的顺利进行。

学校党委应发挥领导核心作用，制定思政实践活动的总体规划和年度计划，明确活动的目标、任务和要求。同时，党委还应加强对活动实施过程的监督和检查，确保活动按照计划顺利进行。

相关部门应协同配合，形成工作合力。教务部门负责活动的课程安排和教学管理，学生工作部门负责学生的组织和管理，宣传部门负责活动的宣传

和推广等。各部门之间应建立有效的沟通机制，及时解决活动中出现的问题和困难。

师生应共同参与思政实践活动的组织和实施。教师可以通过担任指导老师、参与活动策划等方式，为学生提供专业的指导和建议。学生则可以通过参与活动策划、组织实施等方式，锻炼自己的组织能力和实践能力。

此外，为确保思政实践活动的规范化、制度化，各高校还应建立与实践活动相关的规章制度和管理办法。这些规章制度应明确活动的组织程序、实施要求、评价标准等，为活动的顺利开展提供制度保障。

2.提供必要的经费和场地支持，为活动的顺利开展创造条件

思政实践活动的开展需要一定的经费和场地支持。各高校应将思政实践活动经费纳入学校预算，为活动的顺利开展提供必要的经费保障。这些经费可以用于活动的宣传、交通、材料等方面的支出。同时，学校还应积极争取社会各界的支持和赞助，拓宽经费来源渠道。

除了经费支持外，场地和设施也是思政实践活动顺利开展的重要条件。各高校应充分利用校内资源，为活动提供合适的场地和设施。例如，可以利用教室、报告厅等场所举办讲座、演讲等活动，利用体育场、实验室等设施开展体育比赛、科技创新等活动。同时，学校还应积极协调校内外资源，为活动提供更多的场地和设施选择。

3.加强指导和监督，确保活动的质量和效果

为确保思政实践活动的质量和效果，各高校应加强对活动的指导和监督。聘请具有丰富实践经验的教师或专家担任指导老师。这些老师或专家不仅应具备扎实的专业知识，还应具有丰富的实践经验和良好的教育教学能力。他们可以通过为学生提供专业的指导和建议，帮助学生解决活动中遇到的问题和困难，提高活动的质量和效果。

建立活动监督机制是确保活动质量和效果的重要手段。各高校应建立由学校党委领导、相关部门参与的监督机制，对活动的实施过程进行监督和检查。这些监督和检查可以包括活动的进度、质量、安全等方面的内容。通过监督和检查，可以及时发现活动中存在的问题和不足，并采取有效的措施进行改进和完善。

同时，各高校还应建立思政实践活动的评价机制，对活动的实施效果进行客观评价。这些评价可以包括学生的参与度、满意度、收获感等方面的内容。通过评价，可以了解活动的实际效果和影响力，为今后的活动规划和改进提供参考依据。

（三）提升实践活动的育人效果与影响力

思政实践活动作为第二课堂的重要组成部分，对于提升学生的综合素质、增强其社会责任感和历史使命感具有不可替代的作用。然而，如何进一步提升这些实践活动的育人效果与影响力，使之更好地服务于学生的成长成才和社会的进步发展，是当前高等教育面临的重要课题。

1.总结和评价实践活动，全面评估育人效果

在思政实践活动结束后，各高校应及时对活动进行总结和评价，以全面评估活动的育人效果和影响力。这一环节不仅有助于了解活动的实际效果，还可以为今后的活动规划和改进提供重要参考。

总结和评价应全面而深入。高校可以通过收集学生的反馈意见、整理活动成果、分析活动效果等方式，从多个角度对思政实践活动进行综合评价。这些评价可以包括活动的组织实施、学生的参与度、活动的社会影响力等方面的内容。通过全面深入的评价，可以更加准确地了解活动的优点和不足，为今后的活动改进提供有力支持。

总结经验做法和典型案例是提升育人效果的重要途径。各高校在总结和评价过程中，应注重挖掘和提炼活动中的好经验、好做法，以及具有示范意义的典型案例。这些经验和案例不仅可以为其他高校提供学习和借鉴的机会，还可以为今后的思政实践活动提供宝贵的经验和启示。

建立长效的反馈机制是提升育人效果的重要保障。各高校应建立与实践活动相关的反馈机制，及时收集和处理学生、教师、社会等各方面的反馈意见。通过反馈机制，可以及时了解活动的效果和影响，发现存在的问题和不足，并采取有效的措施进行改进和完善。这样可以确保思政实践活动始终保持在正确的轨道上，不断提升其育人效果和影响力。

2.宣传推广和示范引领，扩大活动影响力

对于取得显著成效的思政实践活动，各高校应积极进行宣传推广和示范

引领，以扩大活动的影响力和覆盖面。这不仅可以增强活动的社会效应，还可以进一步激发学生的参与热情和创新精神。

宣传推广是提升影响力的有效手段。各高校可以利用校园网、校报、微信公众号等渠道，对思政实践活动的成果和亮点进行广泛宣传。这些宣传可以包括活动的组织实施、学生的实践成果、活动的社会反响等方面的内容。通过宣传推广，可以让更多的人了解思政实践活动的价值和意义，增强活动的社会影响力和公信力。

示范引领是提升影响力的重要途径。各高校可以将优秀实践成果进行汇编和展示，为其他高校提供学习和借鉴的机会。同时，还可以邀请具有丰富实践经验的专家或学者进行专题讲座或交流，分享他们的成功经验和做法。通过示范引领，可以激发其他高校的参与热情和创新精神，推动思政实践活动的整体提升和发展。

3.形成良性的互动和促进机制，持续提升育人效果

为进一步提升实践活动的育人效果与影响力，各高校应努力形成良性的互动和促进机制。这一机制应贯穿于思政实践活动的始终，包括活动的规划、实施、评价等各个环节。

加强理论与实践的结合是形成良性互动机制的关键。各高校可以将实践成果与课堂教学、学术研究等相结合，实现理论与实践的有机结合。例如，可以将学生在实践活动中获得的经验和成果引入课堂教学，丰富教学内容和形式；也可以将实践活动中遇到的问题和挑战作为学术研究的课题，进行深入探讨和研究。这样可以形成实践与理论相互促进的良性循环，不断提升思政实践活动的育人效果。

加强校际合作与交流是形成良性促进机制的重要途径。各高校可以加强与其他高校、社会机构等的合作与交流，共同推动思政实践活动的创新发展。例如，可以联合开展跨校区的实践活动，实现资源共享和优势互补；也可以与社会机构合作，将实践活动延伸到社会各个领域，增强学生的社会认知和实践能力。通过加强合作与交流，可以形成校内外相互促进的良性机制，推动思政实践活动在更广阔的领域发挥更大的作用。

建立长效的激励机制是形成良性互动和促进机制的重要保障。各高校应

建立与实践活动相关的激励机制，对在活动中表现突出的个人或团队给予适当的奖励和表彰。这些奖励可以包括荣誉证书、奖学金、学分认定等方面的内容。通过激励机制的建立和实施，可以进一步激发学生的参与热情和创新精神，推动思政实践活动持续深入开展。

第三节 数字化课程思政教学体系的建设

随着信息技术的快速发展，数字化已经渗透到教育的各个领域。在课程思政教学中，数字化不仅为教学提供了更加丰富、多样的资源和手段，还为创新教学模式、提高教学效果提供了可能。

一、教学资源建设

（一）加强中国文化与当代中国国情课程资源建设

在数字化背景下，加强中国文化与当代中国国情课程资源建设对于课程思政教学至关重要。这不仅是传承和弘扬中华优秀传统文化的需要，也是帮助学生深刻理解中国特色社会主义发展道路和历史使命的重要途径。

1.中国文化课程资源的建设

中国文化，历经数千年的积淀与发展，如今已成为中华民族的独特标识和世界文化宝库中的璀璨明珠。它涵盖了广泛的内容，从深邃的哲学思想、丰富的历史文化，到多彩的文学艺术，无一不体现着中华民族的智慧和创造力。在数字化时代背景下，如何有效地将这些宝贵的文化资源转化为生动、形象的教学材料，成为当前教育领域面临的重要课题。

数字化手段的应用与创新：随着科技的飞速发展，多媒体、网络技术等数字化手段为中国文化课程资源的建设提供了前所未有的便利。我们可以利用这些手段，将传统文化内容进行现代化包装和呈现。例如，通过开发在线课程，结合动画、虚拟现实等技术，再现古代文明的风采，让学生在虚拟的环境中亲身体验古代生活，感受古代文明的魅力。同时，数字化手段还可以用于经典文学作品的解读和赏析。通过多媒体展示、互动讨论等方式，帮助学生更加深入地理解作品内涵，领略中华文化的博大精深。

系统化、条理化的课程资源库建设：中国文化的内容丰富而庞杂，要想使其在教育领域发挥更大的作用，就必须对其进行深入挖掘和整理，形成系统化、条理化的课程资源库。这个资源库可以包括经典文献、历史典故、名人传记等各类文化素材，按照不同的主题和分类进行整理和归纳。这样不仅可以为学生提供丰富的学习材料和研究素材，还可以为教师的教学提供有力的支持。同时，资源库的建设还应注重动态更新和维护，确保内容的时效性和准确性。

2.紧密结合当代中国国情开发课程资源

当代中国国情是课程思政教学的重要内容之一。在开发课程资源时，我们必须紧密结合社会发展、时代变迁的背景，选取具有代表性、典型性的案例和事件，进行深入剖析和讲解。这样不仅可以增强课程的针对性和实效性，还可以帮助学生更好地理解和把握当代中国的发展现状和未来趋势。

围绕新时代中国特色社会主义建设开发课程资源：新时代中国特色社会主义建设是当前中国最重要的社会实践之一。在开发课程资源时，我们应紧紧围绕这一主题，选取经济发展、社会进步、科技创新等方面的典型案例和事件，进行深入剖析和讲解。例如，可以开发关于"一带一路"倡议、供给侧结构性改革、创新驱动发展战略等方面的课程资源，帮助学生全面了解当代中国的发展现状和未来趋势。同时，还可以结合具体的地域文化和行业特点，开发具有地方特色的课程资源，使教学更加贴近实际、贴近生活。

邀请各界人士分享实践经验和思考成果：为了使学生更加真实、生动地了解当代中国国情，我们还可以邀请政府官员、企业家、社会学家等各界人士走进课堂，分享他们的实践经验和思考成果。这些人士来自不同的领域和行业，他们的经验和见解可以为学生提供更加多元、全面的视角。通过与他们的交流和互动，学生可以更加深入地了解当代中国社会的方方面面，增强对国家的认同感和归属感。

（二）拓展国家区域国别课程资源

为了培养学生的国际视野和跨文化交流能力，拓展国家区域国别课程资源显得尤为重要。这些资源不仅可以帮助学生了解世界多样性和复杂性，还能够引导他们更加深刻地认识中国的独特性和优越性。

1.涵盖不同国家和地区的课程资源开发

为了帮助学生全面了解世界多样性和复杂性，我们应注重开发涵盖不同国家和地区的课程资源。这些资源应涵盖政治、经济、文化等多个方面，为学生提供全面、深入的学习体验。

开发多元化的课程内容：在拓展课程资源时，我们应注重多元化原则，涵盖世界各地的历史、文化、社会制度等内容。例如，可以开发关于世界历史、国际政治、跨文化交流等课程，帮助学生了解不同国家和地区的发展历程、社会制度和文化传统。这些课程可以采用多种形式，如讲座、讨论、案例分析等，以激发学生的学习兴趣和积极性。

引入国际知名大学的开放课程和资源：为了拓宽学生的国际视野，我们还可以引入国际知名大学的开放课程和资源。这些课程和资源通常具有高质量、高标准的特点，可以为学生提供更加广阔的学习视野和机会。通过与国际知名大学的合作与交流，我们还可以借鉴其先进的教学理念和方法，提升我国教育的国际竞争力。

2.通过对比分析引导学生深刻认识中国

在拓展课程资源的过程中，我们还应注重引导学生进行对比分析。通过比较不同国家和地区在政治制度、经济发展模式、文化传统等方面的异同，学生可以更加深刻地认识中国的独特性和优越性。

培养学生的批判性思维和分析能力：对比分析是一种有效的学习方法，可以帮助学生更加深入地理解不同国家和地区之间的差异和联系。在这个过程中，我们应注重培养学生的批判性思维和分析能力，引导他们从不同角度、不同层面进行思考和分析。通过对比分析，学生可以更加客观地看待问题，形成自己的独立见解和判断。

增强学生的民族自豪感和文化自信：通过对比分析不同国家和地区在政治制度、经济发展模式、文化传统等方面的异同，学生可以更加深刻地认识到中国的独特性和优越性。这种认识不仅可以增强学生的民族自豪感和文化自信，还可以激发他们为国家的繁荣富强而努力奋斗的热情和动力。同时，通过了解其他国家和地区的优秀文化成果和先进经验，学生还可以更好地吸收和借鉴这些成果和经验，为推动我国社会的进步和发展做出贡献。

拓展国家区域国别课程资源是培养学生国际视野和跨文化交流能力的重要途径。通过开发涵盖不同国家和地区的课程资源以及引导学生进行对比分析，我们可以帮助学生更加全面地了解世界多样性和复杂性，并引导他们更加深刻地认识中国的独特性和优越性。展望未来，随着全球化进程的加速推进和教育国际化的深入发展，我们相信拓展国家区域国别课程资源将迎来更加广阔的发展空间和更加光明的前景。同时，我们也应清醒地认识到，在课程资源建设过程中还存在诸多挑战和问题，需要我们共同去面对和解决。只有不断探索和创新，才能使拓展国家区域国别课程资源的工作更加符合时代发展的需求和人才培养的目标。

（三）设计线上线下相结合的思政专业课程

在数字化课程思政教学体系中，设计线上线下相结合的思政专业课程是提升教学效果的关键环节。这种教学模式可以充分发挥线上线下的优势，打破时间和空间的限制，提高教学的灵活性和针对性。

1.线上教学模式的应用

线上教学模式以其灵活、便捷的特点，在数字化课程思政教学体系中发挥着重要作用。通过充分利用数字化技术和网络资源，线上教学为学生提供了更加广阔的学习空间和更加个性化的学习体验。

在线课程形式的多样性：在思政专业课程设计中，我们可以采用慕课、微课、SPOC（小规模限制性在线课程）等多种在线课程形式。这些课程形式将知识点进行碎片化处理，便于学生随时随地进行学习。同时，结合多媒体教学资源，如视频、音频、动画等，使课程内容更加生动、形象，激发学生的学习兴趣。

在线学习工具的辅助教学：除了在线课程本身，我们还可以利用在线测试、学习分析、互动讨论等工具辅助教学。在线测试可以帮助学生及时检验自己的学习成果，发现不足并进行针对性改进；学习分析则可以为教师提供学生的学习数据，帮助教师了解学生的学习情况，为教学调整提供数据支持；互动讨论则可以促进学生之间的交流与合作，拓展学习的广度和深度。

2.线下课堂讨论与实践操作

线下课堂是思政专业课程的重要组成部分，也是巩固和深化线上学习成果的关键环节。在课堂上，教师应充分发挥引导作用，组织学生进行深入的讨论和实践操作。

小组讨论与主题演讲：教师可以结合课程内容设定讨论主题，组织学生进行小组讨论。通过讨论，学生可以围绕思政主题进行深入思考和交流，碰撞出思想的火花。同时，教师还可以邀请学生进行主题演讲，分享自己的学习心得和观点见解，锻炼学生的口头表达能力和逻辑思维能力。

实践操作环节的安排：除了课堂讨论外，教师还可以结合课程内容安排实践操作环节。例如，可以组织学生进行社会调查、参观访问、志愿服务等实践活动。这些活动不仅可以帮助学生将理论知识与实际相结合，加深对思政理论的理解和认同，还可以培养学生的社会责任感和团队合作精神。

3.形成完整的教学体系

为了确保线上线下相结合的思政专业课程取得实效，我们需要构建完整的教学体系。这包括明确课程目标、制定科学的教学计划、选择适当的教学内容和方法以及建立科学的评价体系。

明确课程目标：在制定教学体系时，我们首先要明确课程目标。这些目标应该围绕提升学生的政治觉悟、思想道德品质和综合素质来设定。通过明确目标，我们可以更加有针对性地设计课程内容和教学活动，确保教学效果的实现。

制定科学的教学计划：教学计划是教学体系的重要组成部分。在制定教学计划时，我们需要充分考虑线上线下教学的特点和优势，合理安排教学进度和教学内容。同时，还要预留一定的调整空间，以便根据学生的学习情况和反馈意见进行适时调整。

选择适当的教学内容和方法：在选择教学内容和方法时，我们应注重内容的时代性和针对性以及方法的多样性和灵活性。通过引入最新的思政理论和案例分析等教学内容以及采用启发式、讨论式等多样化的教学方法来激发学生的学习兴趣和积极性，并提高他们的思维能力和创新能力。

建立科学的评价体系：为了检验教学效果和学生的学习成果，我们需要建立科学的评价体系。这个体系应该包括过程性评价和结果性评价两个方面。过程性评价主要关注学生的学习过程和学习态度，而结果性评价则主要关注学生的学习成果和表现。通过综合评价，我们可以更加全面地了解学生的学习情况并为教学改进提供依据。

二、教师资源建设

（一）提升专业教师课程思政建设的意识和能力

在课程思政建设中，专业教师扮演着举足轻重的角色。他们的教学意识、思政素养以及教学方法，都直接影响着课程思政的效果。因此，提升专业教师的课程思政建设意识和能力，成为推进课程思政工作的关键。

1.加强专题培训与研讨，深化教师对课程思政的理解

要提升教师的课程思政建设意识和能力，首先需要加强对教师的专题培训和研讨。这些培训可以围绕课程思政的核心理念、目标要求、实施路径等方面进行，旨在帮助教师全面、深入地理解课程思政的内涵和要义。

专题培训的内容与形式：专题培训的内容应涵盖课程思政的基本理论、教学设计、实施策略以及评价方法等。形式上可以采用讲座、工作坊、研讨会等多种形式，结合教师的实际需求和教学情境，进行有针对性的培训。此外，还可以邀请课程思政领域的专家学者或优秀教学实践者进行分享，为教师提供更加丰富、多样的学习资源和经验借鉴。

研讨交流的平台与机制：除了专题培训外，还应为教师搭建研讨交流的平台，如定期的教研活动、在线讨论社区等。通过这些平台，教师可以交流彼此的教学经验，共同探讨课程思政教学中的难题和挑战，从而形成更加丰富、多样的教学方法和策略。同时，学校还可以建立相应的机制，如教学成果展示、优秀案例评选等，鼓励教师积极参与研讨交流，分享自己的教学心得和成果。

2.鼓励教师参与课程思政实践，积累教学经验

实践是提升教师课程思政建设意识和能力的重要途径。学校应鼓励教师积极投身于课程思政教学实践，通过亲身实践来不断积累教学经验。

提供实践机会与资源：学校可以为教师提供多种实践机会，如参与课程思政示范课建设、承担相关教学研究项目等。同时，还应提供必要的资源和支持，如教学素材、技术支持等，降低教师的实践难度和成本。通过这些实践机会和资源的提供，教师可以更加直观地感受到课程思政的教学效果，从而不断调整和优化自己的教学方法。

经验分享与反思总结：在实践过程中，教师应注重经验分享和反思总结。学校可以定期组织教师进行教学经验分享会或教学沙龙等活动，让教师们相互学习、借鉴。同时，教师还应养成反思总结的习惯，及时记录自己的教学实践心得和体会，分析教学中的成功与不足，以便更好地指导未来的教学实践。

3.建立健全激励机制，激发教师的内在动力

要提升教师的课程思政建设意识和能力，还需要建立健全的激励机制。通过合理的激励措施来激发教师参与课程思政建设的内在动力。

设立课程思政教学奖励：学校可以设立专门的课程思政教学奖励，对在课程思政教学中表现突出的教师进行表彰和奖励。这些奖励可以是物质奖励、荣誉证书、职称晋升等，旨在增强教师的荣誉感和归属感。同时，通过奖励的示范效应，还可以激励其他教师更加积极地投身于课程思政教学实践和研究。

将课程思政成果纳入教师考核评价体系：为了更全面地评价教师的课程思政建设成果，学校应将课程思政成果纳入教师考核评价体系。这包括将教师在课程思政教学实践、教学研究、成果转化等方面的成果作为考核的重要指标之一。通过考核评价的引导作用，可以促使教师更加重视课程思政建设，不断提升自己的教学意识和能力。

（二）发挥基层教学组织在课程思政建设中的作用

基层教学组织，如教研室、教学团队、课程组等，是课程思政建设的重要力量。它们直接承担着课程思政教学的组织和实施任务，对于推进课程思政建设具有不可替代的作用。

1.建立课程思政集体教研制度，促进教师间的交流与合作

课程思政建设是一个系统工程，需要全体教师的共同努力和智慧。建立

课程思政集体教研制度，可以为教师们提供一个共同探讨、交流和研究的平台，促进教师间的交流与合作，推动课程思政教学的深入发展。

集体教研制度的意义与价值：集体教研制度是指定期组织教师开展教学研究活动，共同探讨教学中的问题、难题和挑战，分享教学经验和成果的一种制度。在课程思政建设中，集体教研制度可以发挥以下作用：一是有利于形成共识，明确课程思政的教学目标、内容选择和教学方法等；二是有利于促进教师间的交流与合作，实现资源共享、优势互补；三是有利于提高课程思政教学的整体水平和质量，提升学生的学习效果和满意度。

实施集体教研制度的具体措施：为了有效实施集体教研制度，可以采取以下具体措施：一是制定详细的教研计划，明确教研的主题、时间、地点和参与人员；二是建立专门的教研团队或小组，负责组织和实施教研活动；三是鼓励教师积极参与教研活动，发表自己的观点和见解，分享自己的教学经验和成果；四是及时总结和反馈教研成果，将其应用于实际教学中，不断完善和优化课程思政教学。

2.鼓励基层教学组织探索创新的教学模式和方法

创新是课程思政教学的生命力所在。基层教学组织作为课程思政教学的实践者，应积极探索创新的教学模式和方法，为课程思政教学注入新的活力和动力。

创新教学模式和方法的必要性：传统的思政教学模式往往以理论讲授为主，缺乏实践性和互动性，难以激发学生的学习兴趣和积极性。因此，创新教学模式和方法已成为课程思政教学的迫切需求。通过创新教学模式和方法，可以增强学生的学习体验和学习效果，提高课程思政教学的吸引力和感染力。

探索创新教学模式和方法的具体途径：为了探索创新的教学模式和方法，基层教学组织可以采取以下途径：一是将传统教学与现代信息技术相结合，利用在线课程、微课等数字化教学资源丰富课程思政的教学内容；二是将理论教学与实践教学相结合，通过社会调查、志愿服务等实践活动增强学生对思政理论的理解和认同；三是引入多元化的教学方法和手段，如案例教学、小组讨论、角色扮演等，激发学生的学习兴趣和积极性；四是加强与其他学科的交叉融合，形成跨学科的课程思政教学模式和方法。

3.加强基层教学组织的建设与管理，提高其组织力和执行力

要发挥基层教学组织在课程思政建设中的作用，还需要加强基层教学组织的建设与管理。通过加强建设与管理，可以提高基层教学组织的组织力和执行力，使其更好地服务于课程思政教学工作。

加强基层教学组织的建设需要从以下几个方面入手：一是完善组织架构和人员配备，确保基层教学组织有健全的组织体系和足够的人力资源；二是提供必要的场地、设备和经费支持，为基层教学组织的开展提供物质保障；三是加强教师队伍建设，提高教师的专业素养和教学能力；四是建立完善的教学管理制度和运行机制，确保基层教学组织的工作有序、高效进行。

提高基层教学组织的执行力：提高基层教学组织的执行力是确保其发挥作用的关键。为了提高执行力，可以采取以下措施：一是加强对基层教学组织的指导和监督，确保其能够按照课程思政建设的目标和要求开展工作；二是建立完善的激励机制和考核机制，激发教师的工作积极性和创造力；三是加强与其他部门的沟通协调，形成合力共同推进课程思政建设；四是注重总结和分享成功经验，不断提高基层教学组织的执行力和工作水平。

三、实践资源建设

（一）整合社会资源拓展实践教学基地

在数字化课程思政教学体系中，实践教学是提升学生思政素养的重要环节。而实践教学基地则是开展实践教学的重要载体。为了更好地满足实践教学的需求，我们应积极整合社会资源，拓展实践教学基地。

1.深入挖掘社会资源，建立多元化实践教学基地

社会资源是实践教学基地的重要来源，深入挖掘企业、社区、农村等各个领域的社会资源，建立多元化的实践教学基地，对于提升学生的实践能力和思政素养具有重要意义。

多元化实践教学基地的意义与价值：多元化的实践教学基地可以为学生提供更加广阔的实践平台，帮助他们更好地了解社会、认识国情，增强社会责任感和使命感。同时，通过在不同类型的实践教学基地中学习和实践，学

生可以更加全面地了解不同领域、不同行业的特点和要求，为未来的职业发展打下坚实的基础。

为了深入挖掘社会资源建立多元化实践教学基地，我们可以采取以下途径：一是积极与企业合作，建立校企合作实践教学基地，为学生提供实习、实训等机会；二是加强与社区的联系，建立社区服务实践教学基地，引导学生参与社区建设和服务；三是深入农村开展实践教学活动，建立农村实践教学基地，让学生了解农村发展情况和农民生活状况。通过这些途径，我们可以建立起多元化的实践教学基地体系，为学生提供更加丰富的实践学习资源。

2.加强与社会各界的合作与交流，共同推进实践教学基地建设

在拓展实践教学基地的过程中，我们应加强与社会各界的合作与交流，共同推进实践教学基地的建设和发展。这种合作与交流不仅可以为实践教学基地提供更多的资源和支持，还可以促进学校与社会的深度融合，实现互利共赢。

加强与社会各界的合作与交流的意义：加强与社会各界的合作与交流可以为实践教学基地提供更多的资源和支持，促进实践教学基地的建设和发展。同时，通过与政府、企业、社区等机构的紧密合作，我们可以及时了解社会对人才的需求和要求，调整和完善实践教学内容和方法，提高实践教学的针对性和实效性。

为了加强与社会各界的合作与交流，我们可以采取以下具体措施：一是积极与政府机构沟通联系，争取政策支持和项目合作；二是主动与企业对接需求，开展校企合作项目和技术研发；三是积极参与社区建设和服务活动，提升学校在社区中的影响力和美誉度；四是加强与其他高校的交流与合作，共享实践教学资源和经验。通过这些措施的实施，我们可以建立起更加紧密的社会联系网络，为实践教学基地的建设和发展提供有力的支持和保障。

3.完善实践教学基地的管理与运行机制

为了确保实践教学基地的正常运行和持续发展，我们应完善其管理与运行机制。这包括制定明确的实践教学计划、建立规范的实践教学管理制度、加强对实践教学过程的监督与评估等。

完善实践教学基地管理与运行机制的重要性：完善实践教学基地的管理

与运行机制是确保其正常运行和持续发展的基础。通过制定明确的实践教学计划和管理制度，我们可以规范实践教学的组织和实施过程；通过加强对实践教学过程的监督与评估，我们可以及时发现和解决问题，提高实践教学的质量和效果。这些措施的实施可以为提升学生的思政素养提供有力保障。

为了完善实践教学基地的管理与运行机制，我们可以采取以下具体措施：一是制定详细的实践教学计划和教学大纲，明确教学目标和要求；二是建立完善的实践教学管理制度和规范的操作流程，确保实践教学的有序进行；三是加强对实践教学过程的监督和检查，及时发现和纠正问题；四是建立科学的评估机制，对实践教学效果进行客观评价。通过这些措施的实施，我们可以确保实践教学的质量和效果得到有效提升。

（二）连接思政小课堂与社会大课堂

在当前高等教育改革的背景下，思政教育作为培养学生综合素质的重要环节，其教学方式和内容的创新显得尤为重要。为了让学生更好地了解社会、认识国情，将理论知识转化为实践能力，并实现思政课堂与社会现实的实时互动，本文将从邀请社会各界人士进校园、开展社会实践调查以及利用数字化技术手段三个方面，详细阐述如何创新思政教学方式，实现思政小课堂与社会大课堂的有机连接。

1.邀请社会各界人士进校园，丰富思政课堂内容

邀请社会各界人士进校园，与学生面对面交流，是丰富思政课堂内容、拓宽学生视野的有效途径。政府官员、企业家、社会活动家等各界人士的实践经验和思考成果，可以为学生提供更加真实、生动的思政学习材料，帮助他们更好地了解社会热点问题和现实问题。

邀请社会各界人士进校园的意义：邀请社会各界人士进校园，可以打破传统思政课堂的局限性，将社会现实和热点问题引入课堂，使思政教育更加贴近实际、贴近生活。通过与各界人士的交流，学生可以更加直观地了解社会的发展变化，增强对思政理论的理解和认同。同时，这种交流方式还可以激发学生的学习兴趣和积极性，提高思政教学的效果。

实施策略及注意事项：在邀请社会各界人士进校园时，我们需要制定详细的实施策略并注意相关事项。首先，要明确邀请对象的选择标准，确保所

邀请的人士具有代表性、有影响力，并能够为学生提供有价值的信息和观点。其次，要提前与邀请对象进行充分沟通，明确交流的主题和内容，确保交流的针对性和实效性。最后，要合理安排交流的时间和方式，为学生提供充分的提问和互动机会，营造良好的交流氛围。

2.开展社会实践调查，将理论知识转化为实践能力

除了邀请社会各界人士进校园外，组织学生开展社会实践调查活动也是实现思政小课堂与社会大课堂有机连接的重要方式。通过深入基层、了解民情、体验生活等方式，学生可以将所学知识应用于实际问题的解决中，实现知行合一。

开展社会实践调查的意义：开展社会实践调查可以帮助学生更加深入地了解社会现实和民生问题，培养他们的社会责任感和使命感。通过亲身参与调查活动，学生可以更加直观地了解社会的复杂性和多样性，增强对思政理论的理解和认同。同时，这种实践调查活动还可以锻炼学生的实践能力、沟通能力和团队协作能力，为他们的全面发展打下坚实基础。

实施策略及注意事项：在组织社会实践调查活动时，我们需要制定详细的实施策略并注意相关事项。首先，要明确调查的主题和目标，确保调查活动具有针对性和实效性。其次，要合理安排调查的时间和地点，确保学生能够充分接触社会现实并获取有价值的信息。最后，要加强对学生的指导和监督，确保他们能够按照要求完成调查任务并撰写出高质量的调查报告。

3.利用数字化技术手段，实现思政课堂与社会现实的实时互动

在数字化背景下，利用网络技术、多媒体技术等手段实现思政课堂与社会现实的实时互动已成为可能。这种互动方式可以打破时间和空间的限制，让学生随时随地了解社会热点问题和现实问题，并参与讨论和分析。

利用数字化技术手段的意义：利用数字化技术手段可以实现思政课堂与社会现实的实时互动，提高思政教学的针对性和实效性。通过网络平台收集社会热点问题和学生关注的现实问题，并在思政课堂上进行讨论和分析，可以帮助学生更加深入地了解社会现实并发表自己的观点和看法。同时，利用多媒体技术展示社会现象和历史事件，可以帮助学生更加直观地了解社会和历史的发展变化。

实施策略及注意事项：在利用数字化技术手段实现思政课堂与社会现实的实时互动时，我们需要制定详细的实施策略并注意相关事项。首先，要选择合适的网络平台和多媒体技术工具，确保能够实现实时互动和信息共享。其次，要加强对学生的引导和监督，确保他们能够正确使用这些技术手段并获取有价值的信息。最后，要注重对互动内容的筛选和整理，确保所讨论和分析的问题具有代表性、有深度并能够引发学生的思考。

（三）搭建产教融合、科教融合平台

为了培养符合社会需求的高素质人才，我们应搭建产教融合、科教融合平台。这些平台可以为学生提供更加真实的实践环境和更加前沿的科研信息，帮助他们更好地适应未来的职业发展。同时，也可以为产业界和科研机构提供更加优秀的人才支持和技术服务。

1.与产业界紧密合作，共同推进人才培养和科技创新

为了搭建产教融合平台，我们应积极与产业界进行紧密合作。这种合作不仅可以为学生提供更加真实的实践环境和就业机会，还可以促进学校与企业的深度融合和共同发展。具体来说，我们可以通过以下方式实现与产业界的紧密合作：

校企合作：学校与企业可以签订校企合作项目，共同开展人才培养和科技创新工作。企业可以为学生提供实习、实训等机会，帮助他们更好地了解职业需求和企业文化；学校则可以为企业提供人才支持和技术服务，共同推动产业发展。

工学结合：学校可以根据企业的需求，调整课程设置和教学内容，使教学更加贴近实际。同时，企业也可以参与学校的教学过程，提供实践教学资源和经验，帮助学生更好地掌握实践技能。

共建实训基地：学校与企业可以共同建设实训基地，为学生提供更加真实的实践环境。这些基地可以模拟企业的工作场景和业务流程，帮助学生更好地适应未来的职业发展。

通过与产业界的紧密合作，我们可以共同推进人才培养和科技创新工作，实现学校与企业的深度融合和共同发展。这种合作不仅可以提升学生的实践能力和就业竞争力，还可以为产业界提供更加优秀的人才支持和技术服务。

2.与科研机构合作，引入前沿科研成果和技术

除了与产业界合作外，我们还应积极与科研机构进行合作，引入前沿的科研成果和技术信息。这些成果和技术可以帮助学生更好地了解科技发展趋势和未来职业需求，提升他们的科技素养和创新能力。具体来说，我们可以通过以下方式实现与科研机构的合作：

科研项目合作：学校可以与科研机构共同开展科研项目合作，引入前沿的科研成果和技术信息。这些项目可以为学生提供参与科研的机会，帮助他们更好地了解科研过程和方法。

共享科研资源：学校和科研机构可以共享科研资源，包括实验设备、数据资料等。这些资源可以为学生提供更加便捷的科研支持，促进他们的科研成果产出。

联合培养人才：学校可以与科研机构联合培养人才，共同制定培养计划和教学方案。这种合作可以为学生提供更加系统的科研训练和实践机会，提升他们的科研能力和创新水平。

通过与科研机构的合作，我们可以引入前沿的科研成果和技术信息，帮助学生更好地了解科技发展趋势和未来职业需求。同时，科研机构也可以从学校获得更加优秀的人才资源和技术支持，推动科技创新工作的持续发展。这种科教融合平台的搭建不仅可以提升学生的科技素养和创新能力，还可以为产业界和科研机构提供更加优秀的人才支持和技术服务。

第六章　课程思政体系的数字化建设路径

第一节　课程思政体系教学资源的数字化建设

一、教学资源的数字化整合

随着信息技术的迅猛发展，数字化教学资源已成为高等教育改革与创新的重要支撑。课程思政体系作为高等教育的重要组成部分，其教学资源的数字化整合对于提升教学质量、满足学生多样化学习需求具有重要意义。

（一）教材与教辅材料的电子化

在信息化时代，纸质教材逐渐暴露出携带不便、更新滞后等问题。因此，将教材与教辅材料进行电子化处理，已成为教学资源数字化整合的首要任务。教材与教辅材料的电子化不仅提高了教学资源的便携性和可更新性，还为学生提供了更加丰富多样的学习方式和手段。

1.教材电子化

教材是学生学习的基础资源，承载着知识的传递和智慧的启迪。然而，传统的纸质教材由于体积庞大、重量较重，给学生携带和使用带来了诸多不便。此外，纸质教材一旦印刷完成，内容就相对固定，难以及时进行更新和修订。这些问题在信息化时代显得尤为突出。

教材电子化是解决上述问题的有效途径。通过将纸质教材转化为电子文档或在线课程，学生可以轻松地在电脑、手机等终端设备上随时随地进行阅读和学习。电子化教材不仅保留了纸质教材的全部内容，还增添了丰富的互动元素，如注释、高亮、检索等功能。这些功能有助于学生更加高效地进行学习，提高学习效果。

例如，学生可以在电子教材中进行标注和笔记，方便复习时快速回顾；通过高亮功能，学生可以突出显示重要的知识点或关键词，加深记忆和理解；检索功能则有助于学生快速查找所需信息，提高学习效率。此外，电子化教材的更新和维护也更加便捷。教师可以根据教学需要随时对教材进行修订和完善，确保教材内容的时效性和准确性。

2.教辅材料电子化

除了教材之外，教辅材料也是学生学习过程中不可或缺的资源。传统的教辅材料同样存在携带不便、更新滞后等问题。教辅材料的电子化则可以为学生提供更加多元的学习资源和学习方式。

电子化的教辅材料包括电子课件、在线题库、案例库等。这些资源可以随时随地访问和下载，满足了学生随时随地学习的需求。例如，学生可以利用碎片时间在手机或平板电脑上浏览电子课件，巩固课堂所学知识；通过在线题库进行自测和练习，提高解题能力和应试技巧；案例库则为学生提供了丰富的实际案例和问题分析方法，有助于培养学生的实践能力和创新思维。

此外，电子化教辅材料还具有可搜索、可编辑、可共享等优势。学生可以通过关键词搜索快速找到所需资源；对资源进行编辑和整理，形成个性化的学习笔记和知识体系；通过共享功能与其他同学进行交流和协作，共同提高学习效果。这些优势使得电子化教辅材料成为学生学习的重要辅助工具。

（二）多媒体教学资源的开发与利用

多媒体教学资源是教学资源数字化整合的重要组成部分。相较于传统的教学资源，多媒体教学资源具有生动形象、信息量大、交互性强等优势，能够激发学生的学习兴趣和积极性。在课程思政体系中，可以针对不同课程内容和教学目标，开发相应的多媒体教学资源。

1.动画视频的制作与应用

动画视频是一种极具吸引力的多媒体教学资源。通过生动形象的动画效果，它可以将枯燥的思政知识以更加直观、有趣的方式呈现出来。在历史人物传记、法律案例等课程内容的教学中，动画视频的应用尤为突出。

例如，在讲述历史人物传记时，传统的文字描述往往难以让学生形成直观的形象认知。而通过动画视频，可以将历史人物的形象、事迹以及时代背景等以动态的画面展现出来，让学生在观看的过程中形成深刻的印象。这种教学方式不仅可以激发学生的学习兴趣，还可以帮助他们更加深入地理解历史人物的精神风貌和时代价值。

在法律案例的教学中，动画视频同样可以发挥重要的作用。通过制作模拟法庭审判的动画视频，可以让学生更加直观地了解法庭审判的程序和规则，增强他们的法律意识和法治观念。同时，动画视频还可以对案例中的关键点和争议点进行突出展示，引导学生在观看的过程中进行深入思考和分析。

2.实景模拟视频的开发与应用

实景模拟视频是另一种重要的多媒体教学资源。它通过模拟真实场景和情境，让学生在身临其境的感受中学习和掌握知识。在一些具有场景性、情境性的课程内容的教学中，实景模拟视频的应用尤为有效。

例如，在讲述某个历史事件或社会现象时，传统的文字描述往往难以让学生形成全面的认知。而通过实景模拟视频，可以将历史事件或社会现象的真实场景和情境再现出来，让学生在观看的过程中感受到历史的真实感和社会的复杂性。这种教学方式不仅可以增强学生的代入感和体验感，还可以帮助他们更好地理解和应用所学知识。

此外，实景模拟视频还可以用于模拟实验、技能训练等教学环节。通过模拟真实的实验环境和操作过程，可以让学生在安全的条件下进行实验操作和技能训练，提高他们的实践能力和操作技能。

（三）网络教学平台的构建与应用

网络教学平台是实现教学资源数字化整合的重要载体。通过构建功能完善的网络教学平台，可以将电子教材、多媒体教学资源等有机整合在一起，形成一个完整、系统的在线课程体系。网络教学平台的构建与应用不仅为学生提供了更加便捷的学习方式，还为教师提供了更加高效的教学管理手段。

1.网络教学平台的构建

网络教学平台的构建是一个系统工程，需要充分考虑学生的学习需求和教师的教学需求。首先，平台应该具备课程管理功能，教师可以方便地发布课程信息、上传教学资源、设置课程进度等，确保课程的顺利进行。其次，学习跟踪功能也是必不可少的。平台应该能够记录学生的学习进度、学习时长、作业完成情况等信息，方便教师随时了解学生的学习状况，提供个性化的教学指导。

此外，为了促进师生之间的互动和交流，网络教学平台还应该提供在线交流功能。教师可以通过平台组织在线讨论、答疑等活动，激发学生的学习兴趣和积极性。学生则可以在平台上提问、分享学习心得，与教师和同学进行实时互动和交流。这种互动式的学习方式不仅可以提高学生的学习效果，还有助于培养学生的团队协作和沟通能力。

网络教学平台还应该支持多种终端设备的访问，如电脑、手机等。这样可以方便学生随时随地进行学习，打破时间和空间的限制。无论是在家里、在学校还是在公共场所，学生都可以利用碎片时间进行学习，提高学习效率。

2.网络教学平台的应用

网络教学平台的应用为教师和学生带来了诸多便利。首先，教师可以通过平台发布课程公告、布置作业、组织在线讨论等教学活动，实现线上线下的无缝对接。这样不仅可以节省教师的时间和精力，还可以确保教学信息的及时传递和准确反馈。

对于学生而言，网络教学平台为他们提供了更加自主、灵活的学习方式。学生可以在平台上进行自主学习、提交作业、参与讨论等学习活动，与教师和同学进行实时互动和交流。这种学习方式不仅可以激发学生的学习兴趣和积极性，还可以培养他们的自主学习能力和创新思维。

此外，网络教学平台还支持对学生进行学习跟踪和评估。平台可以根据学生的学习数据生成个性化的学习报告和成绩统计，帮助教师及时了解学生的学习情况，调整教学策略。这种数据驱动的教学方式不仅可以提高教学效果和学习效率，还可以为教学研究和改革提供有力的数据支持。

二、资源共享机制的建立

在数字化时代，资源共享已成为提升教育资源利用效率、促进教育公平的重要途径。对于课程思政体系而言，建立有效的资源共享机制有助于实现校内外教学资源的优化配置和高效利用，提升教学质量和水平，满足学生多样化、个性化的学习需求。

（一）校内教学资源的共享策略

校内教学资源是课程思政体系的重要组成部分，包括教师资源、课程资源、教学设施等。为了打破学校内部各部门之间的信息壁垒，实现校内教学资源的共享，需要采取以下策略：

1.建立统一的教学资源共享平台

在信息化时代背景下，建立一个统一、高效的教学资源共享平台已成为当务之急。该平台不仅应具备基本的上传、下载、检索、评论等功能，还应根据实际需求进行功能拓展和优化。通过这一平台，各部门和教师可以将手中的优质教学资源进行集中展示和共享，从而实现教学资源的互通有无和优势互补。

对于教师而言，这一平台提供了一个便捷的途径，可以轻松获取其他教师的教学课件、案例库、试题库等宝贵资源，为自己的教学提供有力支持。同时，通过平台上的交流和互动，教师还可以相互学习、共同进步，形成积极向上的教师群体学习氛围。

对于学生而言，这一平台同样具有重要意义。通过平台，学生可以接触到更多的学习资源和信息，满足个性化、自主化的学习需求。同时，平台上的互动和评价功能还可以帮助学生更好地理解和掌握知识，提升学习效果。

2.制定相关政策措施鼓励资源共享

除了建立统一的教学资源共享平台外，学校还应制定相关政策措施来鼓励和支持教学资源的共享。例如，可以设立资源共享奖励机制，对积极参与资源共享的教师进行表彰和奖励；同时，将资源共享情况纳入教师考核评价体系中，作为教师职称晋升、岗位聘任等方面的重要依据。这些政策措施的实施将有助于营造积极的资源共享氛围，推动校内教学资源的流通与利用。

此外，学校还可以通过举办教学资源共享经验交流会、教学成果展示等活动来进一步促进教学资源的共享和交流。这些活动不仅可以为教师提供一个展示自己教学成果和经验的平台，还可以激发教师的创新精神和共享意愿。

3.加强教学资源的管理与维护

为了确保教学资源的共享效果和质量，学校必须加强对教学资源的管理与维护工作。首先，要建立严格的教学资源审核机制，对上传的教学资源进行认真审核把关，确保资源的准确性和适用性；其次，要定期对教学资源进行更新和维护工作，及时剔除过时、无效的资源，补充新的、有价值的资源；最后，要建立教学资源使用反馈机制，及时收集教师和学生对教学资源的意见和建议，并根据反馈情况不断完善和优化教学资源库。通过这些措施的实施，可以确保教学资源库的持续健康发展，为教学提供有力支持。

（二）跨校教学资源的共享与合作

除了校内资源共享外，还需要加强与其他高校之间的合作与交流，实现跨校教学资源的共享。这不仅可以拓宽学生的知识视野，还可以促进不同高校之间的优势互补和协同发展。具体策略如下：

1.建立校际合作联盟

建立校际合作联盟是实现跨校教学资源共享的重要途径。通过联盟，不同高校可以共同制定教学资源共享协议和规范，明确各方在资源共享中的权利和义务，确保资源共享的公平性和有效性。这种联盟不仅可以促进高校之间的教学交流和经验分享，还可以共同开发在线课程、合作编写教材等，实现优质教学资源的共建共享。

具体而言，定期举办教学资源共享研讨会、教学观摩①等活动，可以为教师们提供一个相互学习、交流的平台。通过观摩其他高校的教学模式和教学方法，教师们可以取长补短，不断完善自己的教学理念和教学手段。同时，学生们也可以通过参与这些活动，接触到更多元化的教学方式和学习资源，提升自己的学习体验和效果。

2.借助国家级、省级等教育资源共享平台

除了校际合作联盟外，积极借助国家级、省级等教育资源共享平台也是

---

① 教学观摩是一种教师间互相学习、交流的教学活动，通过现场观看、听取其他教师的教学过程，以学习和借鉴其教学方法、策略、手段等，从而提升自身的教学水平和能力。它是教师专业发展的重要途径之一。

实现跨校教学资源共享的重要途径。这些平台汇聚了众多高校的优质教学资源，包括精品课程、名师讲堂、实验实训等。通过参与这些平台的建设和利用，高校可以获取更多的教学资源支持和服务保障，提升课程思政体系的教学质量和水平。

利用这些平台，高校之间可以实现优质教学资源的互通有无和共建共享。这不仅可以避免资源的重复建设和浪费，还可以提高资源的利用效率和效益。同时，通过平台上的互动和交流，高校之间还可以共同探讨和解决教学中遇到的问题和困难，推动教学改革的深入进行。

3.加强与国际高校的合作与交流

随着全球化进程的不断加速，国际交流与合作已成为高等教育发展的重要趋势。加强与国际高校的合作与交流，引入国际先进的教学理念和教学资源，对于拓宽学生的国际视野和跨文化交流能力具有重要意义。通过师生互访、合作研究等方式，可以促进与国际高校之间的深度合作与交流；引入国际先进的在线课程和教学平台，则可以为学生提供更加多元、国际化的学习体验。

这种国际交流与合作不仅可以带来先进的教学理念和教学方法，还可以促进不同文化之间的交流与融合。这对于培养学生的全球意识和跨文化交际能力具有重要意义，同时也有助于提升高校的国际影响力和竞争力。

（三）社会公共资源的引入与整合

社会公共资源是丰富课程思政体系教学内容的重要途径。通过与博物馆、图书馆等文化机构以及政府部门、企业等合作，可以引入相关历史文物、文献资料、政策法规、企业案例等作为教学资源。具体策略如下：

1.与博物馆、图书馆等文化机构的紧密合作

博物馆和图书馆作为文化的殿堂，蕴藏着大量珍贵的历史文物和文献资料。这些资源不仅承载着深厚的历史文化底蕴，更是课程思政体系不可或缺的教学素材。通过与文化机构的紧密合作，我们可以将这些宝贵的资源引入课堂，让学生在亲身感受中深化对中华优秀传统文化的理解和认同。

具体而言，可以组织师生定期参观博物馆、图书馆，开展现场教学和实践活动。在博物馆的实物展示和图书馆的文献海洋中，学生可以更加直观地

感知历史的厚重和文化的魅力。此外，还可以与文化机构共同开发在线课程或教育项目，利用现代信息技术手段，打破时空限制，实现优质教学资源的共建共享。

2.与政府部门合作，引入相关政策法规

政策法规是国家治理的重要依据，也是课程思政体系的重要内容。与政府部门的合作，可以为我们提供最新、最权威的政策法规解读，帮助学生更好地理解国家的大政方针和社会的发展趋势。

为了实现这一目标，我们可以邀请政府部门的官员或专家走进校园，为学生授课或举办讲座。他们将用生动的案例和深入的分析，为学生揭示政策法规背后的深层逻辑和社会意义。同时，还可以组织师生参与政府部门的实践活动或项目研究，让学生在实践中加深对政策法规的理解和运用。

3.与企业合作，引入企业案例和实践经验

企业是市场经济的主体，也是社会创新的重要力量。与企业的合作，可以为我们提供大量鲜活的案例和实践经验，帮助学生更好地了解社会的运作方式和职业的发展路径。

为了充分利用这些资源，我们可以邀请企业家或行业专家分享他们的创业历程和管理经验。他们的成功故事和失败教训都将成为学生宝贵的学习财富。同时，还可以组织师生参与企业的实践活动或项目研究，让学生在真实的工作环境中锻炼自己的实践能力和职业素养。此外，与企业共同开发在线课程或教育项目也是一种有效的合作方式，可以实现产教融合和校企合作育人的目标。

三、数据共通与多平台融合

随着信息技术的迅猛发展和教育信息化的深入推进，数字化教学资源日益丰富和多样化。对于课程思政体系而言，实现不同平台之间的数据共通和多平台融合已成为提升教学资源利用效率和管理水平的关键所在。

（一）教学数据标准的制定与实施

为了实现不同平台之间的数据共通，首先需要制定统一的教学数据标准。

这些标准不仅有助于确保数据的准确性和一致性，还能提高数据交换的效率，为后续的数据分析和挖掘奠定坚实基础。

1.明确教学数据标准的重要性

在数字化教学资源的管理和应用中，教学数据标准起着至关重要的作用。首先，统一的数据标准可以消除不同平台之间的数据壁垒，实现数据的共享和互通。这不仅可以避免资源的重复建设和浪费，提高教学资源的利用效率，还有助于提升教学质量和效果。其次，统一的数据标准有助于提升数据的质量和价值。通过规范化的数据采集、存储和管理，可以确保数据的准确性和一致性，为后续的数据分析和挖掘提供可靠的基础。最后，统一的教学数据标准还可以促进教育信息化的发展和创新。通过实现不同平台之间的数据共通，可以推动教育资源的优化配置和高效利用，为教学决策和科研活动提供有力支持。

2.制定教学数据标准的原则和方法

在制定教学数据标准时，应遵循以下原则：通用性、可扩展性、可操作性等。通用性是指标准应适用于不同类型的数字化教学资源和管理平台，以确保数据的互通性和共享性。可扩展性是指标准应预留发展空间，以适应未来教学数据的变化和增长。随着技术的不断进步和教育需求的不断变化，教学数据标准也需要不断更新和完善。可操作性是指标准应具有明确的实施步骤和操作指南，便于用户理解和使用。只有具备可操作性的标准才能真正落地实施，发挥其应有的作用。

制定教学数据标准的方法包括需求分析、标准设计、标准评审和实施推广等步骤。首先，进行需求分析是非常重要的。通过充分了解不同平台和用户的需求和特点，可以明确标准的目标和定位。这有助于确保标准能够满足实际应用的需求，并具备广泛的适用性。其次，进行标准设计是制定标准的关键步骤。在标准设计阶段，需要依据需求分析结果，制定具体的数据格式、交换协议等规范。这些规范应详细明确，具备可操作性和可扩展性。同时，还需要考虑标准的兼容性和互操作性，以确保不同平台之间的数据能够顺畅交换和共享。接下来是标准评审阶段。在这一阶段，应邀请专家和用户进行评审和反馈，不断完善和优化标准。通过评审和反馈，可以发现标准中存在的问题和不足，及时进行修改和完善。这有助于确保标准的科学性和实用性。最后是实施推广阶段。在这一阶段，应采取多种措施加强标准的宣传和培训，推动标准的广泛应用和落地实施。通过加强宣传和培训，可以让更多的用户了解和掌握标准，推动标准在实际应用中的广泛应用。

3.加强教学数据的采集、存储和管理

制定统一的教学数据标准后，还需要加强对教学数据的采集、存储和管理工作。首先，应建立完善的数据采集机制，确保数据的准确性和完整性。通过规范化的数据采集流程和方法，可以确保数据的真实性和可靠性。其次，采用可靠的数据存储技术和管理系统，确保数据的安全性和可用性。通过采用先进的存储技术和管理系统，可以保障数据的安全存储和高效访问。同时，还需要制定严格的数据备份和恢复策略，以防止数据丢失或损坏。最后，制定严格的数据管理制度和规范，确保数据的规范性和一致性。通过建立健全的数据管理制度和规范，可以明确数据的来源、格式、存储方式等要求，确保数据的统一性和规范性。这些措施有助于为后续的数据分析和挖掘提供可靠的基础。

此外，为了实现不同平台之间的数据共通，还需要加强平台之间的合作与交流。不同平台之间应加强沟通与协作，共同推动教学数据标准的制定和实施。通过平台之间的合作与交流，可以共同解决数据共通中遇到的问题和困难，推动教育信息化的发展和创新。

（二）多平台教学资源的整合与互通

在统一的教学数据标准基础上，还需要对不同平台的教学资源进行整合与互通。这有助于打破平台之间的壁垒，实现教学资源的共享和优化配置。

1.开发统一的教学资源管理系统

为了实现对不同平台教学资源的整合与互通，开发统一的教学资源管理系统是首要任务。该系统不仅应具备资源上传、下载、检索、评论等基本功能，还需考虑用户体验、安全性、稳定性等多方面因素。

系统应支持多种数据格式和交换协议，以适应不同平台的教学资源特点。这意味着系统需要具备高度的兼容性和可扩展性，能够轻松接入各种类型的教学资源，并进行统一管理和调度。

用户体验是系统成功的关键。系统界面应简洁明了、操作便捷，方便用户快速上手。同时，系统还应提供个性化的资源推荐和智能检索功能，帮助用户高效获取所需教学资源。

安全性和稳定性是系统运行的保障。系统应采用先进的安全技术和管理策略，确保教学资源的安全存储和传输。此外，系统还应具备强大的稳定性和容错能力，确保在高并发、大数据量等复杂环境下能够稳定运行。

通过统一的教学资源管理系统，不仅可以实现教学资源的集中管理和统一调度，还能提高资源的利用效率和管理水平。这将有助于推动教育信息化的发展，提升教学质量和效果。

2.建立教学资源共享交换平台

除了开发统一的教学资源管理系统外，建立教学资源共享交换平台也是实现教学资源整合与互通的重要途径。该平台可以作为一个中介或桥梁，连接不同平台之间的教学资源库和用户群体，促进教学资源的共享和流通。

共享交换平台应具备以下功能：一是资源检索与推荐功能，帮助用户快速找到所需的教学资源；二是资源共享与交换功能，支持不同平台之间的教学资源共享和互通；三是用户管理与权限控制功能，确保资源的合法使用和知识产权保护。

通过共享交换平台，不同平台之间可以实现教学资源的互补和协同利用。这将有助于打破平台壁垒，消除信息孤岛现象，推动教学资源的优化配置和高效利用。同时，共享交换平台还可以促进不同平台之间的合作与交流，共同推动教育信息化的发展和创新。

3.加强不同平台之间的数据交换和同步更新工作

为了实现教学资源的实时共享和一致性维护，加强不同平台之间的数据交换和同步更新工作至关重要。应建立完善的数据交换机制，明确数据交换的格式、频率和流程等要求。这有助于确保不同平台之间的数据能够及时、准确地传递和更新。

采用先进的数据同步技术和管理策略是关键。例如，可以利用云计算、大数据等技术手段实现数据的实时同步和更新；同时，还应制定严格的数据管理制度和规范，确保数据的准确性和一致性。这些措施有助于避免数据的冗余和冲突现象，提高教学资源的准确性和可靠性。

此外，加强平台之间的合作与交流也是实现数据交换和同步更新工作的重要保障。不同平台之间应建立紧密的合作关系，共同推动数据交换和同步更新工作的顺利进行。通过平台之间的合作与交流，可以共同解决数据交换和同步更新中遇到的问题和困难，推动教学资源整合与互通的深入发展。

（三）信息化教学环境的构建与优化

为了保障数字化教学资源的有效利用和管理水平的提升，还需要构建和优化信息化教学环境。这包括完善校园网络环境、提升多媒体教学设备性能、加强教师信息技术培训等方面的工作。

1.完善校园网络环境

校园网络环境是信息化教学环境的基础。一个稳定、安全、高效的校园网络环境，能够为师生提供便捷的网络服务，支持各种数字化教学活动的顺利开展。

加强对校园网络的规划、建设和管理。学校应充分认识到网络的重要性，将其纳入学校整体发展规划中，并制定详细的网络建设计划和管理制度。在网络规划方面，应充分考虑学校的实际情况和发展需求，合理规划网络拓扑结构、带宽分配和扩展性等问题。在网络建设方面，应采用先进的网络技术和设备，确保网络的稳定性和高效性。同时，还应加强对网络设备的日常维护和管理，及时发现和解决网络故障，保障网络的正常运行。

提升网络带宽和覆盖范围。随着数字化教学资源的日益丰富和多样化，对网络带宽和覆盖范围的要求也越来越高。学校应积极与运营商合作，争取更多的网络带宽资源，以满足师生对高速网络的需求。同时，还应加强校园无线网络的建设和管理，实现校园内无线网络的全面覆盖，方便师生随时随地接入网络进行学习和交流。

加强网络安全管理和防护工作。网络安全是校园网络环境的重要组成部分。学校应建立完善的网络安全管理制度和防护体系，加强对网络设备和数据的安全监控和管理。同时，还应加强对师生的网络安全教育和培训，提高他们的网络安全意识和技能水平。通过多措并举，共同保障校园网络环境的安全稳定运行。

2.提升多媒体教学设备性能

多媒体教学设备是信息化教学环境中的重要组成部分。一套性能优良、功能齐全的多媒体教学设备，能够为师生提供更加生动、形象的教学内容展示方式，提高教学效果和学习体验。

加强对多媒体教学设备的投入和更新力度。随着科技的不断进步和更新换代的加速，多媒体教学设备的性能和功能也在不断提升。学校应加大对多媒体教学设备的投入力度，及时更新老旧设备，引进先进的多媒体教学设备和技术手段。同时，还应建立完善的设备管理制度和维护机制，确保设备的正常运行和使用寿命。

提高教师的多媒体教学能力和水平。教师是多媒体教学设备的主要使用者和受益者。他们的多媒体教学能力和水平直接影响到教学效果和学习体验。因此，学校应加强对教师的多媒体教学技能培训和教育力度，提高他们的信息素养和数字化教学能力。可以通过组织定期的培训课程、邀请专家进行专题讲座、开展教学比赛等方式来实现这一目标。

推广和应用先进的多媒体教学技术和手段。随着信息技术的不断发展和创新应用模式的不断涌现，越来越多的先进多媒体教学技术和手段被引入到教育领域中来。如虚拟现实技术、增强现实技术①、人工智能技术等都可以为多媒体教学提供更加生动、形象的教学内容展示方式和学习体验。因此，学校应积极推广和应用这些先进的多媒体教学技术和手段，为师生提供更加优质的教学服务和学习体验。

3.加强教师信息技术培训

教师是信息化教学环境中的重要主体之一。他们的信息技术水平和应用能力直接影响到信息化教学环境的构建和优化效果以及数字化教学资源的有效利用程度。因此，加强教师信息技术培训是构建和优化信息化教学环境的重要措施之一。

制定详细的教师信息技术培训计划和方案。学校应根据教师的实际情况

---

① 增强现实技术是一种将虚拟信息与真实世界巧妙融合的技术，通过计算机生成的文字、图像等虚拟信息模拟仿真后，应用到真实世界中，两种信息互为补充，从而增强用户对真实世界的感知。

和培训需求，制定详细的培训计划和方案。培训内容可以包括信息技术基础知识、多媒体教学设备操作技能、网络教学资源获取与利用等方面。同时，还应针对不同层次和需求的教师进行有针对性的培训，以满足他们的个性化需求和增强培训效果。

采用多种培训形式和方法进行教师信息技术培训。传统的面对面授课方式虽然具有一定的优势，但也存在时间、地点等限制因素。因此，学校可以采用线上课程、线下研讨、实践操作等多种培训形式和方法进行教师信息技术培训。线上课程可以方便教师随时随地进行学习；线下研讨可以促进教师之间的交流和互动；实践操作可以帮助教师更好地掌握和运用信息技术手段进行教学工作。通过多种形式的培训，可以提高教师的信息技术水平和应用能力，推动信息化教学环境的构建和优化工作取得实效。

加强对教师信息技术培训效果的评估和反馈工作。学校应建立完善的培训效果评估机制，对教师信息技术培训的效果进行评估和反馈。可以通过问卷调查、实践操作考核等方式来了解教师对培训内容的掌握情况和应用效果，并根据评估结果对培训计划进行及时调整和完善。同时，还应鼓励教师在日常教学工作中积极应用所学信息技术知识和技能，不断提高自己的数字化教学能力水平。

第二节   课程思政体系学生学习的数字化

一、知识图谱与个性化学习路径

随着数字化时代的到来，教育领域正经历着前所未有的变革。其中，知识图谱和个性化学习路径的应用已成为推动教育创新的重要手段。特别是在课程思政体系中，这些数字化工具的应用对于满足学生的多样化学习需求、提升学习效果具有重要意义。

（一）知识图谱在思政课程中的应用

知识图谱作为一种强大的知识表示工具，具有直观性、系统性和拓展性等特点。在思政课程中，知识图谱的应用主要体现在以下几个方面：

1.课程知识体系的梳理与呈现

在传统的思政课程教学中，教师往往需要花费大量时间对课程知识进行讲解和梳理。然而，由于知识点众多且零散，学生往往难以从宏观上把握课程结构，导致学习效果不佳。而利用知识图谱，教师可以对课程知识体系进行系统梳理，将零散的知识点整合成一个完整、清晰的知识框架。这样，学生不仅可以快速了解课程结构，还可以明确各知识点之间的关联和层次关系。

具体来说，教师可以通过分析思政课程的教材和参考资料，提取出课程中的关键知识点和概念，并利用知识图谱的建模方法将这些知识点和概念进行关联和整合。在知识图谱中，每个知识点都可以作为一个节点，而节点之间的连线则表示知识点之间的关联关系。通过这种方式，教师可以构建出一个完整、系统的课程知识体系图谱[①]。

此外，利用知识图谱的可视化技术，教师还可以将课程知识体系以图形化的方式呈现给学生。这种直观、形象的呈现方式不仅可以帮助学生更好地理解课程结构，还可以激发学生的学习兴趣和积极性。同时，学生还可以通过浏览知识图谱中的节点和连线，深入了解各知识点之间的内在联系和区别，从而加深对课程内容的理解和记忆。

2.课程内容关联性与层次性的展示

思政课程内容涉及广泛，涵盖了政治、经济、文化等多个领域。各知识点之间既相互独立又相互联系，形成了一个复杂的知识网络。在传统的教学方式中，教师往往难以直观地展示这些关联性和层次性，导致学生对课程内容的理解不够深入和全面。

而利用知识图谱，教师可以通过图形化的方式直观地展示课程内容之间的关联性和层次性。在知识图谱中，不同的节点表示不同的知识点或概念，

---

① 课程知识体系图谱是一种可视化的知识管理工具，它以图形化的方式展示课程知识的结构、关联和层次，帮助学生和教师全面、系统地理解和把握课程内容，提升教学效果和学习效率。图谱可以清晰呈现知识点之间的联系和脉络。

而节点之间的连线则表示它们之间的关联关系。通过调整节点和连线的大小、颜色、形状等属性，教师可以清晰地展示各知识点之间的层次关系和重要性差异。

这种直观、形象的展示方式不仅可以帮助学生更好地理解课程内容之间的内在联系和区别，还可以引导学生从多个角度、多个层面去思考和分析问题。同时，通过浏览知识图谱中的不同路径和分支，学生还可以发现新的知识点和领域，从而拓宽自己的知识视野和认知结构。

3.拓展学习与深度学习的辅助

除了对课程知识体系的梳理和呈现外，知识图谱还可以为学生提供拓展学习和深度学习的路径。在传统的思政课程教学中，由于受时间和空间的限制，教师往往难以为学生提供足够的拓展学习和深度学习资源。而利用知识图谱，教师可以根据课程内容和学生的实际需求，添加相关的拓展知识和深度学习资源。

具体来说，教师可以在知识图谱中为每个节点添加相关的拓展链接或资源描述信息。这些链接或资源可以包括相关的学术论文、研究报告、案例分析等文献资料，也可以包括相关的视频教程、在线课程等多媒体资源。通过这种方式，学生可以根据自己的兴趣和需求，沿着知识图谱中的线索进行深入探究和学习。

同时，利用知识图谱的语义分析和推荐算法等技术手段，教师还可以根据学生的学习历史和兴趣偏好为其推荐个性化的拓展学习和深度学习路径[1]。这种个性化的学习路径不仅可以满足学生的不同需求和兴趣偏好，还可以提高学生的学习效率和自主探究能力。

（二）学生个性化学习需求的识别与满足

在数字化环境下，学生的学习行为和需求呈现出多样化的特点。为了满足学生的个性化学习需求，教师需要借助大数据分析和人工智能等技术手段

---

① 深度学习路径是指在进行深度学习过程中，学习者需要遵循的一系列有序的学习步骤和方法。这些步骤和方法旨在帮助学习者逐步掌握深度学习的原理、技术和实践应用，从而提升其在这个领域的认知和能力水平。

进行深入挖掘和分析。

1.学习行为的挖掘与分析

在数字化学习环境中，学生的学习行为数据成了一种宝贵的资源。这些数据包括学习时间、学习进度、互动次数、作业完成情况等，它们能够真实反映学生的学习习惯和学习偏好。通过收集和分析这些数据，教师可以深入了解每个学生的学习状态和学习困难。

例如，通过分析学习时间，教师可以发现哪些学生在某个知识点上花费了过多的时间，这可能意味着他们在这个知识点上遇到了困难。此时，教师可以及时介入，为学生提供针对性的辅导和支持。同时，学习进度的数据也可以帮助教师调整教学节奏，确保所有学生都能跟上课程进度。

此外，互动次数的数据可以反映学生的参与度和活跃度。在数字化学习环境中，学生可以通过在线讨论、小组协作等方式进行互动。教师可以通过分析这些互动数据，了解哪些学生积极参与了讨论，哪些学生则较为沉默。然后，教师可以根据这些信息调整教学策略，鼓励更多学生参与互动，提高课堂氛围的活跃度。

2.兴趣偏好的识别与满足

除了学习行为外，学生的兴趣偏好也是个性化学习需求的重要组成部分。在数字化环境下，教师可以通过分析学生的兴趣爱好、阅读记录、搜索历史等数据，了解学生的潜在需求和兴趣点。然后，教师可以根据这些信息为学生提供定制化的学习资源和路径。

例如，对于对科学感兴趣的学生，教师可以为他们提供与科学相关的拓展阅读材料、在线实验课程等。这些定制化的学习资源不仅可以满足学生的兴趣偏好，还可以激发他们的学习动力和创新精神。同时，教师还可以根据学生的兴趣偏好调整教学方式和方法，如采用项目式学习、情景模拟等更加灵活多样的教学方式。

为了满足学生的个性化需求，教师还可以利用人工智能等技术手段为学生推荐合适的学习资源和路径。例如，通过构建智能推荐系统，教师可以根据学生的历史学习数据和兴趣偏好为他们推荐相关的学习视频、文章、课程等。这种个性化的推荐方式不仅可以提高学生的学习效率，还可以帮助他们发现更多感兴趣的领域和知识。

（三）学习路径的定制与优化

在识别了学生的个性化学习需求后，教师还需要为其定制合适的学习路径并进行不断优化。

1.学习路径的定制

学习路径的定制是个性化学习的核心环节。它要求教师根据学生的知识基础、学习能力、兴趣偏好以及学习目标等多个维度，为他们设计独特且富有针对性的学习路线。这些学习路径不仅应涵盖具体的学习目标和内容，还应包括适宜的学习方法和评估标准。

在定制学习路径时，教师需要首先明确学生的学习目标。这些目标可以是掌握某个知识点、提升某项技能，或是培养某种素养。随后，教师需要围绕这些目标，选择恰当的学习内容和教学方法。例如，对于视觉学习者，教师可以采用图表、视频等视觉辅助材料；对于听觉学习者，则可以侧重于讲解和讨论。

此外，学习路径的设计还需要考虑学生的时间安排和学习节奏。教师可以根据学生的日程和学习速度，为他们制定灵活的学习计划，允许他们在一定范围内自主调整学习进度。

2.学习路径的优化

学习路径的优化是一个持续不断的过程。在学生学习过程中，教师需要密切关注他们的学习进度和反馈，及时发现路径中存在的问题并进行调整。这种优化可能涉及学习内容的增减、教学方法的变更，或是评估标准的调整。

为了有效地优化学习路径，教师需要建立有效的监控和评估机制。他们可以通过定期的作业检查、在线测试或面对面的交流等方式，收集学生的学习数据和反馈意见。这些数据不仅可以帮助教师了解学生的学习效果，还可以揭示学习路径中存在的潜在问题。

在收集到足够的信息后，教师需要对数据进行分析，识别出学习路径中的瓶颈和障碍。然后，他们可以根据分析结果，针对性地调整学习路径，如增加辅导材料、改变教学方式或提供额外的支持等。

值得一提的是，学习路径的优化不仅需要教师的努力，还需要学生的积极参与。教师应该鼓励学生提供反馈意见，分享他们在学习过程中的感受和困惑。这样，教师可以更加全面地了解学生的学习状况，从而做出更加精准的优化决策。

二、数字化学习工具的应用

随着信息技术的飞速发展，数字化学习工具已经成为学生学习思政课程的重要辅助手段。这些工具不仅为学生提供了更加便捷的学习资源获取途径，还有效地提升了学习效率。

（一）在线学习平台的使用与推广

在线学习平台作为学生学习思政课程的主要阵地之一，具有资源丰富、交互性强、时空无限等优势。在使用与推广在线学习平台时，可以从以下几个方面入手：

1.引导学生充分利用平台资源

在线学习平台为学生提供了海量的思政课程资源，包括视频讲座、在线文档、案例库等。这些资源不仅内容丰富、形式多样，而且更新速度快，能够紧跟时代步伐，及时反映社会热点和思政课程的新要求。为了引导学生充分利用这些资源，教师需要做好以下几方面的工作：

教师需要帮助学生熟悉在线学习平台的功能模块和操作方式。这包括课程资源模块、学习工具模块和交流社区模块等。教师可以通过课堂讲解、操作演示等方式，让学生了解平台的基本功能和操作方法，为后续的自主学习打下基础。

教师需要结合思政课程的教学目标和要求，为学生推荐适合的学习资源和路径。这要求教师对平台上的资源有深入的了解和把握，能够根据学生的学习需求和兴趣偏好，为他们提供定制化的学习建议。例如，对于理论性较强的内容，教师可以推荐学生观看相关视频讲座或阅读在线文档；对于实践性较强的内容，教师可以引导学生参与在线模拟实验或案例分析等活动。

教师需要通过布置作业、组织讨论等方式，督促学生利用平台资源进行深入学习。这些作业和讨论可以围绕思政课程的核心内容和热点问题展开，旨在引导学生运用所学知识进行分析和思考。通过完成这些任务，学生可以加深对思政课程的理解和掌握，提升自主学习能力和思辨能力。

2.推广在线学习平台的使用

为了鼓励更多学生参与到在线学习中来，教师需要积极推广在线学习平台的使用。这不仅可以扩大平台的知名度和影响力，还可以促进学生之间的交流和合作，形成良好的学习氛围。具体来说，教师可以采取以下几种推广策略：

教师可以在课堂上进行宣讲和示范。通过向学生介绍在线学习平台的优势和功能特点，展示平台上的精彩资源和成功案例，教师可以激发学生对在线学习的兴趣和热情。同时，教师还可以邀请已经使用过平台的学生分享他们的学习经验和心得体会，为其他同学提供借鉴和参考。

教师可以利用社交媒体等网络渠道进行推广。通过在微博、微信等平台上发布相关信息和动态，教师可以吸引更多学生的关注和参与。此外，教师还可以与校园媒体合作，通过校园广播、报纸等方式宣传在线学习平台的使用方法和优势。

教师可以设置一些奖励机制来激励学生积极参与在线学习。例如，教师可以根据学生在平台上的学习积分、参与度等指标进行评选和奖励，如优秀学员评选、学习之星等。这些奖励不仅可以增强学生的荣誉感和归属感，还可以激发他们的学习动力和创新精神。

3.加强在线学习平台的交互性

在线学习平台的交互性是其重要优势之一，也是提升学生学习效果的关键因素。通过加强与学生之间的互动交流，教师可以及时了解学生的学习情况和反馈意见，为后续的教学调整提供有力支持。具体来说，教师可以采取以下几种方式来加强平台的交互性：

教师可以设置讨论区或话题板块，引导学生围绕思政课程的相关内容进行讨论和交流。这些讨论可以涉及课程内容的理解、社会热点的分析、思想观念的碰撞等方面，旨在激发学生的思维活力和创新意识。通过参与讨论，学生可以相互学习、相互启发，形成更加全面和深入的认识。

教师可以利用在线问答、投票等功能与学生进行实时互动。这些功能可以让学生随时随地向教师提问或发表意见，教师也可以及时给予回应和解答。这种实时互动不仅可以解决学生在学习过程中遇到的问题和困惑，还可以增强师生之间的情感联系和信任感。

教师可以利用在线学习平台的数据分析功能来了解学生的学习情况和需求。通过对学生的学习进度、成绩变化等数据进行挖掘和分析，教师可以发现学生的学习规律和特点，为后续的教学改进提供科学依据。同时，教师还可以根据学生的反馈意见对平台进行优化和完善，提升用户体验和满意度。

（二）移动学习设备的应用与普及

随着智能手机的迅速普及和移动网络的持续发展，移动学习作为一种新型的学习方式，正逐渐改变着传统的教学模式和学习习惯。在课程思政体系中，移动学习的应用与普及显得尤为重要，它不仅为学生提供了更为便捷、高效的学习途径，还为教师创新教学方法、提升教学效果提供了有力支持。

1.开发移动学习应用，满足学生多样化需求

在移动学习的大背景下，开发专门的移动学习应用成为满足学生多样化学习需求的关键。这些应用不仅要能够集成丰富的课程资源，还要提供便捷的学习工具和交流社区，以打造一个全方位的移动学习环境。

移动学习应用的设计应以学生的实际需求为出发点，注重用户体验和互动性。例如，应用界面应简洁明了、操作便捷，方便学生在手机上随时随地进行学习。同时，应用内应提供丰富的课程资源，包括视频讲座、文档资料、在线测试等，以满足学生不同层次、不同方面的学习需求。

除了课程资源外，移动学习应用还应提供学习工具，如记事本、提醒功能等，帮助学生更好地管理自己的学习过程。此外，交流社区也是移动学习应用中不可或缺的一部分。通过社区，学生可以与其他同学进行在线讨论、分享学习心得，形成积极的学习氛围。

2.制作微课程，提升学习效果

微课程是一种新型的数字化学习资源，具有短小精悍、重点突出的特点，非常适合在移动学习设备上使用。在思政课程中，教师可以根据教学内容和学生的实际情况，制作一系列微课程。

这些微课程可以围绕某个知识点或主题进行深入浅出的讲解，帮助学生

快速掌握重点内容。由于微课程时间短、内容精炼，学生能够更加集中注意力进行学习，从而提高学习效果。同时，微课程的灵活性也使其成为学生自主学习的重要资源。学生可以根据自己的学习进度和兴趣选择相应的微课程进行学习，实现个性化学习。

在制作微课程时，教师应注重课程内容的选取和设计。首先，要选取与思政课程紧密相关、具有代表性的知识点或主题作为微课程的内容。其次，要注重课程内容的呈现方式，采用图文并茂、音视频结合的方式激发学生的学习兴趣。最后，还要设置相应的互动环节和测试题目，以检验学生的学习效果和巩固所学知识。

3.关注移动学习设备的普及情况，实现教育公平

移动学习设备的普及情况是决定移动学习能否在课程思政体系中广泛应用的关键因素之一。因此，教师需要密切关注学生的移动设备拥有情况和使用习惯。

通过调查问卷、访谈①等方式了解学生的移动设备拥有情况和使用习惯，可以为后续的教学安排提供参考依据。例如，如果大多数学生都拥有智能手机且习惯使用移动应用进行学习，那么教师可以考虑将更多的教学资源和学习活动迁移到移动平台上。

同时，教师还需要关注家庭经济困难学生的移动设备拥有情况。对于这部分学生，学校可以通过与相关企业合作、争取政府资助等方式为他们提供移动学习设备的支持。此外，学校还可以开设公共机房或提供租借服务等方式，确保所有学生都能享受到移动学习的便利。

除了硬件设备的支持外，教师还需要关注学生的移动学习技能和素养的培养。通过开设相关课程、组织培训活动等方式提高学生的信息素养和移动学习能力，使他们能够更好地适应移动学习环境下的学习要求。

---

① 访谈是一种定性研究方法，通过研究者与被研究者面对面交谈来了解受访人的心理和行为。它包括多种具体形式，如标准化访谈、半标准化访谈和非标准化访谈，可根据研究目的和情境灵活选择。访谈法广泛应用于社会科学研究各领域。

（三）学习分析工具的选择与使用

学习分析工具是帮助学生了解自身学习情况、发现学习问题、制定学习策略的重要工具。在课程思政体系中，选择和使用合适的学习分析工具具有重要意义。具体可以从以下几个方面入手：

1.为学生推荐合适的学习分析工具

面对市场上琳琅满目的学习分析工具，教师需要为学生进行精心挑选和推荐。一个好的学习分析工具应该具备易于操作、功能全面、数据安全等特点，能够真正为学生的学习提供有效支持。

在易于操作性方面，教师应选择界面友好、操作简便的工具，以降低学生的使用门槛。对于功能全面性，工具应能够涵盖学生学习过程中的多个环节，如课前预习、课中互动、课后复习等，以提供全方位的学习支持。在数据安全方面，工具应严格遵守相关法律法规，确保学生的个人信息和学习数据不被泄露。

此外，教师还需要根据思政课程的特点和学生的学习需求，选择具有针对性的学习分析工具。例如，对于理论性较强的思政课程，可以选择注重知识点梳理和概念解析的工具；对于实践性较强的课程，则可以选择注重案例分析和情景模拟的工具。

2.利用学习分析工具了解学生的学习情况

学习分析工具的价值不仅在于提供学习支持，更在于帮助教师更好地了解学生的学习情况。通过工具收集的学习数据，教师可以全面掌握学生的学习进度、知识点掌握情况、学习难点等信息，从而为后续的教学调整提供有力依据。

例如，教师可以通过分析工具中的学习进度报告，了解哪些学生进度滞后，进而采取针对性的辅导措施；通过知识点掌握情况的分析，教师可以发现学生在哪些知识点上存在误解或遗漏，从而在后续教学中进行重点讲解和补充；通过学习问题的反馈，教师可以及时了解学生在学习过程中遇到的困难和挑战，为他们提供及时的帮助和支持。

这些学习数据的收集和分析，不仅可以帮助教师更加精准地把握学生的学习状况和需求，还可以促进教学方式的创新和教学质量的提升。通过对数据的深入挖掘和分析，教师可以发现传统教学方式中可能存在的问题和不足，进而尝试新的教学方法和手段，以更好地满足学生的学习需求。

3.指导学生使用学习分析工具进行自我评估

除了教师利用学习分析工具了解学生的学习情况外，更重要的是要指导学生学会使用这些工具进行自我评估。自我评估是学生自主学习的重要环节，也是提升学习效果的关键手段。

教师可以通过课堂讲解、操作演示等方式，向学生介绍学习分析工具的使用方法和功能特点，帮助他们熟悉和掌握这些工具。在此基础上，教师可以引导学生利用工具进行自我评估，如查看自己的学习进度报告、分析自己的知识点掌握情况、反思自己的学习问题等。

通过自我评估，学生可以更加清晰地了解自己的学习状况和不足之处，从而制定更加合理的学习计划和策略。这种自我反思和自我管理的过程，不仅可以提升学生的自主学习能力，还能够培养他们的自我意识和自我管理能力。

同时，教师还可以鼓励学生之间进行交流和分享，互相学习和借鉴彼此的学习方法和经验。这种同伴互助的学习方式，不仅可以增进学生之间的友谊和合作，还能够提升他们的团队协作能力和社会交往能力。

三、成效评价与反馈机制

成效评价与反馈机制是教育教学中不可或缺的重要环节，尤其在课程思政体系中，其对于检验学生学习效果、提升教学质量具有至关重要的作用。

（一）学习成效的数字化评价体系

在思政课程的学习中，建立数字化评价体系是客观、全面评价学生学习成效的有效手段。具体可以从以下几个方面展开：

1.确定评价指标

在思政课程的学习中，建立数字化评价体系的首要任务是确定一系列全面、客观的评价指标。这些指标不仅要涵盖学生对知识点的掌握情况，还要涉及能力发展和学习态度等多个方面。具体来说，知识点掌握情况可以通过在线测试、课堂小测等方式进行量化评估，以了解学生对基本概念、原理的理解和记忆程度。作业完成质量则是评价学生学习态度和努力程度的重要指标，教师可以通过对作业的批改和评分，了解学生在课后的学习投入和效果。

除了知识点掌握和作业完成质量外，在线讨论参与度和小组合作能力也是数字化评价体系中不可或缺的部分。在线讨论参与度可以反映学生的思维活跃度和对课程内容的理解深度，教师可以通过分析学生在讨论区中的发言次数、内容质量等指标，评估学生的参与情况和学习效果。小组合作能力则是评价学生团队协作和沟通能力的重要指标，教师可以通过观察学生在小组活动中的表现，了解他们在集体学习中的贡献和角色。

在确定评价指标时，教师还需要注意指标的合理性和可操作性。一方面，指标要能够真实反映学生的学习情况，避免过于片面或主观的评价；另一方面，指标要具有可操作性，方便教师进行数据的收集和分析。只有这样，数字化评价体系才能为思政课程的教学提供有力支持。

2.量化分析与可视化呈现

数字化评价体系的核心在于对学习数据的量化分析和可视化呈现。通过收集学生的学习数据，教师可以更加直观地了解学生的学习状况，为后续教学提供有力支持。量化分析可以帮助教师从大量的数据中提取出有用的信息，如各知识点的掌握情况、学习进度的快慢等。这些信息可以为教师调整教学内容和方法提供依据，使教学更加符合学生的实际需求。

可视化呈现则是将量化分析的结果以图表、报告等形式展示出来，使教师能够更加清晰地了解学生的学习状况。例如，教师可以通过柱状图展示各知识点的掌握情况，通过折线图展示学生的学习进度变化等。这些可视化呈现不仅可以帮助教师快速了解学生的学习状况，还可以为教师与学生之间的交流提供便利。学生可以通过查看自己的学习报告，了解自己的学习进步和不足之处，从而调整自己的学习策略和方法。

3.动态调整与个性化评价

数字化评价体系还应具备动态调整和个性化评价的功能。随着教学的深入和学生的变化，教师需要适时调整评价指标和权重，以确保评价的准确性和有效性。例如，在某个阶段的教学中，教师可能更加注重学生对某个知识点的掌握情况，因此可以适当增加该知识点在评价体系中的权重。这种动态调整可以使评价更加符合教学的实际需求。

同时，针对不同学生的特点和需求，教师需要提供个性化的评价反馈。每个学生都有自己独特的学习方式和节奏，因此教师需要根据学生的实际情况进行评价和反馈。例如，对于学习基础较差的学生，教师可以提供更加详细和具体的反馈建议，帮助他们更好地掌握知识点；对于学习基础较好的学生，教师可以提出更高的要求和挑战，激发他们的学习潜力和创造性。这种个性化的评价反馈可以帮助每个学生更好地认识自己、提升自我。

（二）学习过程的监控与反馈

在思政课程的学习过程中，实时的监控与反馈机制对于提升教学效果至关重要。具体可以从以下几个方面实施：

1.学习进度的实时跟踪

在思政课程的学习过程中，实时的监控与反馈首先体现在对学生学习进度的紧密跟踪。借助数字化学习平台，教师可以轻松获取学生的学习数据，包括课程学习记录、视频观看时长、作业提交情况等，从而全面了解学生是否按照预定的学习计划进行。

这种实时跟踪不仅有助于教师掌握全班的学习动态，更能针对个别进度滞后的学生提供及时的帮助。当教师发现某个学生的学习进度明显落后于其他同学时，可以迅速介入，通过私信提醒、线上辅导或安排同学互助等方式，确保该学生能够迅速调整状态，迎头赶上。这种个性化的关注与指导，不仅有助于解决学生的学习困难，更能让学生感受到教师的关心与支持，从而增强学习的信心与动力。

2.学习问题的及时发现与解决

数字化学习平台的另一大优势在于能够及时反馈学生的学习问题。在线测试系统、作业批改平台等工具，都可以为教师提供学生知识掌握情况的第一手资料。通过分析这些数据，教师可以迅速定位学生在哪些知识点上存在理解困难或掌握不牢固的问题。

此外，在线讨论区、互动问答平台等也是发现学生学习问题的重要途径。在这些平台上，学生可以自由发表观点、提出问题，教师则可以通过观察学生的发言内容和互动情况，了解他们在思想认识、价值观念等方面可能存在的偏差或困惑。针对这些问题，教师可以及时进行干预和指导，通过解答疑问、引导讨论等方式，帮助学生澄清认识、纠正错误观念。

3.定期的学习反馈与指导

除了实时的监控与反馈外，定期的学习反馈与指导也是提升思政课程教学效果的关键环节。在每个学习阶段结束后，教师都应该为学生提供一份详细的学习评价报告，总结他们在该阶段的学习表现、进步与不足，并给出具体的建议和指导。

这份报告可以包括学生在各个知识点上的掌握情况、作业和测试的完成情况、在线讨论的参与度和质量等方面的评价。通过这份报告，学生可以清晰地了解自己在哪些方面做得很好，哪些方面还需要改进，从而明确下一阶段的学习目标和努力方向。

同时，教师还应该根据学生的个体差异和学习需求，提供个性化的学习建议。对于基础较差的学生，教师可以推荐一些补充学习资料或辅导课程，帮助他们巩固基础、提升能力；对于基础较好的学生，教师则可以鼓励他们进行更深入的思考和研究，挑战更高层次的学习任务。

（三）学习成果的展示与交流

为了激发学生的学习积极性和创造性，搭建学习成果的展示与交流平台具有重要意义。具体可以从以下几个方面入手：

1.多样化的展示方式

在思政课程的学习过程中，为了激发学生的学习积极性和创造性，搭建学习成果的展示与交流平台至关重要。其中，多样化的展示方式是这一平台的重要组成部分。

传统的课堂展示方式往往局限于口头报告或简单的书面作业，这种单一的形式很难全面激发学生的学习兴趣。因此，教师需要创新展示方式，为学生提供更多元化的选择。线上展览、课堂汇报、小组讨论等方式都是值得尝试的有效途径。

线上展览可以利用数字化技术，将学生的学习成果以图片、视频、音频等多媒体形式进行呈现。这种方式不仅可以突破时间和空间的限制，让更多人欣赏到学生的作品，还能通过互动评论和点赞等功能，增强学生的成就感和自信心。课堂汇报则要求学生将学习心得和体会进行整理和提炼，以口头报告的形式展示给全班同学。这种方式可以锻炼学生的逻辑思维和语言表达能力，同时也能让他们接受来自同伴的反馈和建议。小组讨论则是一种更为灵活和深入的交流方式，学生可以围绕某个话题或问题展开深入探讨，通过思想的碰撞和观点的交流，达到相互启发和共同提高的目的。

这些多样化的展示方式不仅可以满足不同学生的学习需求和兴趣点，还能让他们在展示和交流的过程中收获成长和进步。通过将自己的学习成果以多种方式进行呈现和分享，学生可以更加深入地理解和掌握思政课程知识，同时也能提升他们的综合素养和实践能力。

2.互动性的交流平台

除了多样化的展示方式外，搭建一个互动性的交流平台也是激发学生学习积极性和创造性的重要手段。这个平台可以是一个线上的论坛、社区或微信群等，也可以是一个线下的课堂讨论区或学习小组等。无论采取何种形式，关键是要保证平台的互动性和开放性。

在互动性的交流平台上，学生可以自由地发表自己的观点和看法，提出问题和建议，分享学习资源和经验等。这种开放的环境可以鼓励学生勇敢地表达自己的想法，同时也能让他们接触到更多不同的观点和思路。通过与其他同学的互动交流，学生可以更加深入地理解和掌握思政课程知识，同时也能拓展他们的思维视野和认知深度。

此外，教师也可以通过这个平台了解学生的思想动态和学习需求。他们可以关注学生的发言和讨论情况，及时给予反馈和指导，帮助学生解决学习中的困惑和难题。这种互动式的教学方式不仅可以增强师生之间的沟通和联系，还能让教学更加贴近学生的实际需求和兴趣点。

3.激励性的评价机制

为了进一步激发学生的学习积极性和创造性，建立激励性的评价机制也是必不可少的。这种评价机制可以通过设立荣誉称号、纳入课程考核体系等方式来实现。

例如，教师可以设立优秀学习成果奖、最佳发言奖等荣誉称号，对在学习成果展示和交流过程中表现突出的学生进行表彰和奖励。这种荣誉激励可以增强学生的自信心和归属感，激发他们的学习兴趣和动力。同时，教师也可以将学生的学习成果和发言情况纳入课程考核体系，作为评定学生成绩的重要依据之一。这种考核激励可以让学生更加重视学习成果的展示和交流过程，从而投入更多的时间和精力进行学习和思考。

第三节　课程思政体系教学管理的数字化

一、大数据驱动的教学决策

随着信息技术的飞速发展，大数据已经成为推动教育变革的重要力量。在课程思政体系教学管理中，大数据的应用正逐渐改变传统的教学决策模式，为教学管理提供更加科学、精准的支持。

（一）教学数据的收集与整理

随着信息技术的迅猛发展，大数据已经渗透到各个领域，特别是在教育领域中的应用，为教学管理带来了前所未有的机遇和挑战。在课程思政体系的教学管理中，大数据的应用正逐渐改变传统的教学决策模式，为教学管理提供更加科学、精准的支持。而要实现这一目标，首先需要对教学过程中的各种数据进行全面、系统的收集与整理。

1.学生学习行为数据的收集

学生学习行为数据是反映学生学习情况、学习进度和学习效果的重要依据。这些数据包括学生的登录次数、在线学习时间、作业完成情况、测试成绩等。通过收集这些数据，教师可以了解学生的学习态度和学习习惯，及时发现学生的学习问题和困难，为后续的教学调整提供有力支持。

在收集学生学习行为数据时，可以借助学习管理系统（LMS）等在线平台。这些平台可以自动记录学生的学习行为，为教师提供详细的学习报告和数据分析结果。同时，还可以通过设置学习提醒、学习反馈等功能，引导学生更加积极地参与学习过程，提高学习效果。

2.教师教学行为数据的收集

教师教学行为数据是反映教师教学情况、教学策略和教学效果的重要依据。这些数据包括教师的教学计划、教学课件、教学视频、教学反思等。通过收集这些数据，学校可以了解教师的教学风格和教学水平，为教师的教学改进提供专业指导。

在收集教师教学行为数据时，可以利用课堂观察工具、教学评价系统等进行记录和分析。这些工具可以帮助学校更加全面、客观地了解教师的教学情况，及时发现教学中存在的问题和不足。同时，还可以通过教师之间的互相观摩和交流，促进教师教学水平的提升。

3.课程资源使用数据的收集

课程资源使用数据是反映课程资源利用情况、课程受欢迎程度和课程质量的重要依据。这些数据包括课程的访问次数、下载次数、评价分数等。通过收集这些数据，学校可以了解哪些课程资源受到学生的欢迎和喜爱，哪些课程资源需要进一步优化和完善。

在收集课程资源使用数据时，可以利用在线调查工具、课程评价系统等进行收集和分析。这些工具可以帮助学校更加准确地了解学生对课程资源的需求和反馈，为课程资源的建设和管理提供有力支持。

在收集完上述数据后，还需要对数据进行清洗和整理。这一过程包括去除无效和冗余的数据、纠正错误数据、对数据进行归一化处理等，以确保数据的准确性和可靠性。同时，还需要建立数据仓库或数据湖等存储设施，对数据进行长期保存和备份，以便后续的数据分析和挖掘。

（二）数据分析在教学决策中的应用

收集到的教学数据需要经过深入的分析和挖掘，才能为教学决策提供有价值的参考。数据分析可以帮助教育管理者和教师发现教学过程中的问题和规律，揭示学生学习和教师教学的特点和趋势，为教学改进提供科学依据。

1.学生学习行为数据的分析

通过对学生学习行为数据的分析，教师可以了解学生的学习习惯、学习偏好和学习困难。例如，通过分析学生的登录次数和在线学习时间，可以了解学生的学习积极性和投入程度；通过分析学生的作业完成情况和测试成绩，可以了解学生的学习效果和掌握程度。这些数据分析结果可以为教师提供更加个性化、针对性的教学支持。

在实际应用中，教师可以利用数据分析工具对学习行为数据进行深入挖掘。例如，可以利用聚类分析算法对学生进行分类，将具有相似学习习惯和成绩水平的学生归为一类，为不同类别的学生提供不同的教学资源和教学策略。同时，还可以利用关联规则挖掘算法发现学生学习行为之间的关联关系，为教师提供更加精准的教学建议。

2.教师教学行为数据的分析

通过对教师教学行为数据的分析，学校可以了解教师的教学风格、教学策略和教学效果。例如，通过分析教师的教学计划和教学课件，可以了解教师的教学思路和教学重点；通过分析教师的教学反思和学生评价，可以了解教师的教学效果和改进方向。这些数据分析结果可以为学校的教学管理和教师的教学改进提供有力支持。

在实际应用中，学校可以利用数据分析工具对教师的教学行为数据进行深入挖掘。例如，可以利用文本挖掘算法对教师的教学反思进行情感分析，了解教师对教学的满意度和自信心水平；还可以利用决策树等分类算法对教师的教学效果进行预测和评估，为学校的教学决策提供科学依据。

3.课程资源使用数据的分析

通过对课程资源使用数据的分析，学校可以了解课程资源的利用情况、受欢迎程度和质量水平。例如，通过分析课程的访问次数和下载次数，可以了解课程资源的受欢迎程度和利用率；通过分析课程的评价分数和学生反馈，可以了解课程资源的质量水平和改进方向。这些数据分析结果可以为学校的课程资源建设和管理提供有力支持。

在实际应用中，学校可以利用数据分析工具对课程资源使用数据进行深入挖掘。例如可以利用关联规则挖掘算法发现课程资源之间的关联关系，为学校提供更加精准的课程资源推荐和配置建议；还可以利用时间序列分析算法对课程资源的访问量进行预测和趋势分析，为学校制定更加合理的课程资源建设计划提供依据。

（三）数据驱动的教学改革与创新

大数据的应用不仅可以为教学决策提供科学依据，还可以推动教学改革与创新。通过对教学数据的深入分析，我们可以发现传统教学模式中存在的问题和局限性，从而为教学改革提供有力支持。同时，大数据也可以为我们探索新的教学方法和教学模式提供灵感和思路。

1.数据驱动的教学模式创新

在传统的教学模式中，教师往往采用"一刀切"的教学方式，忽视了学生的个体差异和学习需求。而大数据的应用可以帮助教师更加深入地了解学生的学习情况和需求，为个性化教学提供有力支持。例如，可以利用大数据技术对学生的学习行为、兴趣爱好、认知能力等进行全面分析，为每个学生制定个性化的学习计划和教学方案。这种基于大数据的个性化教学模式可以更好地满足学生的学习需求，提高学习效果和学习动力。

此外，大数据还可以为我们探索新的教学模式提供灵感和思路。例如，可以利用大数据技术开展混合式教学、翻转课堂等新型教学模式的探索与实践。这些新型教学模式可以充分发挥大数据的优势和特点，为学生提供更加灵活、多样的学习体验和学习方式。

2.数据驱动的教学内容优化

在传统的教学内容选择中，教师往往根据自己的经验和主观判断来选择教学内容和教学资源。而大数据的应用可以帮助教师更加科学、精准地选择教学内容和教学资源。例如，可以利用大数据技术对学生的学习行为、学习反馈等进行分析，了解学生对不同教学内容的兴趣和需求程度，从而选择更加符合学生需求和教学目标的教学内容和教学资源。这种基于大数据的教学内容优化可以更好地激发学生的学习兴趣和学习动力，提高教学效果和教学质量。

3.数据驱动的教学评价改革

在传统的教学评价中，往往采用单一的考试或测验方式来评价学生的学习效果和教师的教学质量。而大数据的应用可以帮助我们建立更加全面、客观的教学评价体系。例如，可以利用大数据技术对学生的学习行为、学习成果、学习反馈等进行全面分析，从多个角度对学生的学习效果和教师的教学质量进行评价。这种基于大数据的教学评价改革可以更加全面、客观地反映学生的学习情况和教师的教学水平，为教学改进提供更加科学、精准的依据。

二、精细化教学管理流程

随着信息技术的不断发展，数字化已经成为教学管理的重要趋势。在课程思政体系教学管理中，实现数字化管理不仅可以提高管理效率，还能有效提升教学质量。而精细化教学管理流程作为实现数字化的重要手段，其在课程思政体系教学管理中的应用也显得尤为重要。

（一）教学计划的数字化制定与执行

在传统的教学管理模式中，教学计划的制定与执行往往依赖于纸质文档和人工操作，这种方式不仅效率低下，而且容易出错。而在数字化的教学管理模式下，通过引入精细化教学管理流程，可以实现教学计划的数字化制定与执行，从而大大提高管理效率和准确性。

1.教学计划的数字化制定

利用数字化教学管理平台，教师可以方便地在线制定教学计划，包括课程设置、教学内容、教学方法、教学进度等各个方面。在制定计划的过程中，平台还可以提供丰富的教学资源和模板，帮助教师快速完成计划的制定。同时，通过平台的审核功能，还可以确保教学计划的合理性和可行性。

此外，数字化教学计划还具有灵活性和可调整性。在教学过程中，如果出现意外情况或需要调整计划，教师可以通过平台快速地进行修改和更新，确保教学计划的实时性和有效性。

2.教学计划的数字化执行

在教学计划的执行过程中，数字化教学管理平台可以发挥重要的作用。首先，通过平台的发布功能，教师可以将教学计划及时地传达给学生和其他相关人员，确保每个人都能够清楚地了解教学安排和要求。其次，平台还可以提供在线的课程管理和学习功能，如在线课程、在线作业、在线测试等，方便学生随时随地进行学习。

同时，数字化教学管理平台还可以对教学计划的执行情况进行实时监控和反馈。通过收集和分析学生的学习数据、教师的教学数据以及课程资源的使用数据等，平台可以生成各种报表和统计结果，帮助教师和管理者及时了解教学计划的执行情况，发现问题并进行调整和改进。

（二）教学过程的数字化监控与管理

教学过程是课程思政体系的核心环节，也是实现教学目标的关键过程。在传统的教学管理模式中，对教学过程的监控和管理往往存在诸多困难。而通过精细化教学管理流程的应用，可以实现教学过程的数字化监控与管理，从而更加全面、细致地了解教学过程的情况。

1.教学过程的实时监控

利用数字化教学管理平台，可以对教学过程进行实时监控。通过平台的在线课程功能，教师可以实时地了解学生的学习情况、学习进度和学习效果等。同时，平台还可以提供在线的互动和交流功能，如在线讨论区、在线问答等，方便教师和学生进行实时的沟通和交流。

此外，数字化教学管理平台还可以对教师的教学过程进行实时监控。通过收集和分析教师的教学数据，如教学内容的选择、教学方法的运用等，平台可以为教师提供实时的反馈和建议，帮助教师及时发现问题并进行调整和改进。

2.教学过程的精细化管理

在教学过程中，精细化教学管理流程还可以实现教学过程的精细化管理。通过制定详细的教学计划和教学规范，明确每个教学环节的目标和要求，确保教学过程的规范化和标准化。同时，通过数字化教学管理平台的记录功能，还可以对每个教学环节进行详细的记录和分析，为后续的教学评估提供有力支持。

此外，精细化教学管理流程还可以实现教学资源的精细化管理。通过数字化教学管理平台的教学资源管理功能，可以对各种教学资源进行分类、标签化和共享化管理，方便教师和学生随时随地进行资源的查找和使用。这不仅可以提高教学资源的利用率和效果，还可以促进教学资源的共享和交流。

（三）教学质量的数字化评估与反馈

教学质量评估是检验教学效果的重要手段，也是促进教学质量提升的重要途径。在传统的教学管理模式中，教学质量评估往往依赖于人工操作和经验判断，存在主观性和不准确性等问题。而通过精细化教学管理流程的应用，可以实现教学质量的数字化评估与反馈，从而更加客观、全面地了解教学质量的情况。

1.教学质量的数字化评估

利用数字化教学管理平台，可以对教学质量进行数字化评估。通过收集和分析学生的学习数据、教师的教学数据以及课程资源的使用数据等，平台可以生成各种评估指标和评估结果，如学生的学习成绩、教师的教学评分、课程资源的利用率等。这些评估结果可以为教师的教学改进提供有力支持，也可以为管理者的决策提供科学依据。

同时，数字化评估系统还可以支持多种评估方式和方法，如学生自评、教师互评、专家评审等。通过多种评估方式的结合运用，可以更加全面、客观地了解教学质量的情况，发现存在的问题和不足。

2.教学质量的数字化反馈

在教学质量评估的基础上，数字化教学管理平台还可以提供实时的反馈功能。通过平台的反馈系统，学生可以及时了解自己的学习情况和进步程度，教师可以及时了解自己的教学效果和改进方向。同时，管理者也可以及时了解整个教学过程的情况和存在的问题，为后续的教学改进提供有力支持。

此外，数字化反馈系统还可以支持个性化的反馈和建议。根据学生的学习情况和教师的教学特点，平台可以生成个性化的反馈报告和建议方案，帮助每个人更加针对性地改进自己的学习和教学。这不仅可以提高学习和教学的效果和质量，还可以促进每个学生的全面发展和个性成长。

三、以管促建的教学策略

随着高等教育的不断发展，课程思政体系建设已成为高校教育教学改革的重要内容。在这一背景下，教学管理作为课程建设的重要组成部分，发挥着越来越重要的作用。通过科学、规范的教学管理，可以推动课程资源的优化配置和教学质量的持续提升，实现以管促建的教学目标。

（一）教学管理在课程建设中的作用

教学管理是课程建设的重要组成部分，贯穿于课程建设的全过程。在课程思政体系建设中，教学管理发挥着至关重要的作用，具体表现在以下几个方面：

1.确保课程建设的规范性和科学性

教学管理通过制定和实施一系列的教学管理制度和规范，确保课程建设的规范性和科学性。这些制度和规范包括课程设置、教学大纲、教材选用、教学方法、考核方式等各个方面，为课程建设提供了明确的指导和依据。同时，教学管理还可以对课程建设过程进行监督和检查，及时发现和纠正存在的问题，确保课程建设的顺利进行和高质量完成。

2.推动课程资源的优化配置和共享利用

教学管理通过对课程资源的全面管理和优化配置，可以推动课程资源的共享利用和提高利用效率。一方面，教学管理可以对课程资源进行统一规划和管理，避免资源的重复建设和浪费。另一方面，教学管理还可以促进不同课程之间的资源共享和交流，打破课程之间的壁垒和隔阂，实现课程资源的最大化效益。

3.为课程建设提供有力保障和支持

教学管理还可以为课程建设提供有力保障和支持。一方面，教学管理可以为课程建设提供必要的人力、物力和财力支持，确保课程建设的顺利进行。另一方面，教学管理还可以为课程建设提供必要的政策支持和制度保障，为课程建设创造良好的外部环境和条件。

（二）以管理促进教学资源的优化配置

在课程思政体系建设中，教学资源的优化配置是提高教学质量和效果的关键环节。通过科学、规范的教学管理，可以实现教学资源的合理配置和高效利用。具体来说，可以从以下几个方面入手：

1.建立完善的教学资源管理体系

要实现教学资源的优化配置，首先需要建立完善的教学资源管理体系。

这一体系应该对教学资源的种类、数量、质量等进行全面、细致的掌握和管理，包括教材、教具、实验设备、多媒体资源等各个方面。同时，还需要建立教学资源的信息管理系统，实现教学资源的数字化管理和信息化服务，方便教师和学生随时随地进行资源的查找和使用。

2.根据教学需求合理配置教学资源

在建立完善的教学资源管理体系的基础上，还需要根据教学需求和教学目标，对教学资源进行合理配置和调度。这包括根据课程的特点和需要，选择合适的教材和教具；根据实验教学的要求，配置必要的实验设备和实验材料；根据多媒体教学的需要，提供丰富的多媒体资源和教学平台等。通过合理配置教学资源，可以确保教学资源的充分利用和最大化效益。

3.加强教学资源的更新和维护工作

教学资源的更新和维护工作是确保教学资源可持续利用和不断发展的重要保障。通过加强教学资源的更新和维护工作，可以确保教学资源的时效性和先进性，满足教学发展的需要。同时，还需要加强对教学资源的维护和保养工作，延长教学资源的使用寿命和提高使用效率。

（三）以管理推动教学质量的持续提升

教学质量的持续提升是课程思政体系建设的核心目标之一。通过科学、规范的教学管理，可以推动教学质量的不断提升和发展。具体来说，可以从以下几个方面入手：

1.建立完善的教学质量监控和评估体系

要实现教学质量的持续提升，首先需要建立完善的教学质量监控和评估体系。这一体系应该对教学质量进行全面、客观的评价和反馈，包括课堂教学质量、实践教学质量、考试考核质量等各个方面。同时，还需要建立教学质量的信息反馈机制，及时收集和处理教师和学生对教学质量的意见和建议，为教学改进提供依据和支持。

2.根据评估结果及时进行教学调整和改进工作

在建立完善的教学质量监控和评估体系的基础上，还需要根据评估结果和反馈意见，及时进行教学调整和改进工作。这包括针对存在的问题和不足，制定具体的改进措施和方案；加强对教师的教学培训和指导工作，提高教师的教学水平和专业素养；加强对学生的学习指导和辅导工作，提高学生的学习效果和学习质量等。通过及时进行教学调整和改进工作，可以确保教学质量的稳步提升和发展。

3.加强对教师的教学培训和指导工作

教师是教学活动的主体和关键因素，教师的教学水平和专业素养直接影响着教学质量和效果。因此，加强对教师的教学培训和指导工作是实现教学质量持续提升的重要途径之一。通过组织各种形式的教学培训和交流活动，可以帮助教师掌握先进的教学理念和教学方法；通过加强对教师的教学指导和辅导工作，可以帮助教师解决教学中遇到的问题和困难；通过建立完善的教师激励机制和评价体系，可以激发教师的积极性和创造性，提高教师的教学质量和水平。

第四节　课程思政体系教学评价的数字化

一、AI赋能的教学评价创新

随着信息技术的飞速发展，人工智能（AI）已经逐渐渗透到教育领域，为教学评价带来了前所未有的创新。AI技术的应用不仅提高了教学评价的准确性、效率和客观性，还为课程思政体系的教学评价带来了全新的变革。

（一）AI技术在教学评价中的应用

AI技术在教学评价中的应用正在逐步深化，为传统的教学评价方式带来了革命性的变革。以下是AI技术在教学评价中的几个主要应用方面及其详细论述：

1.自然语言处理和文本挖掘技术的应用

自然语言处理和文本挖掘技术是AI领域的重要分支，它们在教学评价中发挥着越来越重要的作用。这些技术可以帮助我们从海量的教学文本信息中提取出有用的信息，进而对教学过程和效果进行评估。

学生学习反馈分析是自然语言处理和文本挖掘技术在教学评价中的重要应用之一。通过收集学生的课后反馈、作业评语等文本信息，我们可以利用自然语言处理技术进行情感分析和关键词提取。这样，教育工作者就可以快速了解学生对教学内容、教学方法的接受程度和满意度，从而及时调整教学策略，提高教学效果。

教师教学反思挖掘也是自然语言处理和文本挖掘技术的重要应用。教师的教学日志、教学反思等文本信息中蕴含着丰富的教学经验和智慧。通过深度挖掘这些文本信息，我们可以发现教师在教学过程中的关注点、困惑和改进方向，进而为教学改进提供有力依据。这不仅有助于提升教师的教学水平，还可以促进教师之间的交流和合作，共同推动教学质量的提升。

教学互动内容分析是自然语言处理和文本挖掘技术的另一个重要应用。课堂讨论、在线交流等教学互动中的文本内容反映了学生的参与度和思维活跃度，以及教师的教学引导效果。通过分析这些文本内容，我们可以评估教学互动的质量和效果，进而为教学改进提供有益的建议。

2.机器学习和深度学习技术的应用

机器学习和深度学习技术是AI领域的核心技术，它们在教学评价中也发挥着越来越重要的作用。这些技术可以帮助我们从海量的教学数据中提取出有用的信息，进而对学生的学习行为和教师的教学行为进行更加全面、客观的评估。

学习行为模式识别是机器学习和深度学习技术在教学评价中的重要应用之一。通过收集学生的学习时间、学习频率、学习路径等数据，我们可以利用机器学习算法识别学生的学习模式和习惯。这样，教育工作者就可以更加全面地了解学生的学习状况和需求，进而为个性化教学提供支持。例如，对于学习进度较慢的学生，教师可以提供针对性的辅导和资源；对于学习兴趣较高的学生，教师可以提供更多的拓展内容和挑战性任务。

教学行为效果评估也是机器学习和深度学习技术的重要应用。通过对教师的教学视频、语音等数据进行深度分析，我们可以评估教师的教学风格、互动方式以及对学生学习的影响。这不仅可以帮助教师更加客观地了解自己的教学表现，还可以为教学改进提供有力依据。例如，通过分析教师的语音数据，我们可以评估其情感状态和互动水平；通过分析教师的教学视频数据，我们可以评估其教学组织和表达能力。

此外，成绩预测与风险预警也是机器学习和深度学习技术的另一个重要应用。基于学生的学习历史数据和其他相关信息，我们可以利用机器学习模型预测学生的未来成绩走势。这样，教育工作者就可以及时发现学习风险并进行预警和干预。例如，当模型预测到某个学生的成绩可能出现大幅下降时，教师可以及时介入并提供必要的帮助和支持；当模型预测到某个班级的整体成绩可能低于预期时，教学管理者可以及时调整教学策略和资源分配。

3.大数据和云计算技术的应用

大数据和云计算技术是AI技术在教学评价中的另一个重要支撑。这些技术为教学数据的存储、管理和分析提供了强大的支持，使得我们能够更加高效、准确地评估教学过程和效果。

教学数据存储与管理是大数据和云计算技术在教学评价中的基础应用。利用云计算平台，我们可以存储和管理海量的教学数据，包括结构化数据（如成绩、评分）和非结构化数据（如视频、音频、文本）。这样不仅可以保证数据的完整性和可访问性，还可以为后续的数据分析和挖掘提供坚实的基础。同时，云计算平台的高可扩展性和弹性伸缩能力可以应对教学数据不断增长的需求。

数据驱动的决策支持是大数据和云计算技术在教学评价中的重要应用之一。通过对教学大数据的挖掘和分析，我们可以为教学管理者提供数据驱动的决策支持。例如，通过对学生的学习成绩、学习行为等数据进行分析，我们可以发现课程设置中存在的问题和优化方向；通过对教师的教学评价、教学反思等数据进行分析，我们可以发现教学资源分配中存在的问题和改进措施。这些分析结果可以为教学管理者提供更加科学、准确的决策依据。

跨区域、跨时间的教学比较是大数据和云计算技术的另一个重要应用。利用大数据技术，我们可以对不同地区、不同时间段的教学数据进行比较和分析。这样不仅可以发现教学差异和优势，还可以促进不同地区、不同学校之间的交流和合作，共同推动教学质量的提升。例如，通过对不同地区的高考成绩进行比较和分析，我们可以发现不同地区的教育水平和教学特色；通过对不同学校的教学质量进行比较和分析，我们可以发现优秀的教学经验和做法，进而进行借鉴和推广。

（二）评价指标体系的科学构建与优化

在教学评价中，构建和优化评价指标体系是关键环节。以下是构建与优化评价指标体系的几个重要步骤和考虑因素：

1.确定评价目标和内容

构建评价指标体系的首要任务是明确评价的目标和内容。评价目标应该与课程思政体系的教学目标和教学内容相一致，确保评价工作能够真实反映教学的实际情况。同时，评价内容应该充分考虑学生的全面发展需求和社会对人才的需求，使评价指标具有前瞻性和引导性。

在确定评价目标和内容时，需要注重以下几个方面：首先，要明确评价的对象是谁，是学生、教师还是教学资源等；其次，要确定评价的重点是什么，是知识水平、技能掌握还是情感态度等；最后，要关注评价的背景和环境，即教学过程中的各种影响因素。通过明确这些方面，可以确保评价目标和内容的科学性和合理性。

2.选取合理的评价指标

评价指标是构成评价体系的基本元素，其选取的合理性直接关系到评价结果的准确性和有效性。在选取评价指标时，应该从教学水平、学习效果、教学资源利用效率等多个维度进行考虑，确保指标具有可测量性、可比较性和可操作性。

具体来说，教学水平可以从教师的授课质量、教学方法和手段等方面进行评价；学习效果可以从学生的知识掌握情况、能力提升程度和学习态度等方面进行评价；教学资源利用效率则可以从教学资源的配置情况、使用效率和管理水平等方面进行评价。在选取这些指标时，需要注重指标的针对性和代表性，避免指标过于繁杂或过于简单。

3.动态调整和优化评价指标

教学是一个动态的过程，随着教学的发展和变化，评价指标也需要进行相应的调整和优化。利用AI技术对教学数据进行实时监控和分析，可以及时发现教学中的新问题和新挑战，为评价指标的调整和优化提供依据。

在动态调整和优化评价指标时，需要关注以下几个方面：首先，要密切关注教学发展的趋势和变化，及时发现新的评价指标；其次，要对现有的评价指标进行定期评估和分析，淘汰那些不再适用或效果不佳的指标；最后，要注重评价指标的创新和完善，不断引入新的评价理念和方法，提高评价体系的科学性和先进性。

4.权重分配和量化处理

在构建评价指标体系时，还需要对各指标进行权重分配和量化处理。权重分配是根据各指标在教学评价中的重要性进行赋值的过程，其合理与否直接影响到评价结果的公正性和准确性。在权重分配时，需要充分考虑各指标之间的相对重要性，避免主观臆断和随意赋值。

量化处理是将定性指标转化为可计算的数值形式的过程，其目的是便于进行客观的评价和比较。在量化处理时，需要选择合适的量化方法和工具，确保转化结果的准确性和可靠性。同时，还需要注意量化过程中的误差控制和质量保证，避免因为量化不当而导致评价结果的失真。

（三）评价过程的智能化与自动化

借助AI技术，可以实现教学评价过程的智能化和自动化，提高评价的效率和准确性。以下是实现智能化与自动化的几个关键步骤：

1.构建智能化的教学评价系统

要实现教学评价过程的智能化和自动化，首先需要构建一个智能化的教学评价系统。该系统应利用自然语言处理、机器学习等先进技术，能够自动收集、整理和分析教学数据，为教学评价提供实时、准确的信息支持。

在构建智能化的教学评价系统时，需要注重以下几个方面：一是系统的可扩展性和灵活性，能够适应不同学科、不同课程、不同教学模式的评价需求；二是系统的智能化程度，能够自动识别和处理各种教学数据，减少人工干预和操作；三是系统的用户界面和交互设计，应简洁明了、易于使用，方便教师和学生进行操作和查询。

通过构建智能化的教学评价系统，我们可以实现教学数据的自动化收集和处理，提高数据处理的效率和准确性。同时，系统还可以根据预设的评价指标和算法，自动对教学进行评价和分析，为教学改进提供有力的数据支持。

2.实现自动评价与反馈

智能化的教学评价系统不仅能够自动收集和处理教学数据，还能够根据预设的评价指标和算法，自动对教学进行评价，并生成评价报告。这一功能的实现，可以大大提高教学评价的效率和准确性，减轻教师的评价负担。

自动评价的实现需要依靠先进的算法和模型。例如，可以利用机器学习算法对教师的教学行为和学生的学习行为进行分析和建模，从而实现对教学质量的自动评价。同时，系统还可以根据评价结果，自动生成详细的评价报告，包括教学中的优点、不足以及改进建议等。

除了自动评价外，智能化的教学评价系统还应具备实时反馈功能。系统能够及时向教师提供反馈和建议，帮助教师了解教学中的问题和不足，促进教学改进。这种实时反馈机制可以激发教师的积极性和创造性，推动教学质量的持续提升。

3.提供个性化的教学建议与指导

智能化的教学评价系统不仅能够对教学进行自动评价和反馈，还能够通过对教师的教学数据和学生的学习数据进行深入分析，发现教师的教学风格和优势以及学生的学习需求和特点。根据这些分析结果，系统可以为教师提供个性化的教学建议和指导。

个性化的教学建议和指导对于提高教学质量具有重要意义。每个教师都有自己的教学风格和优势，而学生也有自己的学习需求和特点。通过智能化的教学评价系统，我们可以更好地了解教师和学生的实际情况，为教师提供针对性的教学建议和指导，帮助他们更好地满足学生的学习需求和提高教学质量。

同时，个性化的教学建议和指导也可以激发学生的学习兴趣和动力。当学生发现自己的学习需求和特点被教师充分理解和尊重时，他们会更加积极地投入学习中去，从而提高学习效果和成绩。

4.保障数据安全与隐私保护

在实现智能化与自动化的过程中，我们必须高度重视教学数据的安全性和隐私性。教学数据涉及教师和学生的个人信息、学习成绩等敏感内容，一旦泄露或被非法获取，将对个人隐私和权益造成严重损害。

因此，在构建智能化的教学评价系统时，我们需要采取一系列安全措施来保障数据的安全性和隐私性。例如，可以对数据进行加密处理，防止数据在传输和存储过程中被非法获取；同时，还可以实施严格的访问控制策略，确保只有授权人员才能够访问和处理相关数据。

此外，我们还需要建立完善的数据管理制度和监管机制，对数据进行定期备份和恢复测试，确保在发生意外情况时能够及时恢复数据并保障业务的连续性。同时，对于违反数据安全和隐私保护规定的行为和个人，应依法追究其法律责任并予以严厉惩处。

二、产出导向的教学评价机制

产出导向的教学评价机制是一种以教学成果为导向的评价机制，它关注教学投入的产出效益和教学目标的达成度。在课程思政体系教学评价中，这种评价机制有助于激发教师的教学积极性和创造性，提高教学的针对性和实效性。

（一）教学成果的数字化展示与评价

1.建立数字化平台的意义

随着信息技术的发展，数字化平台在教学评价中的应用越来越广泛。对于课程思政体系而言，建立数字化的教学成果展示与评价平台具有重要意义。首先，数字化平台可以打破时间和空间的限制，方便教师随时随地上传、展示和分享教学成果。其次，通过数字化平台，可以更加直观、全面地展示学生的学习成果和进步，包括学习成绩、作品、竞赛获奖等。最后，数字化平台还可以提供丰富的评价工具和手段，支持多种评价方式，如量化评价、质性评价等，从而提高评价的准确性和公正性。

2.数字化平台的功能与特点

一个完善的数字化教学成果展示与评价平台应该具备以下功能和特点：首先，平台应该支持多种类型的教学成果展示，如文本、图片、视频等，以满足不同学科和课程的需求。其次，平台应该提供灵活多样的评价工具和方法，支持教师根据教学目标和评价需求进行自定义评价。此外，平台还应该具备数据分析和挖掘功能，帮助教师深入了解学生的学习情况和需求，为教学改进提供科学依据。最后，平台应该注重用户体验和交互设计，使得教师和学生能够轻松上手并享受使用的乐趣。

3.数字化平台在教学评价中的应用

在课程思政体系教学评价中，数字化平台可以发挥重要作用。首先，通过平台上的数字化展示功能，教师可以方便地将学生的学习成果和进步展示给其他人看，包括同事、领导、家长等。这不仅可以增强教师的教学成就感，还可以促进教师之间的交流和合作。其次，通过平台上的数字化评价功能，教师可以更加客观、公正地对学生的学习成果进行评价。这不仅可以提高评价的准确性和公正性，还可以帮助学生更加清晰地了解自己的学习情况和需求。最后，通过平台上的数据分析和挖掘功能，教师可以深入了解学生的学习特点和规律，为后续教学提供更加科学的依据和指导。

（二）教学投入的产出效益分析

1.教学投入与产出效益的关系

在课程思政体系教学评价中，教学投入与产出效益之间存在着密切的关系。教学投入包括教学资源、教学方法、教学过程等方面的投入；而产出效益则主要体现在学生的学习成果和进步上。一般来说，教学投入越多，产出效益也应该越高。但是，在实际教学中，由于各种因素的影响，这种关系并不总是线性的。因此，需要对教学投入的产出效益进行深入分析，以找出教学中存在的问题和不足。

2.如何进行产出效益分析

进行产出效益分析时，可以采用多种方法和工具。首先，可以通过对比分析法来比较不同教学投入下的产出效益。例如，可以比较不同班级、不同教师或不同教学方法下的学生学习成果和进步情况。其次，可以采用因果分析法来探讨教学投入与产出效益之间的因果关系。例如，可以通过回归分析等方法来找出影响学生学习成果的主要因素和关键因素。最后，还可以采用专家评估法来请专家对教学投入的产出效益进行评估和指导。这些方法可以相互补充和验证，从而提高分析的准确性和可靠性。

3.产出效益分析的意义与应用

通过产出效益分析，可以帮助教师更加全面地了解教学的投入与产出情况，找出教学中存在的问题和不足。同时，还可以帮助教师更加合理地配置教学资源、优化教学方法和过程、提高教学效益。此外，产出效益分析还可以为学校的教学管理提供科学依据和指导，推动学校的教学改革和创新。因此，在课程思政体系教学评价中，应该重视并加强产出效益分析的应用和推广。

（三）教学目标的达成度评价

1.教学目标与评价的关系

在教学评价中，教学目标是评价的核心和依据。教学目标是指教师在教学过程中预期学生达到的学习结果和标准。只有明确了教学目标，才能制定出相应的评价标准和方法，对学生的学习成果进行全面、客观的评价。因此，在课程思政体系教学评价中，必须首先明确教学目标，并以此为基础进行评价。

2.如何进行达成度评价

进行达成度评价时，可以采用多种方法和工具。首先，可以通过测试、考试等方式来检测学生对知识的掌握情况和应用能力；其次，可以通过问卷调查、访谈等方式来了解学生对学习态度、价值观等方面的变化和进步；最后，还可以采用作品展示、实践操作等方式来评估学生的综合能力和实践成果。这些方法可以相互补充和验证，从而提高评价的准确性和可靠性。同时，在进行达成度评价时，还需要注意以下几点：一是要确保评价标准的科学性和合理性；二是要注重评价过程的公正性和客观性；三是要关注评价结果的反馈和指导作用。

3.达成度评价的意义与应用

通过达成度评价，可以更加全面、客观地了解学生的学习情况和需求，为教学调整和改进提供科学依据。同时，达成度评价还可以帮助学生更加清晰地了解自己的学习情况和进步情况，激发他们的学习动力和自信心。此外，达成度评价还可以为学校的教学质量监控和管理提供重要参考和依据。因此，在课程思政体系教学评价中，应该加强达成度评价的应用和推广，不断提高教学质量和水平。

三、持续改进的教学质量保障体系

在高等教育领域，教学质量是衡量一所学校、一个专业乃至一门课程是否成功的关键指标。对于课程思政体系而言，由于其承载着培养学生正确价值观、世界观和人生观的重要使命，因此其教学质量的高低直接关系到学生的全面发展和社会的长远利益。为了确保课程思政体系的教学质量能够不断提升，必须建立一套科学、完善且持续改进的教学质量保障体系。

（一）教学问题的及时发现与解决

1.建立多维度的问题发现机制

为了及时发现教学中存在的问题，需要建立多维度的问题发现机制。这包括定期的教学检查、学生反馈、同行评议以及专家督导等方式。通过这些方式，可以从多个角度、多个层面全面了解教学的实际情况，及时发现教学中存在的问题和不足。

定期教学检查：学校或学院应定期组织对课程思政体系的教学检查，重点检查教学内容、教学方法、教学进度等方面是否符合教学大纲的要求，是否存在违规或不当行为。

学生反馈：通过问卷调查、座谈会等方式收集学生对课程思政体系教学的意见和建议，了解他们的学习需求和困惑，从而发现教学中可能存在的问题。

同行评议：鼓励教师之间进行相互听课、评课活动，通过同行的视角来审视和评价教学，发现可能存在的问题和不足。

专家督导：邀请校内外专家对课程思政体系的教学进行督导和指导，利用他们的专业知识和丰富经验来发现和解决教学中的问题。

2.快速响应与解决机制

一旦发现教学中存在的问题，必须迅速采取措施进行解决。这需要建立一套快速响应与解决机制，确保问题能够得到及时、有效的处理。

明确问题处理流程：制定详细的问题处理流程，明确问题的报告、审核、处理、反馈等各个环节的责任人和时间要求。

建立问题处理团队：组建专门的问题处理团队，负责对报告的问题进行审核、分析和处理，确保问题能够得到及时、专业的解决。

强化问题反馈与跟踪：对处理过的问题进行定期反馈和跟踪，确保问题得到彻底解决，防止问题反复出现。

（二）教学质量的持续监测与改进

1.建立教学质量监测系统

为了对教学质量进行持续监测与改进，需要建立一套完善的教学质量监测系统。该系统应具备实时监控、数据采集、分析评估等功能，能够为教学质量评价提供全面、准确的信息支持。

实时监控：通过安装课堂监控设备、使用在线教学平台等方式，对教学过程进行实时监控，确保教学按照预定计划进行。

数据采集：定期收集学生的学习成绩、学习参与度、满意度等数据，以及教师的教学日志、教学反思等材料，为教学质量评价提供数据支持。

分析评估：利用统计学、教育学等相关理论和方法对数据进行分析评估，找出教学中存在的问题和不足，提出改进意见和建议。

2.定期评估与反馈机制

除了实时监控和数据采集外，还需要建立定期评估与反馈机制，对教学质量进行定期评估和总结。这有助于及时发现并纠正教学过程中的偏差和不足，确保教学质量的不断提升和发展。

定期评估：每学期或每学年对课程思政体系的教学质量进行评估，重点评估教学目标的实现程度、教学方法的有效性、教学资源的利用情况等方面。

反馈与改进：将评估结果及时反馈给相关教师和管理人员，针对存在的问题和不足提出改进意见和建议，并督促其进行整改和提升。同时，将评估结果作为教学改进的重要依据之一，为下一轮的教学提供指导和参考。

（三）教学评价体系的完善与优化

1.动态调整评价指标和方法

随着教育理念的不断更新和教学技术的不断发展，课程思政体系的教学评价体系也需要不断进行调整和优化。这需要建立动态调整评价指标和方法的机制，确保评价体系始终与时俱进、科学合理。

关注新理念和新技术：密切关注教育领域的新理念、新技术和新方法的发展动态，及时将其引入教学评价体系中。例如，可以将学生的创新能力、批判性思维等纳入评价指标中；也可以利用大数据、人工智能等新技术对教学过程进行更加深入、全面的分析评估。

定期修订评价指标和方法：根据教学的发展和变化以及学生的需求和特点，定期对评价指标和方法进行修订和完善。这可以确保评价体系的科学性和有效性不断提升和发展。

2.验证与评估评价体系的科学性和有效性

为了确保教学评价体系的科学性和有效性不断提升和发展，需要对其进行定期的验证与评估工作。这可以通过邀请专家进行评审、与其他高校进行交流合作等方式来实现。通过验证与评估工作，可以发现评价体系中存在的问题和不足，及时进行修正和改进；同时也可以借鉴其他高校的成功经验和做法，不断完善和优化自身的评价体系。

3.加强宣传与推广工作

通过举办讲座、编写宣传资料、开展培训活动等方式向广大教师和管理人员介绍教学评价体系的理念、方法和意义；同时也可以通过校际交流、学术会议等途径将自身的成功经验和做法分享给其他高校和同行。通过这种宣传与推广工作可以提高广大教师对教学评价的认识和重视程度为课程思政体系的教学质量的持续提升提供有力保障。

第七章 结 语

在数字化转型的大背景下，高校外语教育的课程思政体系建设显得尤为重要。这一体系不仅关乎外语专业学生的全面发展，更是培养具有国际视野、家国情怀、责任担当的新时代人才的重要途径。通过系统性的顶层设计、融合性的学科交叉与实践、可操作性的实施方案，高校外语课程思政体系正逐步构建起一个立体、多元、互动的育人新格局。

第一节 系统性：贯穿全过程的价值引领与人才培养

系统性在高校外语教育课程思政体系建设中扮演着举足轻重的角色。这一特性确保了从顶层设计到实施细节的每一个环节都紧密相连，共同构成一个有机、高效的整体。系统性不仅体现在教育内容的连贯性和深度上，更在于教育目标与国家战略、社会需求的紧密对接，以及教育过程中各个环节的协同作用。

在现代教育中，单纯的知识传授已不能满足社会对人才的多维度需求。特别是在外语教育领域，单纯的语言技能培养已逐渐被综合素养教育所取代。因此，高校外语教育课程思政体系建设的系统性显得尤为重要。它不仅关系到外语教育的质量和效果，更在一定程度上决定了未来人才的综合素质和国际竞争力。

一、顶层设计：对接国家战略与社会需求

高校外语教育作为培养国际化人才的重要阵地，其顶层设计对于满足国家战略需求和社会发展趋势具有重要意义。通过修订人才培养方案、明确培养目标、设定合理毕业要求以及构建科学系统的课程体系，高校可以确保外

语教育与社会发展紧密对接，为培养具有国际视野和高度社会责任感的外语人才奠定坚实基础。

（一）修订人才培养方案

在修订人才培养方案时，高校应充分考虑国家对外语人才的需求以及外语学科的发展趋势，确保培养方案具有前瞻性和针对性。具体而言，高校需要从以下几个方面入手：

1.明确培养目标

培养目标是人才培养方案的核心，它决定了学生将被培养成为什么样的人。在明确培养目标时，高校应强调学生的语言应用能力、跨文化交际能力、思辨能力和创新能力等综合素养的培养。这些素养不仅是国家对外语人才的基本要求，也是学生在未来职业发展中必备的核心竞争力。

为了实现这些培养目标，高校需要制定具体的教学计划和课程设置，确保学生在校期间能够全面、系统地掌握外语知识和相关技能。同时，高校还应注重实践教学和校企合作，为学生提供更多的实践机会和职业发展资源。

2.设定合理的毕业要求

毕业要求是检验学生是否达到培养目标的重要标准。在设定毕业要求时，高校应既体现对外语专业知识的考核，又注重对学生实践能力和社会责任感的评价。这样可以确保学生在校期间不仅能够学到扎实的专业知识，还能够培养出良好的实践能力和社会责任感。

为了实现这些毕业要求，高校需要建立完善的考核机制和评价体系。除了传统的笔试和口试外，高校还可以采用项目式考核、实习报告等多种形式来全面评价学生的综合表现。同时，高校还应注重对学生社会责任感的培养和考核，鼓励学生积极参与社会公益活动和志愿服务等实践活动。

3.构建科学系统的课程体系

课程体系是实现培养目标和毕业要求的重要载体。在构建课程体系时，高校应充分考虑外语学科的特点和发展趋势，确保课程体系既具有系统性又具有灵活性。具体而言，高校需要注重以下几个方面：

课程体系应涵盖外语专业的基础知识和技能训练，如语音、语法、词汇等方面的训练以及听、说、读、写等技能的培养。这些基础知识和技能是学生未来职业发展的基石，必须得到充分的重视和训练。

课程体系还应注重对学生跨文化交际能力和思辨能力的培养。随着全球化进程的加速推进，不同文化之间的交流和碰撞日益频繁，学生需要具备跨文化交际能力才能更好地适应未来社会的发展需求。同时，思辨能力也是现代社会对人才的重要要求之一，它可以帮助学生更好地分析问题、解决问题并做出明智的决策。

课程体系还应具有一定的前瞻性和灵活性。随着科技的不断进步和社会的快速发展，新的知识和技能不断涌现出来。高校需要密切关注这些变化和发展趋势，并及时调整课程体系和教学内容以适应新的需求。同时，高校还应注重对学生自主学习能力和创新能力的培养，鼓励学生通过自主学习和创新实践来不断提升自己的综合素养和竞争力。

（二）以需求为导向的设计理念

为了确保外语教育与社会发展的紧密对接，高校在构建课程体系时应坚持以需求为导向的设计理念。这意味着课程体系的设置不仅要满足当前社会的需求，还要具有一定的前瞻性和灵活性以适应未来社会的变化和发展。具体而言，高校需要从以下几个方面入手：

1.深入了解社会需求和行业发展趋势

高校应定期开展社会调研和行业分析活动，深入了解国家对外语人才的需求以及外语学科的发展趋势。通过与企业、行业等外部机构的合作和交流，高校可以更加准确地把握社会对外语人才的具体要求和期望，为课程体系的设置提供有力的依据和支持。

2.以学生为中心的设计理念

课程体系的设计应以学生为中心，充分考虑学生的兴趣爱好、学习需求和职业发展目标。通过开设多样化的选修课程和拓展课程，高校可以为学生提供更加丰富的选择空间和发展机会。同时，高校还应注重对学生个性化需求的关注和满足，通过定制化的教学计划和辅导服务来帮助学生实现个性化发展。

3.注重实践教学和校企合作

实践教学是提高学生实践能力和职业素养的重要途径之一。高校应加强与企业、行业等外部机构的合作和交流，共同开发符合实际需求的实践教学项目和基地。通过参与实践教学活动，学生可以更加深入地了解社会和企业的发展现状和趋势，提高自己的实践能力和职业素养。同时，实践教学还可以帮助学生建立与企业和行业的联系和合作机会，为未来的职业发展奠定坚实的基础。

4.保持课程体系的动态更新和调整

随着社会的不断发展和变化，新的知识和技能不断涌现出来。高校需要保持课程体系的动态更新和调整以适应新的需求和发展趋势。具体而言，高校需要定期评估现有课程体系的实施效果和学生反馈情况，并根据评估结果及时调整课程体系和教学内容。同时，高校还应关注新的教育理念和教学技术的发展动态，并将其及时引入到课程体系中来提高教学质量和效果。

通过坚持以需求为导向的设计理念并注重实践教学和校企合作等方面的实践探索和创新发展，高校可以构建出更加科学系统的课程体系并培养出更多符合国家战略需求和社会发展趋势的国际化外语人才。

二、反向设计：以课程为核心

在高校外语教育课程思政体系建设中，反向设计作为一种重要的方法论，以课程为核心，从课程体系的整体性视角出发，逆向推导每门课程的教学目标、内容和模式。这种方法不仅确保了课程之间的逻辑性和连贯性，还使得每门课程都能有针对性地培养学生的某一方面能力或素养，从而提供更加个性化、多样化的学习体验。

（一）依据课程在体系中的作用修订教学大纲

教学大纲是指导教学活动的基本文件，它规定了课程的教学目标、内容、要求和方法等。在反向设计的过程中，高校应依据每门课程在整体课程体系中的作用来修订教学大纲，以确保课程之间的协调性和一致性。

1.分析课程在体系中的地位和作用

高校需要对每门课程在整体课程体系中的地位和作用进行深入分析。这包括课程的性质（如必修课、选修课等）、目标（如培养学生的语言能力、跨文化交际能力等）和内容（如语音、语法、词汇等语言知识以及听、说、读、写等语言技能）。通过这种分析，高校可以明确每门课程在培养学生综合素养和能力方面的具体贡献。

2.修订教学大纲的具体要求

根据课程在体系中的地位和作用，高校应修订教学大纲，明确每门课程的具体教学要求和考核标准。这包括以下几个方面：

（1）教学目标：明确课程在培养学生知识、能力和素养方面的具体目标，确保目标与整体课程体系的目标相一致。

（2）教学内容：根据教学目标，选择适当的教学内容和方法，确保内容的系统性和连贯性，同时注重知识的更新和拓展。

（3）教学要求：规定学生在课程学习过程中应达到的具体要求，包括知识掌握、技能运用和素养提升等方面。

（4）考核标准：制定科学的考核标准和方式，以检验学生是否达到教学要求，同时为教学改进提供依据。

3.确保课程之间的逻辑性和连贯性

在修订教学大纲的过程中，高校应注重课程之间的逻辑性和连贯性。这意味着不同课程之间应有明确的衔接和过渡，避免出现内容重复或遗漏的情况。同时，高校还应关注课程之间的内在联系和相互作用，以发挥课程的整体育人功能。

（二）以课程为核心的设计理念

以课程为核心的设计理念强调课程的主体性和主导性，即在教学过程中，教师应以课程为中心，围绕课程目标和内容展开教学活动；学生也应以课程为学习重点，通过参与各种课程活动来提升自己的知识和能力。这种设计理念有助于激发学生的学习兴趣和积极性，提高教学效果和学习成果。

1.教师的角色和作用

在以课程为核心的设计理念下，教师应成为教学活动的组织者和引导者。他们需要根据课程目标和内容制定详细的教学计划和方案，选择适当的教学方法和手段来激发学生的学习兴趣和积极性。同时，教师还应关注学生的学习需求和反馈意见，及时调整教学策略和方式以满足学生的个性化需求。在教学过程中，教师还应注重培养学生的自主学习能力和创新精神，鼓励他们通过自主学习和实践探索来提升自己的知识和能力水平。

2.学生的主体地位和作用

在以课程为核心的设计理念下，学生应成为教学活动的主体和参与者。他们需要积极参与到各种课程活动中来，通过听讲、讨论、实践等方式来掌握课程知识和技能。同时，学生还应注重培养自己的批判性思维和创新能力，勇于提出问题和挑战传统观念。在学习过程中，学生还应学会与他人合作和交流，共同解决问题和完成任务。通过这种参与式的学习方式，学生可以更加深入地理解课程内容和思想内涵，提高自己的综合素养和能力水平。

3.多样化的教学活动和形式

为了激发学生的学习兴趣和积极性，提高教学效果和学习成果，高校应注重设计多样化的教学活动和形式。这包括课堂讲授、小组讨论、角色扮演、案例分析等多种教学方法和手段的运用。通过这些多样化的教学活动和形式，学生可以更加直观地了解课程内容和思想内涵，提高自己的实践能力和创新能力。同时，高校还可以利用现代信息技术手段如在线课程、慕课等来拓展教学空间和时间，为学生提供更加便捷和灵活的学习方式和资源。

通过反向设计的方法论和以课程为核心的设计理念的应用，高校外语教育能够构建出一套科学、系统且富有针对性的课程体系。这套体系不仅有助于培养学生的综合素养和能力水平（如语言能力、跨文化交际能力等），还能为他们的未来职业发展奠定坚实的基础（如提升就业竞争力、拓宽国际视野等）。同时，这种反向设计的方法论还有助于推动高校外语教育的改革和创新发展，以适应新时代对人才培养的新要求和新挑战。

三、构建课程思政建设的工作机制

课程思政作为高校教育教学的重要组成部分，旨在通过课堂教学等渠道，将思想政治教育融入专业知识传授中，引导学生树立正确的世界观、人生观和价值观。为了确保课程思政体系建设的深入推进和有效实施，高校必须构建一套完善的工作机制。这套机制应涵盖课程建设、教学评价、师资培养等各个方面，实现学校与社会的紧密结合以及显性教育与隐性教育的有机结合。

（一）形成课程思政育人的闭环系统

在课程思政建设中，高校应致力于构建一个涵盖课程建设、教学评价和师资培养等方面的闭环系统，以确保整个育人过程的连贯性和有效性。

1.课程建设

课程建设是课程思政育人的基础。高校应根据学科特点和学生需求，科学设计课程内容和教学体系，将思想政治教育有机融入专业知识传授中。同时，高校还应注重课程资源的开发和利用，结合社会热点和实际问题，不断更新和完善课程内容，使其更加贴近学生实际、更具针对性和时效性。

2.教学评价

教学评价是检验课程思政育人效果的重要手段。高校应建立一套科学、全面的教学评价体系，从教学内容、教学方法、教学效果等多个方面对课程思政进行量化评估。同时，高校还应注重学生反馈意见的收集和分析，及时调整教学策略和方法，以满足学生的学习需求和期望。通过科学的教学评价，高校可以及时发现和解决课程思政育人过程中存在的问题和不足，为进一步提升育人效果提供有力支持。

3.师资培养

师资培养是课程思政育人的关键。高校应加强对思政课教师的选拔和培训，提高他们的政治素质、业务能力和育人水平。同时，高校还应鼓励专业课教师积极参与课程思政建设，通过培训、研讨等方式提高他们的思想政治教育意识和能力。通过师资培养，高校可以打造一支高素质、专业化的课程思政教师队伍，为课程思政育人提供坚实的人才保障。

在这个闭环系统中，课程建设、教学评价和师资培养是相互关联、相互促进的。课程建设为教学评价提供内容和标准，教学评价为师资培养提供反馈和指导，师资培养又为课程建设提供人才支持。三者共同构成了一个完整、动态的课程思政育人系统。

（二）实现学校与社会的紧密结合

高校外语教育课程思政体系建设不能脱离社会现实和实践需求。因此，高校应积极寻求与企业、行业等外部机构的合作，共同推动课程思政建设的深入发展。

1.校企合作开发课程

高校可以与企业、行业等合作，共同开发符合实际需求的课程内容和教学资源。通过深入了解企业和行业的用人需求和发展趋势，高校可以更加准确地把握社会对外语人才的要求，从而有针对性地设计课程内容和教学体系。同时，企业和行业也可以为高校提供丰富的实践资源和案例素材，帮助学生更好地将理论知识与实践相结合。

2.开展社会实践活动

高校应鼓励学生积极参与各种社会实践活动和志愿服务活动，以增强他们的社会责任感和使命感。通过参与社会实践活动，学生可以更加深入地了解社会现实和问题，增强对国家和民族的认同感和归属感。同时，社会实践活动还可以帮助学生锻炼实践能力、提升综合素质，为未来的职业发展奠定坚实基础。

3.加强与社会机构的沟通交流

高校还应加强与社会机构的沟通交流，及时了解社会动态和发展趋势，为课程思政建设提供有力支持。通过与政府、企事业单位等机构的合作与交流，高校可以更加准确地把握社会对人才培养的需求和期望，从而不断完善课程思政建设的内容和方向。

（三）显性教育与隐性教育的有机结合

在课程思政体系建设中，显性教育和隐性教育是不可或缺的两种教育方式。高校应将二者有机结合起来，共同作用于学生的成长和发展过程。

1.显性教育的实施

显性教育主要通过课堂教学、专题讲座等形式进行直接的知识传授和价值观引导。在课堂教学中，教师应注重将思想政治教育融入专业知识传授中，通过讲解、讨论等方式引导学生树立正确的世界观、人生观和价值观。同时，高校还可以邀请专家学者或行业领袖开设专题讲座，为学生提供更加广阔的视野和更加深入的思考。

2.隐性教育的渗透

隐性教育则通过校园文化建设、社团活动等方式潜移默化地影响学生的思想和行为。高校应注重校园文化的建设和传承，通过举办各种文化活动、创建文化品牌等方式营造积极向上的校园氛围。同时，高校还应鼓励学生积极参与各种社团活动和社会实践，培养他们的团队协作精神和创新能力。在隐性教育中，学生可以在不知不觉中接受到思想政治教育的影响和熏陶，从而更加自觉地践行社会主义核心价值观。

3.显性教育与隐性教育的互补与融合

显性教育和隐性教育各有其优势和局限性。显性教育具有直接性、系统性和规范性的特点，可以迅速传递大量的知识和信息；而隐性教育则具有潜移默化、持久深远的影响效果。因此，高校应将二者有机结合起来，实现优势互补、相互促进。在课堂教学中穿插隐性教育的内容和方法，可以使学生更加深入地理解和掌握知识；在校园文化建设中融入显性教育的元素和理念，可以使学生更加自觉地践行社会主义核心价值观。通过显性教育与隐性教育的有机结合，高校可以形成一个全面、系统且富有成效的育人体系。

第二节　融合性：学科交叉与实践的深度融合

在当今高等教育体系中，外语教育不仅仅是语言技能的培养，更是跨文化交流、国际视野和综合素养的培育。高校外语教育课程思政体系建设的融合性显得尤为重要。这种融合性不仅体现在学科内部的交叉融合，还体现在理论与现实、理论与实践的深度融合上。这种融合性不仅有助于拓宽学生的知识视野，提高他们的综合素养，还能更好地服务于地方发展需求和国际合作，培养具有国际视野和家国情怀的高端外语人才。

一、学科交叉融合

随着全球化的不断深入，外语教育在高校中的地位日益凸显。然而，传统的外语教育模式已难以满足当今社会对外语人才的需求。为了培养具有国际视野、跨文化交际能力和创新精神的高端外语人才，高校外语教育必须积极探索新的教育理念和教学模式。学科交叉融合便是其中一种重要的创新路径。

（一）实践新文科人才培养新范式

在传统外语教育中，往往过于注重语言知识和技能的传授，而忽视了对学生综合素质和能力的培养。这种教育模式培养出来的学生往往缺乏创新精神和实践能力，难以适应未来社会的发展需求。因此，高校外语教育必须转变教育理念，探索新的文科人才培养范式。

学科交叉融合①便是新文科人才培养范式的重要体现。通过打破学科壁垒②，实现不同学科之间的交叉融合，高校外语教育可以为学生提供更加全面、多元的知识体系。在这种教育模式下，学生不仅需要掌握扎实的语言基础，还需要具备跨文化交际能力、批判性思维、创新能力等综合素质。这种新文科人才培养范式有助于培养具有国际视野、全面素质和创新精神的高端外语人才。

为了实现学科交叉融合，高校外语教育可以采取以下措施：首先，优化课程设置，引入其他学科的知识和方法，如文学、历史、哲学、社会学等，与外语教育相结合，形成跨学科的课程体系；其次，加强师资队伍建设，鼓励教师跨学科合作，共同开展教学和研究工作；最后，加强与企业、行业的合作与交流，了解社会对人才的需求和发展趋势，为人才培养提供有力支持。

（二）拓宽学生的知识视野

在传统外语教育中，学生往往只关注语言知识和技能的学习，而忽视了语言背后的文化、历史和社会背景。这种单一的知识结构不仅限制了学生的发展空间，也影响了他们的综合素质和能力的提升。因此，拓宽学生的知识视野成为高校外语教育的重要任务之一。

学科交叉融合有助于拓宽学生的知识视野。通过引入其他学科的知识和方法，学生可以接触到更广泛的知识领域和不同的文化观念，了解不同学科之间的内在联系和相互影响。这种跨学科的学习经历有助于打破思维定式，

---

① 学科交叉融合是指不同学科之间相互渗透、融合，形成新的学科领域或研究方向的过程。
② 学科壁垒是指在学术研究中，不同学科之间由于知识体系、研究方法、学术规范等方面的差异而形成的隔阂和障碍。

激发学生的创新意识和探索精神。同时，通过与不同学科的交流和碰撞，学生可以更加全面地了解世界，更加深入地理解不同文化之间的差异和共通之处，从而培养他们的跨文化交际能力。

为了拓宽学生的知识视野，高校外语教育可以采取以下措施：首先，鼓励学生选修其他学科的课程或参与跨学科的研究项目；其次，举办各种学术讲座、研讨会等活动，邀请不同领域的专家学者进行交流和分享；最后，加强与国外高校的合作与交流，为学生提供更多的国际交流机会和跨文化体验。

（三）培养学生的综合素养和创新能力

在当今社会，综合素养和创新能力已成为衡量人才的重要标准。因此，培养学生的综合素养和创新能力也成为高校外语教育的重要目标之一。然而，传统的外语教育模式往往过于注重语言知识和技能的传授，而忽视了对学生综合素质和能力的培养。这种教育模式已经难以适应未来社会的发展需求。

学科交叉融合有助于培养学生的综合素养和创新能力。在跨学科的学习过程中，学生需要运用多种知识和技能来解决问题或完成任务。这要求他们具备批判性思维、创新思维、团队协作等能力。同时，通过与不同学科的交流和碰撞，学生可以激发新的灵感和创意，培养他们的创新意识和创业精神。这种融合性的教育模式有助于培养具有国际视野、全面素质和创新精神的高端外语人才。

为了培养学生的综合素养和创新能力，高校外语教育可以采取以下措施：首先，注重培养学生的批判性思维和创新能力。在课堂教学中，鼓励学生提出自己的观点和见解，引导他们进行深入的讨论和思考；其次，加强实践教学环节。通过组织各种实践活动如社会调查、志愿服务等，让学生在实践中锻炼自己的能力和素质；最后，完善评价体系。将学生的综合素质和创新能力纳入评价体系中，以激励他们全面发展自己的能力和素质。

二、理论与现实融合

在当今社会，高校外语教育不再仅仅是传授语言知识和技能的过程，而是更加注重培养学生的综合素质和社会责任感。这种转变体现在外语教育与思政体系建设的深度融合上，特别是理论与现实的融合。

（一）主动对接地方发展需求

1.课程内容与地方特色的融合

高校外语教育应紧密结合地方经济、文化和社会发展需求，将课程内容与地方特色资源和案例相结合。例如，在旅游胜地，外语课程可以引入当地旅游景点的英文介绍、导游词等，使学生在学习语言的同时，也能深入了解地方文化。这种融合不仅增强了课程的实用性，也激发了学生的学习兴趣。

2.与地方企业、机构的合作

为了更好地服务地方发展，高校外语教育应积极与地方企业、机构等建立合作关系。这种合作可以是共建实习基地、共同开发课程、举办专题讲座等多种形式。通过合作，高校可以更加准确地把握地方对人才的需求，从而调整课程设置和教学内容，使学生毕业后能更好地适应工作岗位。

3.实践机会与就业渠道的拓展

与地方企业、机构的合作不仅为学生提供了更多实践机会，也拓宽了他们的就业渠道。通过参与实习、志愿服务等活动，学生可以提前接触社会，了解职业环境，提升自己的职业素养和综合能力。同时，高校还可以通过与企业签订校企合作项目，为学生提供更多就业机会和职业发展空间。

（二）聚焦深化国际合作、区域经济建设等热点问题

1.课程内容与国际视野的融合

在全球化背景下，高校外语教育应更加注重培养学生的国际视野和跨文化交流能力。课程内容应引入国际政治、经济、文化等方面的知识，使学生能够更加深入地了解不同国家之间的文化差异和合作机制。同时，高校还可以开设专门的国际课程或项目，为学生提供更多出国交流、学习的机会。

2.专家学者的讲座与授课

为了使学生更加深入地了解国际合作和区域经济建设①的热点问题，高校

---

① 区域经济建设是指一定区域内经济发展的规划、组织与实施过程，旨在提升该区域的经济实力、优化产业结构、改善人民生活水平。它通常涉及政策制定、资源配置、基础设施建设、环境保护等多个方面，是区域协调可持续发展的重要手段。

可以邀请相关领域的专家学者进行专题讲座或授课。这些专家学者可以来自政府机构、国际组织、知名企业等，他们具有丰富的实践经验和深厚的理论素养，能够为学生提供最前沿、最专业的知识和信息。

3.学生参与国际交流与合作的机会

除了邀请专家学者来校讲座外，高校还应积极为学生创造参与国际交流与合作的机会。这些机会可以包括参加国际会议、访问外国高校、参与国际合作项目等。通过这些活动，学生可以更加直接地了解国际社会的运作机制和合作方式，提升自己的跨文化交流能力和解决实际问题的能力。

三、理论与实践融合

在当前高等教育改革的大背景下，高校外语教育课程思政体系建设的融合性不仅体现在课程内容与地方发展、国际合作的紧密结合上，更体现在理论与实践的深度融合上。这种融合旨在通过第一课堂与第二课堂的紧密结合、学校与社会的紧密结合以及显性教育与隐性教育的有机结合，全面提高学生的实践能力和创新能力，促进他们对专业知识与价值引领的知情意行合一。

（一）注重第一课堂与第二课堂的紧密结合

1.第一课堂的传统教学与创新

第一课堂，即传统的课堂教学，在高校外语教育中仍然占据重要地位。然而，随着教育理念的更新和技术的进步，第一课堂的教学方法和手段也在不断创新。除了传统的讲授式教学外，还可以引入讨论式、案例式、项目式等多种教学方法，以及多媒体、网络等现代教学手段，激发学生的学习兴趣和积极性。同时，第一课堂还应注重培养学生的语言运用能力和跨文化交际能力，为他们未来的职业发展打下坚实的基础。

2.第二课堂的实践活动与拓展

第二课堂是指课外实践活动、社团活动、志愿服务等，是高校外语教育中不可或缺的一部分。通过组织各种形式的实践活动，如外语角、模拟联合国、国际文化周等，学生可以将在课堂上学到的知识运用到实践中去，提高自己的实践能力和创新能力。这些实践活动不仅可以增强学生的语言运用能力和跨文化交际能力，还可以培养他们的团队协作精神和创新意识。同时，第二课堂还可以为学生提供更多展示自己才华和锻炼自己能力的机会和平台，促进他们的全面发展。

3.第一课堂与第二课堂的紧密结合

高校外语教育应注重将第一课堂与第二课堂紧密结合起来，形成一种全方位的实践教学模式。这种结合可以通过课程设置、教学内容、教学方法等多个方面来实现。例如，可以将第二课堂的实践活动纳入课程计划，作为课程的一部分进行考核；可以在第一课堂中引入第二课堂的实践成果，进行展示和交流；还可以邀请第二课堂的指导教师或优秀学生到第一课堂进行分享和讲解等。这种紧密结合的教学模式可以使学生更加深入地理解和掌握外语知识，提高他们的实践能力和创新能力。

（二）学校与社会的紧密结合以及显性教育与隐性教育的有机结合

1.学校与社会的紧密结合

高校外语教育应打破校园的围墙，积极与社会接轨，为学生提供更多接触社会和了解职业发展的机会。这可以通过与企业、机构等合作建立实习基地或实践平台来实现。通过实习、实践等方式，学生可以更加直观地了解外语在实际工作中的应用和价值，提高自己的职业素养和综合能力。同时，学校还可以邀请企业、机构等的人员到学校进行专题讲座或授课，为学生提供更多了解社会和职业发展的机会和平台。这种学校与社会的紧密结合可以使学生更加适应社会的需求和发展趋势。

2.显性教育与隐性教育的有机结合

显性教育是指通过课堂教学、讲座、报告等明确的教育形式进行的知识传授和价值观引导；而隐性教育则是指通过校园文化建设、社团活动、志愿服务①等方式潜移默化地影响学生的思想和行为。高校外语教育应注重显性教育与隐性教育的有机结合，使学生在接受专业知识传授的同时，也能受到正

---

① 志愿服务是指志愿者、志愿服务组织和其他组织自愿、无偿向社会或者他人提供的公益服务。志愿者可以参与包括扶贫、环保、社区服务、大型赛会等领域的服务活动，以奉献自己的时间、技能和资源，促进社会的和谐与进步。

确的价值引领和品格塑造。通过校园文化建设、社团活动等方式，可以培养学生的创新意识和团队协作精神；通过志愿服务等活动，可以增强学生的社会责任感和使命感。这种全方位的实践教学模式有助于提高学生的综合素质和能力水平。

3.促进学生对专业知识与价值引领的知情意行合一

高校外语教育的最终目标是培养具有专业知识、实践能力和创新精神的高素质人才。通过第一课堂与第二课堂的紧密结合、学校与社会的紧密结合以及显性教育与隐性教育的有机结合，可以全面提高学生的实践能力和创新能力，促进他们对专业知识与价值引领的知情意行合一。这种融合性的教育模式不仅符合当今社会对外语人才的需求趋势，也是高校外语教育改革的重要方向之一。通过这种模式的培养，学生可以更加自信地面对未来的挑战和机遇，为国家和社会的发展做出更大的贡献。

第三节　可操作性：提供具体可行的实施方案与资源

在高校外语教育课程思政体系建设中，可操作性是确保教育理念得以有效实施的关键因素。一个完善的课程思政体系不仅需要深厚的理论基础和前瞻性的教育理念，更需要具体可行的实施方案和丰富的教育资源来支撑。本部分将探讨可操作性在高校外语教育课程思政体系建设中的重要性，并概括其两个主要体现：研究报告与教育资源。

可操作性对于高校外语教育课程思政体系建设至关重要。只有将抽象的教育理念转化为具体的操作步骤和实践方法，教师才能在教学过程中有章可循，学生也才能在学习过程中获得实质性的提升。因此，制定具体可行的实施方案和提供丰富的教育资源是实现课程思政体系建设目标的关键。

可操作性主要体现在研究报告与教育资源两个方面。研究报告是对课程思政体系建设的深入研究和探索，旨在分析当前外语教育面临的形势和挑战，并提出具体可行的解决方案和实施路径。而教育资源则是支撑课程思政体系建设的重要基础，包括优质的教学案例、丰富的教学素材和实用的教学工具等，这些资源将为教师的教学工作提供便利，提高学生的学习兴趣和学习效果。

一、形成研究报告

为了确保高校外语教育课程思政体系建设的可操作性，首先需要深入研究和探索相关领域的理论和实践经验，形成一份全面而系统的研究报告。该报告应包含对当前外语教育形势和挑战的分析，以及针对这些问题提出的具体解决方案和实施路径。

（一）分析当前外语教育面临的形势和挑战

1.教育政策与环境变化

随着国家对高等教育质量要求的不断提高，外语教育作为高等教育的重要组成部分，其教育政策与环境也在发生深刻变化。当前，高校外语教育不仅要培养学生的语言知识和技能，更要注重培养学生的国际视野、跨文化交际能力以及社会责任感。这一变化要求高校外语教育必须紧密结合时代需求，不断更新教育理念，创新教学方法，完善评价体系。

2.教育资源分配与利用问题

在教育资源方面，高校外语教育面临着分配不均和利用不足的问题。一方面，优质教育资源相对匮乏，难以满足所有学生的需求；另一方面，部分教育资源未得到充分利用，造成资源浪费。这些问题限制了高校外语教育的发展空间和提升潜力，亟待通过优化资源配置和提高资源利用效率来解决。

3.教育质量提升的挑战

提升教育质量是高校外语教育的核心任务之一。然而，当前外语教育在教育质量方面仍面临诸多挑战。例如，部分学生语言基础薄弱，学习动力不足；教师教学方法单一，缺乏针对性；课程设置与市场需求脱节等。这些问题严重影响了外语教育的质量和效果，需要通过改革和创新来加以解决。

（二）提出具体可行的解决方案和实施路径

1.更新教育理念，引入先进的课程思政理念和教育模式

针对教育理念落后的问题，高校外语教育应积极引入先进的课程思政理

念和教育模式。具体而言，可以借鉴国内外优秀的课程思政实践案例，结合外语教育的特点和需求，形成具有自身特色的课程思政理念和教育模式。同时，还应加强对教师的培训和引导，帮助他们转变教育观念，提升课程思政能力。

2.探索多元化的教学方法和手段

针对教学方法单一的问题，高校外语教育应积极探索多元化的教学方法和手段。例如，可以采用项目式、任务式、合作式等教学方法来激发学生的学习兴趣和积极性；可以利用多媒体、网络等现代教学手段来丰富教学内容和形式；还可以引入实践教学、情境教学等方式来提升学生的语言运用能力和跨文化交际能力。这些多元化的教学方法和手段不仅可以提高教学效果，还有助于培养学生的创新意识和团队协作能力。

3.构建科学全面的评价体系

针对评价体系不完善的问题，高校外语教育应构建科学全面的评价体系。具体而言，可以从多个维度对学生的学习成果进行评价，如语言知识掌握情况、语言运用能力、跨文化交际能力等；同时还应关注学生的学习过程和学习态度等方面的评价。此外，还可以引入第三方评价机构或行业专家来参与评价工作，以提高评价的客观性和公正性。通过构建科学全面的评价体系，可以更好地反映学生的实际水平和能力状况，为教学改进提供有力依据。

（三）研究报告的作用与价值

本研究报告对于确保高校外语教育课程思政体系建设的可操作性具有重要意义。具体而言，其作用与价值主要体现在以下几个方面：

1.提供理论支撑与实践指导

本研究报告通过深入分析和探讨当前高校外语教育在课程思政体系建设方面面临的形势和挑战，提出了一系列具有可操作性的解决方案和实施路径。这些方案和建议可以为高校外语教育提供新的思路和方法，推动课程思政体系建设的创新发展；同时还可以为高校外语教师提供具体的操作指南和实践建议，帮助他们更好地实施课程思政教育。因此，本研究报告具有重要的理论支撑与实践指导作用。

2.促进教育资源优化配置与高效利用

本研究报告在分析当前外语教育形势和挑战的基础上，提出了优化资源配置和提高资源利用效率的建议。这些建议有助于促进教育资源的合理分配和高效利用，从而缓解资源紧张和资源浪费的问题。通过优化资源配置和提高资源利用效率，可以更好地满足学生的需求，提升高校外语教育的整体质量和水平。

3.推动教育质量持续提升与创新发展

本研究报告针对当前外语教育在教育质量方面面临的挑战提出了具体可行的解决方案和实施路径。这些方案和实施路径旨在激发学生的学习兴趣和积极性、提升教师的教学水平和能力、加强课程设置与市场需求的有效对接等。通过这些措施的实施，可以推动高校外语教育质量的持续提升和创新发展，培养出更多具有国际视野、跨文化交际能力以及社会责任感的高素质人才。同时，本研究报告还可以为其他相关领域的教育改革和创新提供借鉴和参考。

二、提供教育资源

除了形成研究报告外，提供丰富的教育资源也是确保高校外语教育课程思政体系建设可操作性的重要手段。这些教育资源应包括优质的教学案例、丰富的教学素材和实用的教学工具等，以方便教师的教学工作、提高学生的学习兴趣和学习效果。

（一）共享开放的课程思政教育资源

随着信息技术的快速发展，共享开放的课程思政教育资源已成为可能。这些资源不仅涵盖了丰富的课程内容、教学案例和教学方法，还包括了各类学习工具和辅助材料。通过共享这些资源，高校外语教育可以打破地域和时间的限制，实现教育资源的优化配置和高效利用。

共享开放的课程思政教育资源有助于促进教育公平，让更多的学生享受到优质的教育资源。同时，这也为教师提供了更多的教学选择和灵感，帮助他们创新教学方法和手段，提高教学效果。此外，共享资源还可以促进高校之间的交流与合作，共同推动外语教育课程思政体系建设的进步与发展。

为了实现课程思政教育资源的共享开放，需要建立统一的资源共享平台^①，制定完善的资源共享机制和管理制度。同时，还需要加强资源的质量监管和更新维护，确保资源的准确性和时效性。只有这样，才能真正发挥共享资源在高校外语教育课程思政体系建设中的重要作用。

（二）优质的教学案例

优质的教学案例是教育资源中的瑰宝，它们以实际的教学过程为蓝本，展示了先进的教学理念和教学方法在实践中的应用效果。在高校外语教育课程思政体系建设中，优质的教学案例具有重要的示范和引领作用。

通过分析这些教学案例，教师可以深入了解课程思政教育的内涵和实施路径，学习如何将外语知识与思政教育有机结合起来，提高教学效果。同时，优质的教学案例还可以为学生提供生动的学习范例，帮助他们更好地理解课程内容，提升学习兴趣和学习效果。

为了充分发挥优质教学案例的作用，需要建立完善的教学案例库，将各类优秀的教学案例进行分类整理和存储。同时，还需要加强对教学案例的宣传和推广，让更多的教师和学生了解并应用到实际教学中去。此外，还需要鼓励教师积极参与教学案例的编写和分享工作，共同推动高校外语教育课程思政体系建设的发展。

（三）丰富的教学素材

丰富的教学素材是支撑高校外语教育课程思政体系建设的重要基础。这些素材可以包括文本、图片、音频、视频等多种形式，涵盖历史、文化、社会等多个领域的内容。它们不仅可以为教师的教学提供有力的支持，还可以帮助学生更加深入地了解课程思政教育的内涵和价值。

通过运用这些丰富的教学素材，教师可以设计出生动有趣的教学活动，激发学生的学习兴趣和积极性。同时，这些素材还可以为学生提供更加真实、

---

① 资源共享平台是一个集中管理、发布和共享各类资源的系统或平台，旨在实现资源的最大化利用和效益。通过该平台，用户可以轻松查找、获取和使用所需资源，同时促进不同用户之间的资源交流和合作，达到资源优化配置和共同发展的目标。

直观的学习体验，帮助他们更好地理解和应用所学知识。此外，丰富的教学素材还有助于拓展学生的国际视野和跨文化交际能力，提升他们的综合素质和社会责任感。

为了获取和使用这些丰富的教学素材，教师需要具备一定的信息素养和技术能力。因此，高校需要加强对教师的信息技术培训和支持工作，提高他们的信息素养和技术应用能力。同时，还需要建立完善的教学素材库和管理系统，方便教师获取和使用各类教学素材。

（四）实用的教学工具

实用的教学工具是高校外语教育课程思政体系建设中不可或缺的一部分。这些工具可以包括在线课程平台、多媒体教学软件、互动教学系统[①]等，它们可以为教师的教学工作提供便利和支持，提高教学效率和质量。

通过运用这些实用的教学工具，教师可以更加高效地进行课程设计、教学实施和效果评估等工作。例如，利用在线课程平台，教师可以方便地发布课程资源、布置作业和进行在线测试[②]等工作；利用多媒体教学软件，教师可以制作出生动有趣的课件和教学活动；利用互动教学系统，教师可以实现与学生的实时互动和交流。这些工具的应用不仅可以减轻教师的工作负担，还可以提高教学效果和学生的学习体验。

为了充分发挥实用教学工具的作用，需要加强对教师的技术培训和支持工作。同时，还需要根据实际需求选择适合的教学工具，并进行合理的配置和使用。此外，还需要建立完善的技术支持和服务体系，确保教学工具的稳定运行和及时更新。

（五）教育资源的作用与价值

在高校外语教育课程思政体系建设中，教育资源的作用与价值不容忽视。

---

① 互动教学系统是一种利用技术手段促进师生互动、提升教学效果的教育工具。它整合视频、音频、数据通信等功能，支持多媒体教学和课件制作，实现互动、直播、点播等教学模式，为师生提供即时反馈和评估，增强学习的参与度和效果。

② 在线测试是通过互联网平台进行的测试活动，包括在线考试、在线测评、在线问卷调查等形式。参与者可以在任何时间、任何地点通过互联网完成测试，测试结果可以即时反馈和处理。

这些精心挑选和设计的资源，为教学提供了坚实的支撑，丰富了教学内容和手段，使教师能够根据不同的教学需求和目标灵活选择合适的教学资源和工具。这不仅提高了教学效果和质量，更让课堂变得生动有趣，激发了学生的学习兴趣和积极性。

教育资源的多样性和丰富性，为学生提供了多样化的学习环境。学生可以在这样的环境中主动探索、积极实践，从多个角度、多个层面深入理解和掌握知识。这种主动学习的方式，不仅提高了学生的学习效果，还有助于培养他们的创新思维和实践能力。

此外，教育资源的共享和推广，打破了高校之间的壁垒，促进了交流与合作。各高校可以相互借鉴、共享优质资源，共同推动外语教育的创新与发展。这种合作与交流的氛围，有助于提升整个高校外语教育的水平，为社会培养出更多优秀的外语人才。

参考文献

[1] 黄婉童 . 课程思政视域下高校外语教师发展路径探析 [J]. 河南教育（高教）,2024,（01）: 52–53.

[2] 杨为明 . 高校外语教师思政育人能力提升路径研究 [J]. 河南教育（高教）,2024,（01）: 54–55.

[3] 张朦，安丰科 . 基于 TPACK 视角的高校外语教师思政教学能力提升路径研究 [J]. 延边大学学报（社会科学版）,2024,57（01）: 126–134.

[4] 朱翠联 . 基于 OBE 理念的外语口译课程思政改革初探 [J]. 秦智 ,2024,（01）: 130–132.

[5] 梁瑜 . 自贸港背景下海南高校外语专业课程思政实践研究 [J]. 现代商贸工业 ,2024,45（04）: 50–52.

[6] 李润珍 . 高校外语教材讲好中国文化故事的三维阐释 [J]. 海南开放大学学报 ,2023,24（04）: 146–153.

[7] 臧庆 . 课程思政背景下高校外语教师教学能力提升途径探索 [J]. 英语广场 ,2023,（36）: 52–55.

[8] 李灵丽，林淑芳，戴丹婵等 . 课程思政视角下探析高校外语教学创新 [J]. 海外英语 ,2023,（23）: 134–137.

[9] 吴铁军，殷珂 . 人文素质教育视角下高校外语教师专业发展的困境与前路 [J]. 牡丹江大学学报 ,2023,32（12）: 91–98.

[10] 赵紫渊 . "大外语"视角下大学英语课程思政元素分析——以甘南高校大学英语课程思政建设为例 [J]. 海外英语 ,2023,（22）: 163–165.

[11] 宋婷 . 高校外语专业课程思政的探索与实践研究 [J]. 大学 ,2023,（32）: 3–6.

[12] 陈磊 . 河南红色文化在高校外语教学中的应用研究 [J]. 传播与版权 ,2023,（21）: 106–108.

[13] 翟石磊，徐剑 . 能源类高校外语专业人才培育的挑战与对策——基于国际能源人文素养的分析 [J]. 苏州科技大学学报（社会科学版）,2023,40（06）: 94–100.

[14] 陈佳莹，洪依莉，朱含逸等 . 全人教育背景下英语师范专业课程思政现状调查研

究——以浙江海洋大学为例 [J]. 英语广场 ,2023,（32）: 106–110.

[15] 曹玲 . 新文科背景下甘肃高校外语教师国际传播教学能力现状调查与需求分析 [J]. 兰州文理学院学报（社会科学版）,2023,39（06）:120–123.

[16] 贲培娣 . 课程思政视域下的高职外语教学的困境与路径探析——评《高校外语学科课程思政教学设计案例选编》[J]. 应用化工 ,2023,52（11）:3242.

[17] 廖志恩 . 课程思政背景下高校外语专业教师职业发展研究 [J]. 职业教育 ,2023,22（31）: 72–73+80.

[18] 王颖 . 立德树人理念下高校外语专业课程思政建设的内涵、价值与践行路径 [J]. 南昌工程学院学报 ,2023,42（05）:64–68.

[19] 刘定芬 , 周祁林 . "讲好中国故事" 背景下高校外语多课堂课程思政建设探究 [J]. 海外英语 ,2023,（20）:100–102.

[20] 谌莉文 . 试论 "双一流" 建设背景下地方高校外语学科建设的发展——以浙江工商大学为例 [J]. 国家通用语言文字教学与研究 ,2023,（10）:46–48.

[21] 李海南 , 曹帅 . 文化对外传播视域下高校外语专业学生文化自信现状调查研究——以法语专业为例 [J]. 外语电化教学 ,2023,（05）:32–39+106.

[22] 李媛霞 . 课程思政语境下外语专业教师身份建构路径 [J]. 山西大同大学学报（社会科学版）,2023,37（05）:129–133.

[23] 袁敏 . "以学为中心" 的外语课程思政教学设计改革研究 [J]. 安徽冶金科技职业学院学报 ,2023,33（04）:45–47.

[24] 刘昕 . 新时代高校外语课程思政的本质理解、目标思考和实践探索 [J]. 英语广场 ,2023,（29）:74–77.

[25] 李晶晶 . 基于教材的外语课程思政教学实践探索——以二外德语课程为例 [J]. 大学教育 ,2023,（19）:108–110+128.

[26] 赵芳 . 高校外语课程思政建设对教师能力的要求 [J]. 郑州师范教育 ,2023,12（05）: 18–22.

[27] 刘诗钰 . 民办高校外语教学课程思政模式的构建实践 [J]. 哈尔滨职业技术学院学报 ,2023,（05）:157–159.

[28] 叶艳萍 . 高校外语 "四位一体" 思政育人路径研究 [J]. 产业与科技论坛 ,2023,22（18）:75–76.

[29] 李俊丽 . 课程思政视域下英语写作教学效果提升路径研究 [J]. 英语广场 ,2023,（25）:89–92.

[30] 刘景 . 国家文化安全视阈下地方普通高校外语教育困境研究 [J]. 呼伦贝尔学院学

报,2023,31(04):131-135+141.

[31] 崔琦超,郭建伟.红色文化融入高校外语教学路径探析[J].洛阳理工学院学报(社会科学版),2023,38(04):93-96.

[32] 杨洋,邵迪,宋妍等.课程思政视角下高校外语教师专业学习共同体建设研究[J].北华航天工业学院学报,2023,33(04):42-44.

[33] 谢娜.高校外语课程思政多维评价体系构建[J].南昌师范学院学报,2023,44(04):115-119.

[34] 杨港."教育数字化转型背景下外语教学多维研究"专栏主持人语[J].语言教育,2023,11(03):19-20.

[35] 夏娜.课程思政视角下的大学英语教学研究[J].湖北开放职业学院学报,2023,36(15):178-180.

[36] 王爱静.高校外语课程思政的概念内涵和实践路径——评《外语教育中的课程思政探索》[J].中国教育学刊,2023,(08):111.

附　录

附1：高校外语专业课程思政建设教师调查问卷

亲爱的老师：您好！感谢您参加此次问卷调查。您的参与有助于我们了解当前高校外语专业教师队伍对于数字化课程思政资源建设的认识与开展现状。本次调查采取无记名方式，感谢您的大力支持！

1.您所在的学校是（　　　　）。（主观题）

2.您所教的专业是（　　　　）。（交叉专业请选择优势专业）

A.英语

B.日语

C.俄语

D.朝鲜语

E.法语

F.西班牙语

F.阿拉伯语

G.德语

H.其他

3.您的年龄是（　　　　）。

A.25～30岁

B.31～35岁

C.36～40岁

D.41～45岁

E.46～50岁

F.51岁及以上

4.您从教的年限是（　　　　）。

A.2年以内

B.3～5年

C.6～10年

D.11～15年

E.16～20年

F.21年及以上

5.您获得的最高学位是（　　　　）。

A.本科

B.硕士

C.博士

6.您认为高校外语专业是否有必要开展课程思政教学？（　　　　）。

A.非常有必要

B.有必要

C.可有可无

D.没有必要

7.您认为课程思政建设是否有必要与制定人才培养方案等顶层设计结合起来？（　　　　）

A.非常有必要

B.有必要

C.可有可无

D.没有必要

8.您所在专业的课程体系设置中是否纳入了用外语讲授的关于"中国文化""当代中国国情"之类的"理解中国""表达中国"等特色课程模块。

A.纳入了

B.准备纳入

C.没有纳入

D.不清楚

9.您所在专业如何将社会主义核心价值观等内容融入专业核心课程？（　　　　）

　A.直接使用新教材

　B.新教材融入已有的课程内容

　C.按照课程内容自己查找资料融入社会主义核心价值观等内容

　D.不清楚

10.您所在专业建设的课程思政线下教学资源是（　　　　）。

　A.教材

　B.教学专著

　C.案例库

　D.其他教学资源

　E.没有建设

　F.不清楚

11.您所在专业建设的课程思政线上教学资源是（　　　　）。

　A.术语类

　B.案例类

　C.视频、课程类

　D.其他教学资源

　E.没有建设

　F.不清楚

12.您教授的课程中，学生的综合成绩包含"课程思政"方面的考核吗？
（　　　　）

　A.有明确的"思政考核"内容

　B.没有明确的"思政考核"内容

　C.没有必要加入"思政考核"内容

　D.有必要加入"思政考核"内容，但有困难还未执行

13.为提升专业教师课程思政建设意识与能力，您所在学院是否经常组织专业教师参与课程思政集体教研、学习或者培训等活动？（　　　　）

　A.经常组织

　B.偶尔组织

　C.从不组织

　D.不清楚

14.近三年，您参加课程思政相关会议和培训的情况是（　　　　）。

　　A.参加过系、教研室的课程思政会议或培训

　　B.参加过学院课程思政会议或培训

　　C.参加过校级层面课程思政会议或培训

　　D.参加过省市级课程思政相关会议

　　E.参加过教育部组织的课程思政相关的会议或培训

　　F.参加过其他教育机构组织的课程思政相关会议或培训

　　G.没有参加过课程思政相关会议和培训

15.您所在的学校或院系是否制定了"课程思政"建设实施细则及相关文件？（　　　　）

　　A.已制定尚未出台

　　B.已制定已出台

　　C.正在制定中

　　D.没有指定

　　E.不清楚

16.您所在学校或学院推进课程思政建设的措施有哪些？（　　　　）【多选题】

　　A.以会议或通知的形式传达会议要求

　　B.公布课程思政建设方案或指南

　　C.进行思政混合教学、交叉教学创新

　　D.在综合素养课中开展课程思政建设

　　E.在专业课中开展课程思政建设

　　F.组织课程思政主题比赛或评优评奖

　　G.设立课程思政专项科研、教改项目、成立专门工作小组

　　H.将课程思政教育成效纳入课程评价以及教师评价

　　I.组织参加课程思政相关培训

　　J.不清楚

　　K.其他

17.您更愿意学校或学院以什么样的方式推进课程思政建设工作？（　　　）【多选题】

A.课程思政专题研究立项

B.课程思政优秀案例评选

C.课程思政示范课程选拔、推广

D.课程思政专题研讨会/报告会

E.开展教育思想大讨论

F.其他

18.在外语课程思政建设过程中，您更想获得什么样的帮助？（　　　）【多选题】

A.融入课程思政元素的挖掘研讨或指导

B.教学方式、方法及手段的学习及研讨

C.参加课程思政相关会议或培训

D.现场观摩优秀示范课的教学过程

E.进行马克思主义理论、党的二十大精神等的学习与培训

F.获得专项经费支持以及专家指导、培训等

G.获得数字化资源使用与建设的培训与指导

E.其他

19.教育数字化转型背景下，在从事课程思政教学实践中，您认为首先应提高哪方面的素质与能力？（　　　）

A.数字化资源使用与建设的能力

B.课程思政元素挖掘的能力

C.线上线下混合式教学能力

D.学科交叉与专业融合的能力

E.其他

20.教育的数字化转型背景下，您认为高校外语专业教师课程思政素养提升的路径是什么？（　　　）【多选题】

A.加强师德师风建设，提升教师育人素养

B.优化课程内容供给，提升教师学科素养

C.加大竞赛培训力度，提升教师教学素养

D.加强理论实践研究，提升教师科研素养

E.健全共建共享机制，提升教师全球素养

F.强化数字技术赋能，提升教师数字素养

G.其他

附2：高校外语专业课程思政建设学生调查问卷

1.您目前所在的年级是？

（　　　　）大一

（　　　　）大二

（　　　　）大三

（　　　　）大四

（　　　　）研究生

2.您认为外语专业课程与思政教育结合的重要性如何？

（　　　　）非常重要

（　　　　）比较重要

（　　　　）一般

（　　　　）不太重要

（　　　　）完全不重要

3.您目前的外语专业课程中是否融入了思政教育内容？

（　　　　）是，很明显

（　　　　）有一些，但不明显

（　　　　）几乎没有

（　　　　）完全没有

4.您认为外语专业课程中融入思政教育内容的主要方式应该是？（多选）

（　　　　）结合课程内容进行讨论

（　　　　）通过案例分析

（　　　）邀请思政教师授课

（　　　）组织相关实践活动

（　　　）其他方式（请补充）：[请在此区域内作答]

_____

5.您认为外语专业课程中的思政教育内容对您的价值观有何影响？

（　　　）有很大的正面影响

（　　　）有一定的正面影响

（　　　）没有明显影响

（　　　）有一定的负面影响

（　　　）有很大的负面影响

6.您是否愿意参与外语专业课程中的思政教育互动？

（　　　）非常愿意

（　　　）比较愿意

（　　　）一般

（　　　）不太愿意

（　　　）完全不愿意

7.您认为外语专业课程中的思政教育内容是否有助于提升您的社会责任感？

（　　　）有很大帮助

（　　　）有一定帮助

（　　　）没有明显帮助

（　　　）有一定阻碍

（　　　）有很大阻碍

8.您认为外语专业课程中的思政教育内容是否应该与当下社会热点相结合？

（　　　）应该紧密结合

（　　　）可以适当结合

（　　　）无需结合

（　　　）不确定

9.您目前的外语专业课程中，思政教育内容占课程总量的比例大约是多少?

（　　　）10%以下

（　　　）10%～30%

（　　　）30%～50%

（　　　）50%～70%

（　　　）70%以上

10.您对于外语专业课程中融入思政教育内容的整体满意度如何?

（　　　）非常满意

（　　　）比较满意

（　　　）一般

（　　　）不太满意

（　　　）非常不满意

11.您认为目前外语专业课程在思政教育方面存在哪些问题?（多选）

（　　　）内容过于单一，缺乏多样性

（　　　）与实际生活脱节，难以产生共鸣

（　　　）教育方式陈旧，缺乏创新

（　　　）教师对思政教育内容不够熟悉

（　　　）其他问题（请补充）: [请在此区域内作答]

_____

12.您认为应该如何改进外语专业课程中的思政教育内容?

[请在此区域内作答]

_____

13.您认为外语专业课程中的思政教育内容是否应该包括国际视野和跨文化交流?

（　　　）应该包括

（　　　）可以适当涉及

（　　　）无需涉及

（　　　）不确定

14.您认为外语专业课程中的思政教育内容是否有助于提升您的跨文化交际能力？

（　　　　）有很大帮助

（　　　　）有一定帮助

（　　　　）没有明显帮助

（　　　　）不确定

15.您认为外语专业课程中的思政教育内容是否应该注重培养学生的批判性思维？

（　　　　）应该注重培养

（　　　　）可以适当培养

（　　　　）无需培养

（　　　　）不确定

16.您是否会在课外主动了解与外语专业课程相关的思政教育内容？

（　　　　）经常会

（　　　　）有时会

（　　　　）很少会

（　　　　）从不会

17.您认为外语专业课程中的思政教育内容是否应该与就业导向相结合？

（　　　　）应该紧密结合

（　　　　）可以适当结合

（　　　　）无需结合

（　　　　）不确定

18.您对于外语专业课程中的思政教育内容有哪些具体的期望或建议？

[请在此区域内作答]

_____

19.您是否愿意留下联系方式以便我们后续进行深入的调查？（此信息不强制填写）

_____

_____